上海师范大学
Shanghai Normal University
1954 - 2024

UGS 模式指导下的基础教育改革研究文集

聚焦学科素养的课程与教学改革研究

总主编　张峥嵘　　　分册主编　王健

上海科技教育出版社

图书在版编目(CIP)数据

聚焦学科素养的课程与教学改革研究 / 王健主编. 上海 ：上海科技教育出版社，2024. 9. --(UGS 模式指导下的基础教育改革研究文集 / 张峥嵘总主编). -- ISBN 978-7-5428-8279-0

Ⅰ. G639.21-53

中国国家版本馆 CIP 数据核字第 202452CH65 号

责任编辑 王慧敏
封面设计 杨 静

UGS 模式指导下的基础教育改革研究文集
聚焦学科素养的课程与教学改革研究
张峥嵘 总主编
王 健 分册主编

出版发行 上海科技教育出版社有限公司
（上海市闵行区号景路 159 弄 A 座 8 楼 邮政编码 201101）
网 址 www.sste.com www.ewen.co
经 销 各地新华书店
印 刷 上海华顿书刊印刷有限公司
开 本 787×1092 1/16
印 张 17
版 次 2024 年 9 月第 1 版
印 次 2024 年 9 月第 1 次印刷
书 号 ISBN 978-7-5428-8279-0/G·4957
定 价 70.00 元

总 主 编 张峥嵘

分册主编 王 健

副 主 编 李晓芳 周燕菊 王正翰

序

师范大学因基础教育而生，也因基础教育而兴。对于师范大学而言，直接面向基础教育学科教学的学科教育教师的队伍建设尤为重要，这直接关系到师范生实践能力的培养。但这一任务是放在专业院系，还是放在教育学院、教师教育学院完成，一直是中国师范教育改革中的经典难题。2016 年 5 月，上海教师教育创新发展中心在上海师范大学揭牌。同年底，上海师范大学对全校的学科教育教研室进行了重新梳理，20 个教研室，近 100 名教师，入驻上海教师教育创新发展中心平台（由学校基础教育处统筹服务与提供支持）。在全国各大师范院校纷纷成立教师教育学院的背景下，上海师范大学开始积极探索一条不同的发展路径，即教师在学院工作的内容、身份不变，以上海教师教育创新发展中心为平台，为学科教育教师的专业发展赋能，为教师基于学校教育实践的学术成长，提供科研、培训、实践等多方面的发展机会。

自 2017 年始，上海师范大学在上海教师教育创新发展中心这个平台上，通过设立 UGS（大学—政府—学校）课题，推动教师的专业成长。UGS 课题必须是实践方向的学科课程与教学研究，优先考虑结合上海教育综合改革项目，开展关于中小幼教育实践和上海师范大学师范生培养中出现的亟须解决的问题的研究。课题由上海师范大学学科教育教研室教师与中小幼一线教师联合完成，其中上海师范大学教师担任课题负责人，原则上大学教师与中小幼一线教师的比例为 2∶1。课题研究周期一般为一年。这一设想非常有前瞻性和创新性。如此多的教师持续地开展实践方向的研究，并且建立了较成熟的机制，在全国范围内实属难得。

我欣喜地看到，这项工作取得了显著的成绩。呈现在我们面前的三本书，是上海师范大学学科教育教师与中小幼一线教师共同研究的成果，它们的主题分别为：聚焦学科素养的课程与教学改革研究，协同视角下跨校际、跨学科研究，师范生培养新模式与中小幼评价改革研究。这三个主题的研究，紧扣我国基础教育在中国特色社会主义新时代须解决的热点、难点问题，是研究者实践智慧的展现，是理论结合实践的范例，为教师开展相关研究提供了一系列具有创新性和可操作性的解决方案。

同时，我也欣喜地感受到 UGS 这一基于学校教育实践研究的教师教育创新发展模式的生机和活力。一方面，大学教师走上中小幼教学第一线，直面教育教学的现状，丰富自己的教育体验，为理论寻找最具活力的教育样态和实践平台。另一方面，中小幼一线教师跟随大学教师一起开展研究，解决实践中的难题，并在其指导下开展数据收集和科学规范的论文写作。可以说，UGS 课题研究实现了大学教师和中小幼教师的双赢，建立了一种实践方向的学术研究共同体新范式。

师范大学的发展，对基础教育有着重要的意义。建设教育强国，高等教育是龙头，基础教育是基点，而师范大学是高等教育、基础教育的枢纽。上海师范大学迎来了 70 华诞，希望上海师范大学能朝着教育强国所需要的大国良师队伍的建设目标，不断探索、不断创新、不断前行！

上海市教卫工作党委原书记、上海艺术教育委员会主任 陳克宏

2024 年初夏于沪上

目　录

均衡化背景下公办初中资优生培养的实践研究

美育基础理论及中学美育特色课程培育研究

高考综合改革试点背景下高中英语分层教学实验研究

数学对高中物理力学教学的影响研究

统编教材背景下中学生历史学科能力培养对策研究

基于虚拟地理环境的中学地理信息化教学设计

新课改背景下促进小学生英语课堂参与的对策研究

体育核心素养下高校与小学协同开展运动技能教学的实践研究

均衡化背景下公办初中资优生培养的实践研究

随着有关“公民同招”、均衡分班等政策的发布与实施，初中教育起点不公平、学习机会不均等的问题得到了有效的解决。但在教育均衡化背景下，针对特殊学生进行差别化的教学是否还有必要？如有必要，则如何开展？为此，我们聚焦公办初中，关注资优生群体，研究探讨了均衡化背景下公办初中资优生针对性培养的必要性和可行性问题。该研究由高校与中学教师协同合作完成，这确保了研究成果能够兼具理论性和实践性。经过扎根实践和循环迭代，本研究取得了如下四个方面的成果：第一，构建了特色鲜明、体系完备的初中资优生课程体系；第二，凝练了切实可行、行之有效的初中资优生培养方案；第三，编制了系列经典的初中资优生培养教学案例；第四，积累了内容丰富的初中资优生培养典型案例。

均衡化背景下公办初中资优生培养的实践研究

储继峰[1]，闵辉[2]，郭长江[1]，何声清[1]

（1. 上海师范大学；2. 上海师范大学附属闵行第三中学）

一、研究缘起

2019年6月23日，中共中央、国务院出台了《关于深化教育教学改革全面提高义务教育质量的意见》，其中提到：严禁以各类考试、竞赛、培训成绩或证书证明等作为招生依据，不得以面试、评测等名义选拔学生。民办义务教育学校招生纳入审批地统一管理，与公办学校同步招生（简称“公民同招”）。在此背景下，2020年3月11日，上海市教育委员会颁布《2020年本市义务教育阶段学校招生入学工作的实施意见》，明确强调：实施均衡分班；严禁举办各类重点班、实验班、快慢班、特色班；全面取消各类特长生招生；实施公民办学校同步招生。

长期以来，借助在自主招生等方面的优势，义务教育阶段民办学校得到蓬勃发展。与之相反，一些普通公办学校则常常面临优质生源大量流失的窘境。这不仅造成公办与民办学校教育起点的不平等，也造成两类学校教育结果的不平等：民办学校学生的学业成绩、升学率等大多领先于公办学校。

“公民同招”政策较好地解决了教育起点不公平的问题，实现了教育机会的均等化。问题是，在“公民同招”、均衡分班的前提下，针对特殊学生进行差别化的教学是否还有必要？我们认为，这不仅是必要的，也是可行的。首先，无论是公办学校还是民办学校，都应致力于使每一位学生受到适合的教育，得到充足的发展。换言之，“因材施教”在教育均衡的背景下并不过时。其次，针对特殊学生群体开展针对性的教学指导是教育公平的应有之义。以数学学科为例，《义务教育数学课程标准（2022年版）》在课程理念中明确提出：数学课程应致力于实现义务教育阶段的培养目标，使得人人都能获得良好的数学教育，不同的人在数学上得到不同的发展，逐步形成适应终身发展需要的核心素养。

在义务教育阶段的各个学科中，都客观存在一定数量的资优生，这符合学生认知发展的基本规律。在“公民同招”政策颁布后，优质生源不再过度集中到民办学校，资优生能够比较均衡地分布到各个学校中去。由此，往日少数学校过度竞争的局面得到缓解。但摆在各类学校面前的问题是：如何针对这部分学生的学习诉求，为其提供合适的教育资源，使其能够得到充分的发展。

研究表明，如果资优生的特殊需求得不到应有的关注，他们在某一领域的才能就得不到持续的发展，最终将会被埋没，直至走向平庸。我们认为，学校要在课程建设、培养方案等方面做好针对性的设计。在课程建设方面，学校应成立专门的教学小组，结合学校生源特征开发设计专门的辅助课程。以数学学科为例，当前学校教学中强调机械操练、注重解题技巧的情况依然广泛存在，而致力于数学思维发展的课外课程则相对较少。在培养方案方面，当前课堂教学模式刻板、形式单一的情况依然广泛存在，教师大都主张"传递知识"，鲜有培养方案真正关注到"学会学习"。教学实践研究显示，学生在数学课堂中的参与度偏低，课堂氛围枯燥，即便是资优生，也难以培养其积极思考、勇于探索的学习习惯。此外，教师在常规教学中惯于采用"一刀切""烧中段"的模式，对资优生的关注不足，基本上持"自主学习、自主发展"的态度，这使得资优生的发展受限，消减了其走向卓越的机会。综上所述，在义务教育均衡发展的大背景下，在"义务教育要面向全体学生，不同人得到不同的发展"的基本宗旨下，教师应能真正以学生为中心，甄别各学科的资优生，对其进行精准、适切的指导，使其能够在该学科上实现长远的发展。

二、文献综述

在国际学界中，资优生通常又被称为高能力学习者、卓越学生等。美国颁布的《不让一个孩子掉队法案》将其界定为：在智力、创造力、审美力、领导力等方面或者数学、物理、化学等具体学科领域方面有卓越表现的儿童或青少年。全美天才儿童协会（National Association for Gifted Children，简称 NAGC）将其界定为：在推理和学习能力上表现卓越，或者在官方测试中某个或多个学科/门类位居前 10%的群体。例如，在数学学科中，资优生是指在数学抽象、逻辑推理、问题解决等高层次思维方面表现卓越的学生。

国外资优生的培养制度和方案值得我们借鉴。以美国为例，近几十年来，美国逐渐形成了相对完善的资优生教育法律法规体系，颁布了《初等和中等教育法案》《特殊项目法案》《英才儿童教育法案》《国家处于危机之中：教育改革势在必行》《贾维茨英才儿童教育法案》《国家卓越：美国人才发展的案例》等法案，从法律、法规、政策层面保障了资优生教育。在资优生的诊断和甄别方面，国外通常采取教师推荐和科学测评等方式。教师推荐是指教师基于日常课堂的观察，甄别在特定领域具有天赋、敏锐度的学生。科学测评一般是基于超水平测试或学业成就评价等，对学生的智力水平、能力水平的表现和潜力进行评估。以加利福尼亚州为例，该州采纳的超水平测试主要包括瑞文渐进矩阵测验（Raven's Progressive Matrices，简称 RPM）、奥蒂斯-列侬学校能力测试（Otis-Lennon School Abilities Test，简称 OLSAT）、那列里非语言智力测试（Naglieri non-Verbal Intelligence Test，简称 NNVIT）等。除了上述定量方法以外，更深度的质性甄别方法（关注测试过程）也越来越受到相关机构的重视，这意味着学生在测评过程中的表现成为资优生评估的重要指标。

在培养方式上，国外的资优生课程主要包括加速式课程（accelerated courses）和增润式课程(enriched topics)两大类别。加速式课程是指,通过缩减学习时长、删减基础内容,使得课程体系得以在纵向上实现压缩和简化,以适应资优生的学习节奏。增润式课程是指,将与学科密切相关的其他课程纳入课程体系,使得课程体系得以在横向上实现拓展和丰富。例如,一些资优生培养机构将"投资""理财""金融"等经济类课程融入数学课程体系之中,以拓展资优生数学学习的内容。以约翰霍普金斯大学天才青少年项目(Johns Hopkins University Center for Talented Youth,简称CTY)为例,该项目的服务宗旨在于为具有超常推理能力的儿童提供挑战性的课程。CTY课程在内容设置上采用了加速式与增润式相结合的形式。目前的相关课程超过170项,涉及数学、科学、音乐、世界语言、工程、计算机技术、写作等学科。以数学学科为例,目前开设了问题解决课程(problem solving courses)、竞赛课程(competitive mathematics courses)、荣誉课程(honors mathematics courses)、AP课程(advanced placement courses)、大学层次课程(college level mathematics courses)等。

国外在资优生的甄别、培养方案、课程设计等方面开展的具体工作为我们的研究提供了参考,同时我们还需要根据自身实际作针对性的吸收和调整。

三、研究问题和研究内容

本研究以上海师范大学附属闵行第三中学(以下简称闵三中)为例,着重解决以下问题:

问题1:如何结合学校资优生的实际情况,开发针对性的课程资源。

问题2:如何结合学校资优生的实际情况,设计针对性的培养方案。

(一)问题1的解决手段

对于问题1,我们从以下三个方面着手。

1. 以学科核心素养培育为导向,创新探索课程建设"最初一条路"

随着《义务教育数学课程标准(2022年版)》的发布,学科核心素养的培养成为课程资源建设、培养方案变革的重要目标。在"义务教育要面向全体学生,不同人得到不同的发展"的基本宗旨下,针对资优生的学科核心素养培养这一重要目标,亟待创新现有的课程资源和培养方案。知名的国际学生评估项目(PISA)给我们提供了启发。在PISA 2022的测试框架中,特别加入了针对学生创造性思维水平的测评,致力于为发展学生各类创造性思维提供参考,这与该课题资优生培养的方向不谋而合。闵三中基于资优生培养的理论文献和实践经验,立足上海市公办初中教育现状,紧紧围绕该校学生的实际学习生活状况,对开展系统性、科学性、可复制的初中资优生培养课程进行了探索性尝试。

2. 依托师范高校平台资源优势,打通高校与中学教师"最后一千米"

秉持上海师范大学(以下简称上师大)"厚德、博学、求真、创新"的校训,依托上师大及其集团附校的教育资源和品牌优势,共同探索属于闵三中的资优生培养模式。一方面,我们在观摩、学习集团附校各类优质课程资源的基础上,将宝贵的实践经验有机融合;另一方面,上师大基础教育处领衔,依托丰富的高等教育资源,组织各学科教授专家指导教育教学工作,定期组织专家团队观摩教师授课、参与教研活动、举办学术沙龙研讨、开设前沿学术讲座等，在整合师资队伍、优化学生培养、课程教学改革等方面与上师大及其集团附校共享优质资源。

3. 初步构建资优生课程体系，把握资优生课程大纲编制"最紧一根弦"

借鉴 PISA 测试框架，初步建立起资优生课程体系，从资优生的选拔开始便进行多维度的测评，同时建立资优生课程流动机制，进一步增强学生学习的主观能动性；在课程的构建上，将资优生课程多层次分级，总计打磨出三大类十几小门的资优生培育课程，在分层教学、因材施教的大前提下，注重特长的发掘与培育，关注学生能力的全方位提升，同时，也充分关注学生爱好的广泛性，引领学生主动积极探索，制订自己的多元发展规划，由此，积累了宝贵的一线教学经验与资料，并整理优化形成资优生课程大纲。

（二）问题 2 的解决手段

对于问题 2，我们以如下三个方面为抓手。

1. 充分尊重资优生的学习需求

鉴于资优生在智力、创造性、批判性思维等方面具有优势，课内的常规教学任务往往不能满足他们的需要，我们从课内要求的基础内容出发，对课本提供的素材进行改编与深挖，同时原创部分趣味性试题，为学生提供更多挑战自我的可能性。除此之外，我们还尽可能地提供更广泛的阅读材料和研究资源，以拓展资优生的知识广度与学科素养。

2. 组建资优生培养教师团队

为了更好地满足资优生的学习需求，由校长为第一负责人，组建起专门的教师团队，负责资优生的教学和培养，下设：专家指导组——主要由上师大各学院具有丰富基础教育研究经验的学者与其他专业领域知名教授组成，负责资优生培养方向把握；资深的学科教师团队——主要由闵三中的骨干教师团队组成，他们拥有丰富的一线教学经验和学科知识，可以针对资优生的学习需求提供更高水平的教学，并且能在教学与反思中不断反馈与更新课程体系；心理疏导与生涯规划师——主要由各班级班主任组成，负责资优生的心理咨询和支持，帮助他们更好地适应学习环境和学习压力，以及对资优生培养未来规划提供长效可持续的支持。教师团队定期开展培训和交流活动，以提高团队成员的教学和咨询能力，同时与学校其他部门和机构合作，为资优生提供更多的学习机会和支持。

3. 建立过程追踪动态评价机制

根据资优生的学习特点和需求，我们需要一套科学、合理的评价指标，包括认知、情感、技能等方面，对应的数据一方面来自教师的课堂反馈，一方面来自学生的作业反馈，还有一方面来自学生的反思与自我调整，以便有效地跟踪和评估资优生的学习状况和进展。在上师大专家团队的指导下，利用数据挖掘和分析技术，对数据进行了一定的分析和建模工作，以了解资优生的学习特点和需求，为他们进行更加个性化、针对性的学习提供有效支持。同时，教师团队也根据评价结果调整改进教学和培养策略，为能够更好地实现资优生的全面发展打下坚实基础。

（三）数学、物理学科的课程建设和培养方案探索

具体而言，我们针对数学、物理学科的特点，分别就课程建设和培养方案开展了相应的研究。此外，针对英语资优生的培养，我们也做了初步探索。下面就数学学科和物理学科进行简要的说明。

1. 数学学科

数学学科主要聚焦两个方面，一是对数学素养培育课程资源的开发与应用，二是对现代数学课程资源的开发与应用。

(1) 向前看——深挖数学知识产生的历史背景

数学知识产生的历史背景广泛而复杂，许多学者在数千年的时间里作出了贡献，而随着时间的推移，数学知识不断发展和扩展，数学家不断对已有的数学大厦进行更新、重构、建设，在发现新的概念和原则的同时，也在不断纠正之前的不足与错误。而在数学教材中，往往受篇幅限制，对大多数的数学知识，无法追根溯源至数学问题开端的那一刻，只能将几千年来的数学结论直接教授给学生，这就导致学生往往无法对每一个问题都能“打破砂锅问到底”，追问“为什么得到这个数学公式？为什么能想到这个定理？”长此以往，这样的教学可能会磨灭学生探索数学知识的好奇与乐趣。对于将数学史融入课堂教学，国内外的学者已经作了大量的研究，积累了很多生动而有趣的课堂实例，这无疑大大丰富了初中生的数学史教育，更是一种遵循学生认知发展规律的教学方法，资优生“重现”数学家当时历经千辛万苦得到相关公式与定理的过程，而发展的数学眼光、数学思考、数学品质，是对未来成长的极大助力。

(2) 向后看——在可接受的范围内设计适当拔高的课程内容

从数学史的角度，可以帮助学生理解数学知识发生、发展的脉络。而拔高的课程内容，可以让学生从较高的维度理解数学知识的内在逻辑体系。课本上的练习题往往是针对中等层次的学生设计的，而对于资优生，课本上的一般练习题，乃至课后作业的练习题基本上已不能满足他们“刷题”的需要。所以，除了设置一些趣味题目之外，我们还在可接受的范围内拔高课程内容，加大一定的题目难度，将更高级的知识下沉，引导资优生利用简单知识解决复杂问题。

(3) 向当下看——增设一定量的现代数学内容

对于初中生而言，直接研究现代数学问题显然是“强人所难”。但是，很多现代数学问题经过必要的改造和设计后，是能够被学生接受的，如简单的计数问题、图形组合问题等。初中数学中的函数问题本身是线性代数的简单版本，对它们进行研究，有助于学生更加深入地理解和掌握数学知识，同时也可以培养数学思维和创造力，建立数学的高观点。依托上师大专业的教师教授团队与国家在线课程资源平台，在初中阶段教授学生相关内容，将高层次的数学知识掰开揉碎成了可能。

2. 物理学科

物理学科也主要聚焦两个方面，一是对课程资源的整合和开发，二是对指向实验能力的

课程资源开发与应用。

(1) 课程资源的整合和开发

根据学情,对现有教材进行重新整合和开发利用。针对初中阶段的科学课和物理课,我们尝试构建具有极高相关度的课程的贯通式培育体系,既构建初中阶段课程的"贯通",也构建初中—高中—大学物理三位一体的螺旋式"贯通",让资优生见识物理世界的广阔,才能激发他们对物理知识的探索欲。除此之外,着力推动教材中的资源开发,将学生的物理课与实际生活联系起来,让学生感受物理、探索物理、了解物理最前沿的应用场景,对学生的综合能力进行培养,提升学生的物理学习兴趣。

(2) 指向实验能力的课程资源开发与应用

对教材中的实验进行创新,培养学生的实验动手能力。初中的科学课与物理课都有对实验课程的要求。而学生按照课本机械地重复实验,往往只能知其然而不知其所以然,"为什么要做这个实验,这个实验有什么意义"的疑问也时常萦绕于学生心中。而我们对课本的实验进行改造,以丰富的中国文化故事作为"死气沉沉"的实验的背景,如"曹冲称象"的故事,学生能够在做实验的过程中有代入感、获得感、成就感,自然就提升了对学习的兴趣。同时,对于实验结果,我们也设置为开放性的,这对资优生产生思维碰撞的火花起到了极大的助推作用。

四、研究思路及方法

(一) 重点难点

研究的重点是结合闵三中的具体情况,针对各学科制订切实可行的培养目标,设计可操作、可实施的拔高课程。

研究的难点在于资优生的甄别,这需要根据科学的标准和手段来实现,把真正具有基础扎实、高阶思维及浓厚学科兴趣的学生甄别出来。

(二) 创新之处

本研究的创新之处在于,在义务教育均衡发展和个性化教学的大背景下,结合学校的学情和定位,从甄别、培养目标制订、课程资源开发、培养目标监测等环节开展系统的资优生培养工作。经过几年的实践,闵三中将形成系列可操作、可推广的资优生培养方案供上海市其他学校参考,这些方案包括教学资源开发方案、资优生培养的优秀课例汇编、资优生优秀作品视频或文字资料汇编等。

(三) 预计突破的难题

1. 资优生的甄别

根据学科特点、学情特点,分别编制数学、物理学科的测试卷,进行各科资优生的甄别和选拔。在题目类型上,数学学科注重逻辑思维和问题解决能力,题型包含选择题、填空题、计算题和证明题等；物理学科注重实验观察和对物理规律的理解，题型包含选择题、实验设计题、计算题和解释题等。在题目难度上，数学学科设置了一些较为复杂的问题和需要一定推理能力的题目，物理学科设置了一些需要分析实验数据和应用物理原理解决问题的题目。在考查内容上，数学学科涵盖了代数、几何、概率与统计等领域；物理学科涵盖了物理原理、实验设计等方面。通过上述测试卷，可以更准确地评估学生在数学和物理学科方面的能力水平，从而进行资优生的甄别，这有助于学校更好地培养有潜力的学生，提供更有针对性的教育和培养方案。

2. 培养目标制订

根据学生的学业水平，结合“四校”等名校招生特点，制订针对资优生的科学、可行且拔高的培养目标。

3. 课程资源开发

数学学科根据“向前看”“向后看”“向当下看”的原则开发课程资源，物理学科立足科学、物理两门课程贯通设计的原则开发课程资源。课程资源开发完成后，由高校专家和中学教师共同研讨其合理性、可行性和完整度。

4. 课程实施

该课程由闵三中的教师负责授课，由上师大的学科专家组织听课和评课，双方不断调整授课进度和模式，根据学生反馈不断更新课程内容。

5. 培养目标监测

各学科编制测试卷，用以监测和追踪学生的学习进展，为后续课程的调整提供参考。

五、研究进度计划

第一阶段：2020 年 12 月—2021 年 1 月，对闵三中进行走访并听课，了解学校师资情况、教学能力、学生的整体情况，特别是资优生的学习动机和能力情况。通过调研，找到下一阶段研究工作的重心和主要突破口。完成分层工作，确定实验班的组成。完成为实验班学生量身定制的寒假作业。

第二阶段：2021 年 2 月，调整方案，初步完成春季学期需要进行的针对资优生的分层教学课程资源准备。

第三阶段：2021 年 3 月—2021 年 6 月，完成第一阶段的教学，分析数据和各方反馈，调整并准备下一学年的课程设计及所需的教学资源。

第四阶段：2021 年 7 月—8 月，在为期一个学期的针对资优生的教学实验的基础上，作阶段性小结，进一步调整和确定下一学年的研究课题实施方案，为下一轮的实验准备行动方案和教学资源。

第五阶段：2021 年 9 月—2022 年 6 月，根据资优生学习要求及时调整教学内容和教学方法，完成一个学年的八年级资优生培养计划和具体实践，并在完成各项指标的考核和数据分析后撰写课题研究报告。

六、主要成果

经过高校与中学教师协同合作，该课题取得如下四个方面的主要成果：第一，构建了特色鲜明、体系完备的初中资优生课程体系；第二，凝练了切实可行、行之有效的初中资优生培养方案；第三，编制了系列经典的初中资优生培养教学案例；第四，积累了内容丰富的初中资优生培养典型案例。

研究孵化成果

1. 发表论文

(1) 蒋赢利.创设情境，激活思维：以"平行线间角的关系"的教学设计与实施为例[J].上海中学数学，2022，343(4)：34—37.

公办初中资优生培养的课程体系初探

闵辉，沈春花

（上海师范大学附属闵行第三中学）

2020 年 3 月，上海市全面推行初中阶段公办和民办学校同步招生的政策。这一政策对扭转一段时间以来民办初中提前录取而公办初中托底的生源困境，缓解家长和社会的“择校”焦虑，恢复学区内公办学校的生源质量，稳步推进区域优质教育均衡化发挥了一定作用。作为上师大附属的一所公办初中，我校自 2019 年开办起，就秉承“让每一位师生都得到充分和谐发展”的办学理念，充分依托上师大及其附属中学的优质教育资源，努力创办高起点、高品质的“家门口”的优质学校。在 2020 年底，我校根据市招生政策的变化，为进一步做好新进优质生源的后续培养，联合上师大立项“均衡化背景下公办初中资优生培养的实践研究”UGS 合作项目，以“资优生培养”为突破口，以“学校架构课程体系、大学专家引领课程、教研团队课堂跟进”为途径，开始了初步探索。

一、公办初中资优生的界定

资优生教育是现代学校教育应有的组成部分。美国学界对资优生的定义是：“相比同龄儿童或青年，在某个方面有明显的、更突出的能力，或显示出有突出能力的潜质。这些方面可以包括智力、创造力、艺术潜质、领导力或其他特定的学术领域。这些儿童或青年需要学校提供一般课程以外的帮助。”在某些或全部学科，资优生往往超越了人们对其同龄人群体的通常预期。

我国对资优生的研究始于 20 世纪 70 年代。1974 年，李政道教授在一份关于培养基础科学人才的建议书中指出，“在国际上，理论物理方面的人才，一般都在二十多岁时出成果，几乎没有例外”，中国也需要建立一支“少而精的基础科学工作队伍”。1978 年，邓小平同志指出：“在人才的问题上，要特别强调一下，必须打破常规去发现、选拔和培养杰出人才。”随即，中国科学技术大学创建少年班并招收了第一批 21 名学生，平均年龄 14 岁，最小的 11 岁。1985 年，教育部决定在北京大学、清华大学、中国科学技术大学等 12 所重点高等院校开办少年班。《国家中长期教育改革和发展纲要（2010—2020 年）》提出“推进培养模式多样化，满足不同潜质学生的发展需求”。上海中学等一批优质高中作为拔尖创新人才培养基地已建立资优生的培养机制。但总体而言，国内初中阶段的资优生培养还没有得到足够重视，个性化资优生的培养还很不充分。随着教育招考改革政策的推进，作为一所大学的附属公办初中，闵三中的资优生培养呈现出可行性和必要性。

学生在四年制的初中阶段，正处于12—15岁人生奠基的关键期，身心发展变化快，思维逐步抽象化，创新潜质开始迸发。同时，初中阶段的学业科目丰富，分科知识和综合能力要求高。基于此，我校将资优生界定为：有突出能力及有潜质的优秀学生。通过学业和潜质测试、竞赛和综合评价等多种方式进行选拔，把有特长、能力突出的学生，学习习惯好、基础知识扎实、思维和创新能力强的学生，学科成绩明显高于同龄人且兴趣浓厚、主动性强的学生均列入资优生培养范围。从比例看，每个年级资优生的比例在20%左右。资优生培养充分尊重学生自我意愿，并采用流动机制，每学期进行适当调整，通过架构和开发适宜的课程，促进学有余力的资优生更好地发展。

二、课程体系的初步架构

我校借鉴PISA测试框架，以培养学生数学素养、科学素养为重点，初步建立资优生课程体系。在实施基础型课程中，通过分层走班，在数学、物理等重点学科上为资优生提供更复杂的学习内容并提出更高的学习要求。在拓展型课程中，通过指定选修和自主选修，在课程广度、深度等方面为资优生提供开阔视野、激发特长、提升素养的学习资源。在探究型课程中，结合学科前沿，注重学习活动的研究性和创新性，为资优生自主学习、合作探究创造有利条件。此外，针对英语资优生的培养也做了初步探索。我校资优生开设的部分课程见表1。

表1　第一轮资优生课程一览表

课程类别	具体课程
基础型课程	数学、物理、英语
拓展型课程	荣誉数学、荣誉物理、荣誉科学、英语新思维、上师大特色课程
探究型课程	STEM＋系列课程、创新发展课程、人工智能课程、探究小论文

（一）基础型课程：分层教学，因材施教

在基础型课程中进行分层教学、因材施教。开设资优生课程的主要是数学和物理学科，教师根据自身学科的特点，具体学情具体实施，以适切学生的学习能力和水平。虽然各学科课程的具体实施会略有不同，但实施目标及遵循准则一致，即有效做到“加深拓宽”：设置更加有挑战性的课堂学习环境，确定学习目标并保证基础型课程达标，再挤出时间开展深层次的学习活动，让学生获得有针对性的学习体验。学校数学组编写数学学科每日的素质教育养成练习卷，主要分为基础达标练习和拓展练习，拓展练习部分实行分层，要求拓展题资优生必做。英语学科中资优生课程对教材“加深拓宽”，扩增资优生的词汇量和阅读量，提升学生的阅读素养，聚焦英语学科核心素养和高阶思维的培养。英语资优生课程每周5个课时，

以每个学期 19 周计算，资优生每学年会上 190 课时的资优生课程。

（二）拓展型课程：培育特长，发展能力

拓展型课程为学生学习感兴趣的知识提供了机会，目的在于使学生成为主动的学习者。设置拓展型课程应遵循以下原则：课程设置必须考虑学生的能力、兴趣；建构与评估课程时应以学生“喜爱”为主；通过学习，学生能建构有意义的知识和获得思考技能。表 2 为拓展型课程开设情况。

表 2　资优生拓展型课程

数学	物理	英语	上师大特色课程
荣誉数学	荣誉物理	英语新思维 英语听说	海上名师大讲堂 上善之师博士讲坛

拓展型课程包括数学、物理、英语课程，以及上师大特色课程，旨在提升学生的数理逻辑能力、语言能力、阅读素养，拓展学生国际化视野。其中资优生数学课程——“荣誉数学”由上师大附中和本校优秀骨干教师任教，根据初中数学教材体系，结合六、七年级学生认知发展特征构建，每学期 12 讲专题，见表 3。“荣誉物理”课程由上师大教授开设，是为公办初中资优生量身定制的拓展型课程，课程设计聚焦物理学科核心素养，注重科学探究活动的设计，发展学生科学思维，形成正确的物理观念。“荣誉物理”共分为力学 1、力学 2、电磁学、热学和光学四个板块，每个板块 15 课时，共 60 课时，见表 4。每学期根据上一学期“荣誉物理”课程成绩、期末考试物理（或科学）成绩，择优录取约 25 名学生。

表 3　数学资优生课程设置

六年级数学资优生课程设置	七年级数学资优生课程设置
第 1 讲　有理数的计算技巧	第 1 讲　实数的性质和运用
第 2 讲　解读绝对值	第 2 讲　复合二次根式的化简
第 3 讲　一次方程（组）的解法	第 3 讲　三个非负数
第 4 讲　一次不定方程（组）的解法与应用	第 4 讲　恒等式的证明
第 5 讲　列方程（组）解应用题	第 5 讲　相交线与平行线
第 6 讲　一次不等式（组）	第 6 讲　三角形内角和与多边形内角和
第 7 讲　不等式的应用	第 7 讲　几何不等式初步
第 8 讲　含绝对值的方程与不等式	第 8 讲　全等三角形（一）
第 9 讲　待定系数法	第 9 讲　全等三角形（二）
第 10 讲　尺规作图	第 10 讲　等腰三角形和等边三角形
第 11 讲　计数初步	第 11 讲　角平分线
第 12 讲　存在性问题初步	第 12 讲　四种命题及关系

作为上师大附属学校，依托上师大的优质资源，丰富学校课程，开展上师大特色课程海上名师大讲堂和上善之师博士讲坛，开阔学生视野，凸显追求德业并重、自由活泼、创新争鸣、谨言纯正、知行合一的“书院文化”校园特色。

表 4 “荣誉物理”课程设置

学期	内容	周数	每周课时数	总课时数
1	力学	15	1	15
2	力学	15	1	15
3	电磁学	15	1	15
4	热学、光学	15	1	15
合计				60

（三）探究型课程：多元发展，全面提升

探究型课程体现学科拓展和学习兴趣特长，强调个性化、多元化，促进学生自主选择、充分发展。制订出符合实际的学习目标，将学生自学、师生共同研讨及教师讲授结合起来，培养学生自主学习、自主探究的意识和能力，锻炼学生的逻辑推理和空间思维能力。学校资优生培养关注重点在于逻辑推理能力的培养。逻辑推理能力培养的研究对象大部分是高中生或者大学生，但其实一种能力的训练是需要从小开始。如今的中考题越来越灵活多变，更加突出题目的实际背景，以考查学生阅读能力、理解能力、思维能力。

通过“创客空间”给学生提供自主发展的空间，通过项目化学习、“STEM＋”系列课程给学生提供自主发展的时间，以学生的兴趣爱好为导向，让学生以“创客”的方式在学习过程中思考，综合运用不同学科知识，实现跨学科知识的整合。学校组建资优生科创社团，让资优生通过项目化学习、科技竞赛活动等途径，在整个学习过程中进一步提高动手操作能力、问题解决能力、创新能力、团队协作能力，以及科学素养、数学素养。资优生探究型课程见表 5。

表 5 资优生探究型课程

创新发展课程	会变色的灯、翻转车疯狂的小鸟、蓝色时速、孔雀开屏、毛毛虫、麦轮小狗、足球小子、3D 迷宫
“STEM＋”系列课程	设计无人驾驶车、设计智能洁净屋、设计水净化系统、设计一米本草原、设计智能保温杯
人工智能课程	无人机、机器人、智慧校园

以“设计智能保温杯”项目为例，见图 1 和表 6。

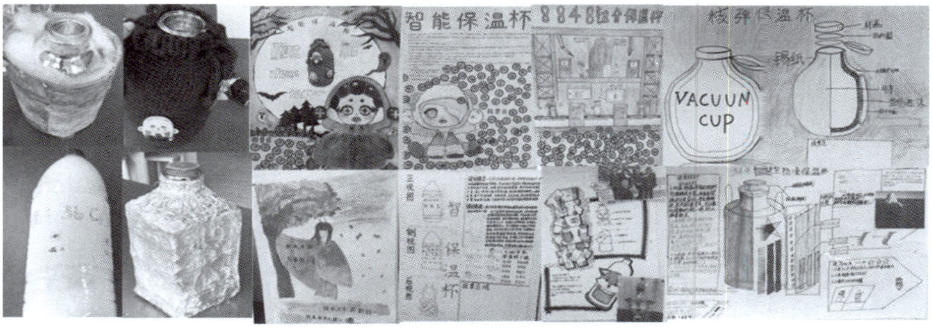

图 1　保温杯成品与图纸展示

表 6　“设计智能保温杯”项目探究过程(节选)

活动名称	活动目标	引导问题	活动内容
社会调研大众需求	调研保温杯的大众需求	你需要怎样的保温杯?	教师:设计调查问卷“保温杯的需求”问题框架 学生:根据小组调研方向,组建调查问卷,了解目前市面上的保温杯有哪几种类型,以及社会不同职业的人对保温杯的需求。发放调查问卷和街头调研、访谈。学校微信公众号发布问卷星调查链接,设计访谈问题,上街采访、调研大众对保温杯的需求
明确任务、组建团队	明确任务、组建队伍	项目组需要哪几类岗位,每个岗位的任务是什么?	教师:组建项目团队,设计项目日程表 学生:分配项目组任务,明确每位成员的任务,小组合作通过对前期调查问卷的结果分析,确定具体实施方向
智能保温杯的构思与设计	使保温杯的功能更贴近实际	如何使智能保温杯更实用?大众对于保温杯的需求是什么?	教师:指导学生设计项目方案,提供网络技术支持 学生:小组分工合作,完成设计方案,提供多稿设计;方案发布,本校师生、家庭投票选出最佳方案;确立智能保温杯的工程任务、学会应用热传递的知识设计保温杯、学会针对项目设计核算项目成本

三、资优生课程体系构建对师生发展的影响

(一)资优生课程体系建设促进学生发展

围绕学校教育特色,课程设置以充分开发资优生的学习能力和创造潜能为主要目标。课程设置具有针对性是提高学生综合素质的关键。对资优生班级的学生而言,这样的课程设置原则体现了因材施教的教育教学规律,使得每一位学生都能在自己的能力范围内得到最大限度的提高,既保证了国家课程规定的教学要求,又培养了学生的兴趣爱好和特长。

资优生培养注重对学生创造力和研究能力的培养，注重学生阅读素养、数学素养、科学素养的综合提升。在上师大专家团队的指导下，此课题研究稳步推行，实现资优生学习的学科拓展、学习兴趣发展，促进学生自主发展、充分发展、全面发展，以此提升学校整体办学水平。通过组建资优生社团，参加市、区级及以上级别比赛，为资优生提供展示的平台。课题研究以来，在各级各类比赛中获奖的资优生达到近 250 人次，表 7 为部分资优生获奖汇总。

表 7　部分资优生获奖汇总

级别	奖项	具体情况
市级	上海青少年科学研究院	小研究员 2 人
市级	上海市“明日科技之星”国际邀请赛	一等奖 3 人
市级	上海市第十七届运动会航模比赛	一等奖 1 人、二等奖 2 人
市级	上海市青少年电子设计制作活动	一等奖 2 人
市级	上海国际自然保护周青少年主题活动	一等奖 2 人
市级	长江三角青少年人工智能奥林匹克挑战赛	二等奖 3 人、三等奖 6 人
市级	上海市青少年生态文明探究小论文评选	三等奖 6 人
市级	上海市青少年科技创新大赛	三等奖 3 人
市级	第十九届上海未来工程师大赛	二等奖 1 人
市级	上海市青少年清洁挑战实践活动市	二等奖 1 人
市级	上海市青少年机器人知识与实践比赛	二等奖 1 人
市级	上海市学生绘画书法摄影作品展赛	一等奖 1 人
区级	闵行区青少年科技创新大赛	一等奖 4 人、二等奖 2 人、三等奖 7 人
区级	闵行区青少年创造发明大奖赛	一等奖 2 人、二等奖 4 人
区级	闵行区初中研究性学习成果评选活动	一等奖 1 人、二等奖 5 人、三等奖 4 人
区级	闵行区初中数学小论文评选	三等奖 2 人
区级	上海市青少年清洁挑战实践活动	一等奖 1 人、二等奖 2 人、三等奖 1 人
区级	“闵行少年星”计划系列活动	一等奖 1 人、二等奖 2 人、三等奖 1 人
区级	闵行区第六届中学生美术作品大赛	一等奖 2 人
区级	第十九届闵行区未来工程师大赛	三等奖 3 人
区级	闵行区学生艺术单项比赛	金奖 3 人、银奖 8 人、铜奖 6 人

（二）资优生课程体系建设促进教师发展

由上师大组建课题组专家团队，指导课题的研究全过程。数学学科课题组共 10 人，其中包括上师大课题组数学团队 3 人（教授 1 人、副教授 1 人、讲师 1 人），闵三中数学教研组 7 人。英语学科课题组共 9 人，其中包括上师大讲师 1 人（曾经担任上海市高考命题组成员），我校英语教研组 8 人。物理学科课题组共 2 人，其中包括上师大教授 1 人（曾经担任上海市高考命题组组长），我校物理教师 1 人。表 8 为各学科课题组专家情况。

表 8　资优生项目专家情况

学科	专家	专家介绍
数学	C 教授	上师大数理学院教授、博士生导师
	H 教授	上师大数理学院副教授、博士
	W 老师	上师大数理学院讲师、博士
英语	L 老师	上师大外国语学院讲师
物理	G 教授	上师大数理学院副教授、硕士生导师

自此项目立项以来，上师大专家团队对学校教师队伍的建设从课堂教学、科研能力、信息技术等多方面进行综合指导。专家团队定期参加教研组主题教研活动，开设专题讲座，指导教师课堂教学。上师大物理教授亲自授课，连续 3 个学期开设物理拓展课“荣誉物理”。

上师大资优生项目专家团队开设各类专题讲座，如郭长江教授的“浅谈一线教师如何做科研——从 UGS 课题谈起”、储继峰教授的“追寻数学文化　品位数学魅力”、江丰光教授的“信息技术能力培训”等。

上师大专家团队每学期到校调研，每月到校参加学科教研活动，担任学校“百花奖”“青藤杯”教学展示活动的评委。2020 年 6 月，上师大专家团队深入课堂，把脉资优生项目，诊断均衡培优过程中所遇到的问题，为下阶段的项目研究与实践献计献策。2021 年 10 月和 2022 年 10 月，上师大基础教育处对学校开展综合视导，对学校的教育教学工作进行了视导和诊断。视导组专家深入课堂进行全学科听课，并与教研组、备课组交流，深入了解学校教师的日常教学与教科研工作，对学科教学重点问题进行指导。通过资优生项目的实践，在项目组专家团队的指导下，学校教师在一年多的时间里快速成长，在各类教育教学比赛中获奖（见表 9、表 10）。

表 9　教师教育教学比赛获奖人次（含数学组、物理组、英语组、科学组）

比赛级别	国家级	市级	区级	教育集团	区级公开课
获奖人次	2	10	16	7	6

表 10 部分获奖情况

学科	获奖情况
数学	“思维型教学”全国优质课评比二等奖、区强初工程培英奖一等奖、学校百花奖教学展示一等奖
	开设区级公开课、上师大附中教育集团教学评比二等奖、论文发表于市级期刊
	开设区级公开课、区初中数学教师计算器应用能力比赛一等奖
	学校学术节教学展示一等奖、最佳板书设计
	区级智慧教育项目立项、学校学术节教学展示三等奖、区初中数学教师计算器应用能力比赛三等奖
英语	“思维型教学”全国论文评比优胜奖、上师大附中教育集团教学评比三等奖、学校百花奖教学展示二等奖
	上师大附中教育集团教学评比三等奖、学校百花奖教学展示三等奖
	学校学术节教学展示二等奖、最佳活跃课堂、区级课题立项
	学校学术节教学展示一等奖、最佳板书设计
	“思维型教学”全国论文评比二等奖、区级小课题立项、区见习之星
科学	上海市初中科学学科德育教学案例评选一等奖
	上海市初中科学学科德育教学案例评选二等奖
	上海市闵行区教科研成果评选一等奖
	上海市闵行区论坛之星评比一等奖、青年教师教学评比一等奖
物理	“思维型教学”全国学思维课程活动设计二等奖、上海市闵行区物理实验教学说课比赛二等奖

（三）资优生课程体系建设促进学科发展

在项目实施过程中，数学组实施资优生分层教学，开设“荣誉数学”拓展型课程。基于学情开展校本养成练习设计的研究，在养成练习中实施分层练习，逐步形成学校数学校本资源库。经过一轮轮不断优化，目前已经基本形成四年的数学养成练习资源库。物理学科从资优生的生活经验和已有的知识背景出发，给资优生提供充分的科学实践活动机会，让资优生的学习活动同生活实践紧密结合起来，在解决问题的过程中获得良好的情感体验和交流，进而为自身的终身持续发展打下基础；通过对周围世界充满强烈的好奇心和探究欲，产生对科学探究的浓厚兴趣，形成学科学、用科学的良好习惯；形成正确的物理观念，不断深化对科学本质的认识，形成科学态度与社会责任感。英语组通过初步引导学生进行大量课外阅读，提高英语阅读对资优生的挑战性，激发学生的英语阅读兴趣，培养良好阅读习惯，更好地提升资优生的思维思辨能力和阅读能力，鼓励学生在阅读过程中联系自身生活经历，发展对语篇进行深度理解的能力，同时提高学生的文化素养和国际文化理解力。

在资优生项目实施的推动下，学校以提升学生阅读素养、数学素养、科学素养为重点目标，逐步提升数学、物理学科质量，加快学科建设，促进学生、教师成长。

四、后续推进的方向

资优生培养模式调动了教师在教学和科研方面的积极性，发挥了老师在教学和科研活动中的能动性和作用，促进教师不断学习、师生共成长。资优生培养注重对学生创造力和研究能力的培养，注重学生阅读素养、数学素养、科学素养的综合提升。在上师大专家团队的指导下，该课题研究稳步推行，逐渐形成资优生培养的课程体系，实现资优生学习的学科拓展、学习兴趣发展，促进了学生自主发展、充分发展、全面发展，并以此提升了学校整体办学水平。

在后续的课题研究中，将进一步推动课程建设由点到面地铺开，把基于数学、物理、英语资优生培养的路径，延伸至文学、艺术、体育等方面，多维度开展资优生培养的研究，同时贯通小学、初中、高中的资优生培养路径，建立多元智能测量和丰富的校本课程等多种途径，连贯学生综合发展评价体系，从而提升学校整体教育教学和办学质量。

初中科学与物理贯通式“荣誉物理”课程建设与实践研究

郭长江[1]，尹玉婷[2]，闵辉[3]，沈春花[3]

（1. 上海师范大学基础教育处；2. 上海市建平香梅中学；3. 上海师范大学附属闵行第三中学）

教育部2022年工作要点中明确指出，要推进义务教育优质均衡发展，并将出台一系列的意见和政策。均衡化背景下，资优生将逐步回流到各公办初中。于是，公办初中资优生培养研究被提上日程。均衡化背景下，公办初中资优生物理核心素养培养的研究，主要从课程贯通的角度切入。上海初中科学教育课程体现先合再分的特点，即在六、七年级开设综合课程科学，八年级再开设生命科学、物理、化学等分科课程。而六、七年级科学课程中，包含了常见的力、密度、电流、电压、电阻等初中物理学的内容，只是讲解得稍浅，并且不是从物理学科角度展开，而是通过主题式、问题式展开的。通过开设“荣誉物理”课程，聚焦物理学科核心素养的培养，将科学课程中的物理学内容与物理课程中的相关内容贯通，并在此基础上进一步拓展，在公办初中寻找适合资优生思维特点的差异化教学之路。

一、初中科学与物理贯通式“荣誉物理”课程设计思想

初中科学与物理贯通式“荣誉物理”课程，是面向优秀学生的物理学特色课程，是为公办初中资优生量身定制的拓展型课程，课程设计聚焦物理核心素养的培养，注重科学探究活动，发展学生科学思维，以帮助学生形成正确的物理观念，不断深化对科学本质的认识，以及培养科学态度与社会责任感。课程设计贯彻了“贯通”“实践”“开放”等理念。

（一）贯通——纵向实现两个层面的贯通

这里强调两个层面的“贯通”。其一是初中科学与物理的贯通。通常情况下，相同的物理概念，会在初中科学中出现一次，再在初中物理中出现一次。虽然它们各有侧重，但是对于物理概念的讲解，初中科学教学由于受到学生基础和教材体系的影响，无法深入。对一般学生而言，这样的处理是合适的。但对知识储备和思维能力突出的资优生而言，完全可以贯通起来处理物理概念，把概念讲透。这样做既节省时间，又有利于资优生思维的发展。

其二是初中物理和高中物理，甚至是大学物理的贯通。当然，此处的贯通并非指简单地将高中物理、大学物理的知识点下放到初中，而是用高观点看待初中物理概念，做好与后续

知识的有效衔接，为后续的学习打开一个“窗口”，而不是把初中的内容割裂开，仅仅局限在初中的范畴。有的物理概念，从初中生的角度来看，并没有问题，但从更高的观点看，就有局限性。把这些物理概念，根据资优生的理解能力，贯通到高位的观点，有利于学生对概念本质的理解。这样做可以帮助学生在高位建立起对物理概念的理解，有利于资优生思维的发展。当然，这样做的时候，要避免将物理概念简单地加深和拔高，一定要建立在初中生已有的知识基础之上。

比如长度概念，在初中科学中，这部分内容出现在“实验室的科学活动”板块。从物理学本身来说，长度是一个基本而重要的物理量，所以在课程设计时，先引入“长度”这个物理量，再对长度进行计量，这样初中科学与初中物理就能比较好地衔接与贯通了。

另外，国际单位制中长度的基本单位、此基本单位的由来、国际上常用的长度单位、长度单位之间的换算等，在初中物理中涉及得不多，且没有串起来。但是，这些内容经过合理的设计（表 1），完全可以形成一种高观点。资优生掌握这种高观点后，反过来再去理解长度，就会更深刻。同时，这样建立起的概念，也更有利于后续学习的开展。

表 1　“长度”主题第一课时内容设计表

板块	主要内容	设计意图
长度的概念与计量	●为什么需要长度这个物理量 ●姚明的身高 ●国际单位制中的长度单位 ●手机、电视机屏幕大小如何计量	紧紧围绕物理量是物理学家认识自然界的桥梁这一思想，通过姚明身高在中国和美国的不同表达方式，引出国际单位制中的长度与英制长度单位
米从何而来	●米原器 ●目前使用的计量方法	既关注历史由来，又关注现状
中国智慧	●汉代风云人物的身高 ●古人从身上找尺寸 ●成语中的长度单位 ●古诗中的长度单位	了解古代中国关于长度单位的知识，感悟中国智慧，实现物理、地理、中文、历史的跨学科学习，提升综合能力
实验探究	测长度	通过使用不同工具进行测量，增加对长度及长度单位的直观感受

从教学实践效果看，学生喜爱这样的内容设计，并表现出很高的学习热情。

（二）实践——重实践操作与实践表达

初中科学与物理贯通式“荣誉物理”课程尤其重视实践环节的设计，不仅在每一课时安排了多个实验，而且要求学生撰写实验报告。实验报告的设计体现了由局部到完整、由浅入深的思想。

早期呈现的报告，其主体部分由教师撰写，学生只需要填写一些关键的数据和自己的体会。这样做，一方面培养了学生的科技阅读能力，科技阅读能力的培养从读懂一份实验报告入手；另一方面，每次实验都带领学生从整体上温习一遍实验报告的撰写流程，逐步熟悉如何撰写实验报告。

实验设计的起点比较低，学生容易上手。而随着实验的推进，不断加大难度，并注重通过实验的方法，突破学生学习中的难点，提高学生的学习品质。比如，“用电子天平测物体的质量”的实验设计，包括实验名称、实验目的(掌握电子天平的使用方法；通过测量练习，对生活中常见物体的质量有基本正确的了解)、实验原理、实验工具与材料(电子天平、橡皮、笔、鸡蛋、教科书、苹果、橘子、香蕉、瓶装矿泉水、大头针、回形针、长尾夹、乒乓球)、实验内容与步骤(调平：查看水平仪，如不水平，要通过水平调节脚调至水平；称量：接通电源，预热，轻按开启键后，将物体轻放在秤盘中央，待显示器上数字稳定后出现质量单位“g”，即可读数，并记录称量结果；称量完毕：取下待测物体，关闭电源，所有物品归还原位)、实验数据与处理、实验结果与分析、实验心得与启示等环节。其中，实验数据与处理环节，让学生猜测被测物体的质量，再通过电子天平测量实际质量，最后计算相对偏差(表 2)。这样设计的优点在于，加深了学生对生活中常见的被测物体质量的记忆，并使实验过程充满趣味性。

表 2 “用电子天平测物体的质量”实验数据与处理表

被测物体	猜测质量(克)	实际质量(克)	相对偏差(%)
1 块橡皮			
1 支笔			
1 个鸡蛋			
1 本教科书			
1 个苹果			
1 个橘子			
1 根香蕉			
1 瓶矿泉水			
1 根大头针			
1 根回形针			
1 个长尾夹			
1 个乒乓球			

在“实验结果与分析”环节，通过设计如下两个问题，帮助学生熟悉“间接测量”这一方法，并且学习根据物理量之间的关系写表达式，从而体会物理量之间的联系与转换这一重要的物理学思想。

1. 若取 n 个小物体，放在质量为 m_1 的杯子中，称出其总质量为 m_2，则每个小物体的质量 m 的表达式为____________________。

2. 如何估算一袋米有多少粒？请写出实验步骤，用符号表示需要测量的物理量，并给出计算表达式。

另外，通过设计一系列转化计算，将此前的测量结果关联起来，增强学生对数量关系的感知，引导学生关注生活，理解物理从生活中来的思想，既增加了趣味性，又再次聚焦学习的难点，以帮助学生加深对关键知识的印象和理解。如根据上述两个问题设计下列转化计算。

据以上测量结果，填写：

1 千克≈(　　)个鸡蛋的质量≈(　　)本教科书的质量≈(　　)个苹果的质量

1 千克≈(　　)瓶矿泉水的质量≈(　　)根回形针的质量≈(　　)个乒乓球的质量

从教学实践效果看，由浅入深的实践设计，符合学生的认知规律，很好地带动了学生学习的开展。

（三）开放——通过实验的开放性促进学生思维发展

初中科学与物理贯通式“荣誉物理”课程尤其重视开放性实验的设计。在原理清晰、器材充足的情况下，通过实验的开放性，鼓励学生进行多样化实验设计、个性表达，从而促进学生思维的发展。

例如，在学习了浮力的相关知识后，提出让学生制作一个浮力秤。先让学生写出浮力的公式，并标注各个物理量的含义。然后提出如下问题，让学生思考将要制作的浮力秤的要素。

如果说曹冲称象时制作的是一个“浮力秤”，那么这个“浮力秤”与真正的秤有什么区别与联系？

最后，提供如下材料清单（表 3），让学生设计并制作一个浮力秤。

表 3　浮力秤材料清单（一人份）

编号	工具/材料名称	规格型号	单位	数量
1	塑料密闭罐	6.5 厘米×20 厘米 1 个，10 厘米×20 厘米 1 个	个	2
2	PVC 透明片	A4 大小，厚约 0.5 毫米	张	1
3	橡皮泥	250 克，不溶于水	包	1
4	粗塑料吸管		根	5
5	热熔胶枪	包括热熔胶配料	把	1
6	透明胶带	宽	卷	1
7	小剪刀		把	1
8	细头油性笔		支	1
9	透明直尺	20 厘米长	把	1
10	普通砝码	500 克	盒	1
11	A4 纸		张	1
12	烧杯	100 毫升	只	1
13	胶头滴管		个	1
14	手套		副	1
15	护目镜		副	1
16	抹布		块	1

学生的思维被彻底地打开，设计出的浮力秤五花八门（图 1）。

图 1　学生设计的形态不一的浮力秤

学生从稳定性、标度、托盘制作、美观度等角度，充分发挥想象力，并通过小组交流合作，很好地完成了作品。

二、初中科学与物理贯通式“荣誉物理”课程的基本情况

初中科学与物理贯通式“荣誉物理”课程，为公办初中资优生量身定制，在课程设置、课程内容、学生来源、教学实施上，均体现出鲜明的个性特征。

（一）课程设置

初中科学与物理贯通式“荣誉物理”课程定位为拓展型课程，与初中科学和物理等基础型课程并行开设。共开设 4 个学期，每个学期 15 次课，每次 1 课时。具体见表 4。

表 4　初中科学与物理贯通式“荣誉物理”课程设置情况

学期	内容	周数	每周课时数	总课时数
1	力学	15	1	15
2	力学	15	1	15
3	电磁学	15	1	15
4	热学、光学	15	1	15
合计				60

（二）课程内容

初中科学与物理贯通式“荣誉物理”课程的内容，四个学期各有侧重。课程中的力学内容从科学课程中学生已经学习过的概念，如时间（表 5）、质量、长度、密度等入手，一般通过物理量的概念、物理量的计量、中国智慧、实验探究四个板块展开。其中，物理量的概念区别于传统教学，重点强调为什么要引入该物理量，再结合生活实际，介绍该物理概念。物理量的

表 5　“时间”主题第一课时内容设计表

板块	主要内容	设计意图
无处不在的物理量	●物理量是物理学家认识自然界的桥梁 ●物理学是一门定量的学科，它通过物理量之间的数量关系刻画自然界的规律 ●所谓物理量的大小多少，指规定一定单位，用该单位与研究客体相比所得的倍数	学生第一次接触物理概念，希望他们从“物理量”的角度，了解物理概念的由来，理解物理概念是“桥梁”
时间的计量	●单位，常用的时间单位 ●闰年的计算方法	强调单位的重要性，让学生学会基本的单位换算
中国智慧	●中国传统历法 ●干支纪法：天干地支 ●中国古代常用时间单位：时、刻、更、鼓、点	让学生了解古代中国关于时间的知识，感悟中国智慧，实现物理、地理、中文、历史的跨学科学习，提升综合能力
实验探究	练习使用打点计时器	这原是一个高中物理实验，在内容上有所删减，让学生对运动和时间的关系有一个更加直观的认识

计量主要是让学生动手测量，体会物理量"质和量紧密相关"这一思想，并且通过动手操作加深对物理概念的理解。中国智慧是特别设计的板块，旨在突出我国先民的科技智慧，拓展学生的知识面，增加学生的学习兴趣和文化自信。每一次课都以实验探究结束，有学生完全没有接触过的实验，比如利用打点计时器求速度，也有学生比较熟悉但经过改造的实验，如仅给出量筒，不给天平，求牛奶的密度。这一板块强调学以致用，让前面学习的知识为实践服务，能够灵活运用才最有效。

课程中的电磁学、热学及光学内容，因为学生已经进入初中物理课程学习阶段，而且在数学和计算上都有了更高的储备和要求，所以课程设计时，从物理课程中学生已经学过或即将学习的概念和规律，如电流、电压、电功率、光的折射等入手，一般通过概念辨析、应用举例、思考与练习、实验探究四个板块展开。其中，概念辨析侧重分析概念的内涵与外延，并对相似的概念进行类比或比较，加深学生的印象。应用举例板块，开始增加例题分析，带领学生逐步熟悉分析问题和解决问题的过程与基本步骤。思考与练习侧重学生独立分析和解题能力的培养，因为随着年级的升高，要逐步实现由定性分析向定量计算的过渡。实验探究板块与力学内容类似。

（三）学生来源

参与初中科学与物理贯通式"荣誉物理"课程的学生通过选拔产生，每学期课程开始时选拔一次。选拔时主要参考学生的个人意愿、上一学期"荣誉物理"成绩及期末考试数学、物理（或科学）成绩，择优录取 25 名左右。因为是荣誉课程，只有优秀的学生才能选修，所以学生的自我效能感强，学习的动力足。

（四）教学实施

授课时间为每周一下午，授课地点为科学实验室。共分为 5 个小组。主要以合作学习的方式展开。学习单既有小组作业，也有个人作业。个人必须独立完成实验报告。

三、初中科学与物理贯通式"荣誉物理"课程实施反馈

初中科学与物理贯通式"荣誉物理"课程实施后，对参加课程学习的全体同学（共 21 名）进行了问卷调查，反馈情况如下。

（一）学生的兴趣点

问卷针对课程教学的方式和内容板块，设计了多选题。从学生的选择情况看，"都不太感兴趣"的选择率为 0，可见学生的学习兴趣都很高。

学生对"小组交流与讨论"的教学方式认可度高，选择率达到 100%。对"做物理实验"也很感兴趣，选择率也达到了 100%。对"与日常生活相关的物理内容的讲授"，学生也比较感兴趣，选择率达到了 85.71%。

相对而言，以下几项的选择率较低，如"完成课堂学习单"只有 42.86%，"撰写实验报告"

只有 52.38%。这两项都与书面表达有关，从教学情况看，也是学生的弱项。“与中国历史相关的物理内容的讲授”，选择率为 57.14%，比预想的要低。具体数据见图 2。

选项	小计	比例
小组交流与讨论	21	100%
做物理实验	21	100%
与日常生活相关的物理内容的讲授	18	85.71%
物理学新知识讲授	17	80.95%
课堂教师的提问	13	61.9%
与中国历史相关的物理内容的讲授	12	57.14%
撰写实验报告	11	52.38%
完成课堂学习单	9	42.86%
都不太感兴趣	0	0%
本题有效填写人次	**21**	

图 2　学生对“荣誉物理”课程不同板块的兴趣程度

（二）难度

学生对“‘荣誉物理’课程哪些内容比较难”的选择，“撰写实验报告”特别突出，达到了 80.95%，远高于其他选项。从实际教学情况看，也是如此。学生对实验报告的形式不熟悉，书面表达能力弱，一方面不知道要填写什么内容；另一方面，有一定的想法但表达不清楚。这一情况教师事先就预料到了，这不仅是常规教学中的薄弱环节，也是这个年龄段学生的薄弱环节。课程内容设计中，特别强调“撰写实验报告”这个板块，也是为了加强对学生的训练，提高学生的科技阅读能力和书面表达能力。其他选项还比较均衡，均在 30%左右，说明课程设计难度适中。“实验设计”的选择率是 33.33%，“做实验”的选择率是 23.81%，均低于教师预期，呈现比较好的情况。看来，资优生动手实验的兴致高，并未觉得有什么难度。“老师课堂上讲的物理概念”，选择率为 38.1%，比预想的要高。具体数据见图 3。

（三）对平时学习的帮助

学生对“学习‘荣誉物理’课程对平时学习是否有帮助”的选择，“一般”“不太有帮助”“没有帮助”的选择率均为 0。“帮助非常大”选择率 57.14%，“帮助比较大”选择率 42.86%。可见，课程对学生还是有帮助的。具体数据见图 4。

选项	小计	比例
老师课堂上提出的问题	2	9.52%
老师课堂上讲的物理概念	8	38.1%
老师课堂上讲的例题	6	28.57%
做实验	5	23.81%
实验设计	7	33.33%
撰写实验报告	17	80.95%
学习单上的内容	7	33.33%
本题有效填写人次	**21**	

图 3　学生对"荣誉物理"课程不同板块的难度感受

选项	小计	比例
帮助非常大	12	57.14%
帮助比较大	9	42.86%
一般	0	0%
不太有帮助	0	0%
没有帮助	0	0%
本题有效填写人次	**21**	

图 4　学生对学习"荣誉物理"课程对平时学习是否有帮助的选择情况

（四）对平时学习的具体帮助

学生对"学习'荣誉物理'课程对平时学习的具体帮助"的选择，"开阔了我的知识面"选择率达到 100%，"增强了我探究未知知识的好奇心"选择率达到 95.24%，"激发了我学习的兴趣"选择率达到 85.71%。这是非常可喜的。因为"荣誉物理"课程设计时，相对于知识学习，更关注学生的良好学习态度和求知欲望的培养，并希望通过"荣誉物理"课程的学习，带动其他学科的学习。看来，这一目的较好地达成了。

相对而言，"让我对数学课更感兴趣"选择率为 28.57%，比预想的低。另外，"帮助我掌握了学习的方法"选择率为 61.9%，也比预想的低。具体数据见图 5。

选项	小计	比例
开阔了我的知识面	21	100%
帮助我掌握了学习的方法	13	61.9%
激发了我学习的兴趣	18	35.71%
增强了我探究未知知识的好奇心	20	95.24%
让我对数学课更感兴趣	6	28.57%
让我对物理课更感兴趣	14	66.67%
让我对科学课更感兴趣	10	47.62%
本题有效填写人次	**21**	

图 5　学生对学习“荣誉物理”课程对平时学习的具体帮助的选择情况

（五）对自己的学习评价

学生对自己学习“荣誉物理”课程的评价中，“我学得一般”“我学得不太好，只掌握了一小部分内容”“我学得非常不好，根本没有掌握课程内容”的选择率均为 0。“我学得很好，全部内容都掌握了”选择率为 38.1%，“我学得比较好，多数内容都掌握了”选择率为 61.9%。可见，学生对自己的学习评价很高。因为“荣誉物理”课程本身的确有一定的难度，对学生的理解能力、数学计算能力、实验设计能力、实验动手能力、交流合作能力、书面表达能力等，都有一定的要求。学生作出这样的选择，是非常可喜的。具体数据见图 6。

选项	小计	比例
我学得很好，全部内容都掌握了	8	38.1%
我学得比较好，多数内容都掌握了	13	61.9%
我学得一般	0	0%
我学得不太好，只掌握了一小部分内容	0	0%
我学得非常不好，根本没有掌握课程内容	0	0%
本题有效填写人次	**21**	

图 6　学生对自己学习“荣誉物理”课程的评价

（六）对课程的满意程度

学生对“荣誉物理”课程的满意程度的选择，“非常满意”达到 100%。这个远超出了预期。看来，课程实施基本上是成功的。具体数据见图 7。

选项	小计	比例
非常满意	21	100%
比较满意	0	0%
一般	0	0%
不太满意	0	0%
非常不满意	0	0%
本题有效填写人次	21	

图 7　学生对“荣誉物理”课程的满意程度的选择情况

指向数学核心素养的初中资优生课程建设与培养过程研究

何声清[1]，蒋赢利[2]，唐晓博[1]
（1. 上海师范大学数理学院；2. 上海师范大学附属闵行第三中学）

一、课题缘起

2022 年 4 月，教育部发布《义务教育数学课程标准（2022 年版）》，进一步凸显了义务教育阶段学生数学核心素养培养的重要性。根据教育部《关于做好中小学生课后服务工作的指导意见》精神，课题组就“双减”背景下学生核心素养发展的课后服务课程建设展开探索。结合上海师范大学附属闵行第三中学的特色和优势，我们最终将课题定为“指向数学核心素养的初中资优生课程建设与培养过程研究”，目的在于以课后服务为契机、以核心素养发展为旨归、以分层教学为手段，着力发展数学资优生的数学思维、数学眼光和数学表达，通过理论分析与实践探索，最终构建一套符合学校定位和特色的数学资优生课程体系、实践方案与典型案例。

本课题于 2021 年正式启动，由上海师范大学基础教育处、教务处、数学系及上海师范大学附属闵行第三中学联合设计、实施。

二、研究过程

本课题研究分为三个阶段：准备期、规划期、实践期。

在准备期，课题组主要开展文献研究与资优生的选拔工作。首先，对数学资优生培养的研究进行梳理。例如，有学者总结出数学资优生的主要特征，包括对数学有浓厚兴趣、探索欲强、学习方法良好、学习的效率高等。其次，为数学资优生的选拔拟定了标准，包括但不限于：第一，对学习有自己独特的想法，是学习的有心人，时间观念强；第二，作业工整，书写习惯好，做事有始有终；第三，数学基本功扎实、运算能力强、反应敏捷、解题速度快；第四，有顽强的学习毅力，不轻易相信他人的答案，有较强的自信心；第五，喜欢数学，热爱探究课本以外的数学知识，并对要学习的数学知识抱有极大的兴趣，自学能力较强。最后，基于上述标准，课题组分别从六、七年级挑选出 25 名和 28 名资优生，组建数学兴趣小组进行培养。

在规划期，课题组主要开展课程建设和集体备课工作。上海师范大学附属闵行第三中学六、七年级备课组分工合作，集体备课、出题，联合构建了资优生课程体系，编制了资优生课程大纲。同时，为每一节课设置配套的拓展习题，这些习题既注重基础知识、基本技能的深化，也注重思维能力及数学核心素养的培养。

在实践期，课题组以课程大纲为依据开展教学工作。授课组教师采取团队授课方式，由上海师范大学教师团队听课、评课。学时方面，在每周的课后服务中抽取一小时用于本课程教学。

三、课程体系

根据初中数学教材体系，结合六、七年级学生认知发展特征，课题组构建了面向资优生的数学课程体系，详见表 1。

表 1　上海师范大学附属闵行第三中学数学资优生课程体系

六年级	七年级
第 1 讲　有理数的计算技巧	第 1 讲　实数的性质和运用
第 2 讲　解读绝对值	第 2 讲　复合二次根式的化简
第 3 讲　一次方程(组)的解法	第 3 讲　三个非负数
第 4 讲　一次不定方程(组)的解法与应用	第 4 讲　恒等式的证明
第 5 讲　列方程(组)解应用题	第 5 讲　相交线与平行线
第 6 讲　一次不等式(组)	第 6 讲　三角形内角和与多边形内角和
第 7 讲　不等式的应用	第 7 讲　几何不等式初步
第 8 讲　含绝对值的方程与不等式	第 8 讲　全等三角形(一)
第 9 讲　待定系数法	第 9 讲　全等三角形(二)
第 10 讲　尺规作图	第 10 讲　等腰三角形和等边三角形
第 11 讲　计数初步	第 11 讲　角平分线
第 12 讲　存在性问题初步	第 12 讲　四种命题及关系

四、教学案例

本案例聚焦“逻辑推理”核心素养。逻辑推理是指从一些事实和命题出发，依据规则推出其他命题。主要包括两类：一类是从特殊到一般的推理，推理形式主要有归纳、类比；一类是从一般到特殊的推理，推理形式主要有演绎。

逻辑推理能力是数学严谨性的基本保证，是人们在数学活动中进行交流应具备的基本思维品质。在初中的实际教学中，逻辑推理这个核心素养亦至关重要，突破几何证明、列方程解应用题等重点、难点都需要学生具备较好的逻辑推理能力。虽然当前大多数研究以高中生或者大学生为对象考察逻辑推理能力的发展和培养，但核心素养的发展是一个长期过程，需要从小抓起。

上海师范大学附属闵行第三中学六年级教师调查了本年级数学资优生的逻辑推理能力现状，分析其解题过程，发现其有很强的运算概括能力、逻辑思维能力。此外，这些资优生对数学很感兴趣，对学习具有挑战性的数学知识抱信心和期待。

教学案例1：六年级趣味数学班选题（一）

题干： 甲、乙、丙、丁、戊五位同学取得前五名。发奖前，教师让他们猜一猜各人的名次排列情况。 甲说：乙第三名，丙第五名； 乙说：戊第四名，丁第五名； 丙说：甲第一名，戊第四名； 丁说：丙第一名，乙第二名； 戊说：甲第三名，丁第四名； 教师说每位同学的名次都有人猜对，则获得第四名的是谁？
题目分析： 本题是一道典型的逻辑思维题，在逻辑思维测试中应用得相当普遍，它看似是一道语文题，其实却是最考验推理能力的题目。题干比较复杂，五个人说了五句话，这五句话就是解题的依据，这样的题目不仅出现在奥数练习中，同时还曾经出现在中考题中。
作答情况分析： 这种题型一般有两种解法，第一种也是比较推荐的一种解法是图表法，因为图表法可以明确地将题目的文字语言转化为图表中的数学语言，而且每列中只有一个说法是正确的，可以迅速地排除错误答案，得到结论。而事实是只有接近三分之一的学生选择了图表法，这些学生具有较高合情推理能力及初步演绎推理能力，能够有意识地把已有知识与未知内容联系起来，进行知识迁移，能够熟练运用已会的数学思想方法，表达清晰明确。剩下的学生都选了用文字描述的方法，可见图表法并不是被学生下意识的解法，超过三分之二的学生具有中等的合情推理能力，已经能够比较清楚地理解题目的深层含义，通过归纳或类比推理方法获得一些结论和猜想，同时能组织有效的语言表达自己的想法，但还需要经过一定的引导和训练。

教学案例 2:六年级趣味数学班选题(二)

题干: 某校派出学生 204 人上山植树 15301 株,其中植树最少的一人种了 50 株,植树最多的一人种了 100 株,证明至少有 5 人植树的株数相同。
题目分析: 本题是一道经典证明题。证明题一向是学生闻之色变的题型,因为它区别于计算题、应用题,是一种需要把解答的每一步紧密地联系起来的题型。证明题之所以难,还因为其没有通用的、可以一招制胜的解题技巧。假设存在这种技巧,也只能解一时之急,对某道题或者某类题有一定的作用,可是换了一个题目立马无效,所以证明题的精妙之处就在于只可意会不可言传。证明题也有三要素,就是论点论据和论证,拿到题目首先就要明确论据有哪些,仅有这些论据还不够,还需要把这些论据的关系揭示出来,再把论证过程写出来,看能否得出论点。过程说起来比较容易,但真正证明起来就难了。
作答情况分析: 本题得分率为 65%,可见本题有一定的难度。其中有 55.4%的学生采用了直接证明的方法,而有 5.4%的学生采用了反证法,这两种方法都可以合理地证明结论。本题最重要的考点就是为了考查学生初步的演绎推理能力,能不能通过已有条件确定什么是论据、什么是结论,同时合理、有效、准确地利用论据为结论服务。从学生的证明结果来看,他们已经具备了一定的演绎推理能力,可以给出多种证明方法,语言清晰明确。

除了知识的积累,数学思想方法的发展也是义务教育阶段数学教育的重要目标。通过上述两个教学案例,课题组发现这些资优生已经对逻辑推理形成了一个比较成熟、正确的认识,这与教师平时潜移默化的引导密不可分。

五、效果验证

为了检验资优生教学实践的效果,将其与非资优生的数学学业成绩进行对比,详见表 2。

表 2　实验组和对照组数学学业成绩对比(满分 100 分)

组别	均值	标准差	N
实验组	90.037	4.661	53
对照组	68.765	21.024	145

为进一步探查不同组别学生数学学业成绩的差异，将两个群体的数学学业成绩进行独立样本 T 检验，详见表 3。

表 3　实验组和对照组数学学业成绩的差异检验

	方差方程的 Levene 检验		均值方程的 T 检验					差分的 95% 置信区间	
	F	Sig.	T	df	Sig.	均值差	标准误差	下限	上限
假设方差相等	49.192	0.000	−7.290	196	0.000	−21.272	2.918	−27.027	−15.517
假设方差不等			−11.439	176.497	0.000	−21.272	1.859	−24.942	−17.602

结果显示，T=−11.439，$p<0.001$，表明两个群体数学学业成绩存在显著性差异。结合描述统计数据，实验组学生数学学业成绩均值为 90.037（*SD*=4.661），对照组学生数学学业成绩均值为 68.765（*SD*=21.024），可以得出：资优生的数学学业成绩显著优于对照组学生，且波动更小。

分别以六、七年级为样本，具体考查资优生教学实践的效果，将其与非资优生的数学学业成绩进行对比，详见表 4。

表 4　两个年级的实验组和对照组数学学业成绩对比（满分 100 分）

组别		均值	标准差	N
六年级	实验组	90.178	5.113	28
	对照组	71.213	19.823	75
七年级	实验组	89.880	4.196	25
	对照组	66.142	22.081	70

针对六年级，将两个群体的数学学业成绩进行独立样本 T 检验，详见表 5。

表 5　六年级实验组和对照组数学学业成绩的差异检验

	方差方程的 Levene 检验		均值方程的 T 检验					差分的 95% 置信区间	
	F	Sig.	T	df	Sig.	均值差	标准误差	下限	上限
假设方差相等	23.953	0.000	−4.987	101	0.000	−18.965	3.803	−26.509	−11.420
假设方差不等			−7.633	94.504	0.000	−18.965	2.484	−23.898	−14.032

针对七年级，将两个群体的数学学业成绩进行独立样本 T 检验，详见表 6。

表 6　七年级实验组和对照组数学学业成绩的差异检验

	方差方程的 Levene 检验		均值方程的 T 检验					差分的 95% 置信区间	
	F	Sig.	T	df	Sig.	均值差	标准误差	下限	上限
假设方差相等	24.175	0.000	−5.323	93	0.000	−23.737	4.459	−32.592	−14.882
假设方差不等			−8.571	81.272	0.000	−23.737	2.769	−29.247	−18.227

结果显示，无论是六年级还是七年级学生，实验组的数学学业成绩均显著优于对照组，且波动更小。

六、不足与展望

因实验周期较短，目前尚未对两个组别学生的纵向数据进行分析，因此不能具体比较两个组别成绩增值的差异。此外，当前的资优生课程方案多聚焦于内容的选取和开发，对于教育技术融合、教育资源整合缺乏关注。我们对未来研究提出如下展望：第一，进一步结合本校的实际情况，对现有的课程体系进行迭代优化，形成标准化、有特色的资优生课程方案。第二，开展追踪研究，对资优生课程方案的运行情况进行定期监测，并使用相应的增值评价工具来评价课程方案对提高学生能力增值的作用。第三，建立科学、全面的评价系统，设计开发非智力因素量表，调研资优生课程方案对学生学业成绩提升、能力增值、非智力因素发展的影响。第四，加强教育技术融合和教育资源整合，最大化地提升课程设计的质量。第五，在实施资优生课程方案的过程中，应对不同类别（如不同思维类型、不同认知风格等）的学生予以不同的定位，满足其不同的学习需求，从而达到有效的资优生课程方案落地。

美育基础理论及
中学美育特色课程
培育研究

《全国学校艺术教育总体规划(1989—2000 年)》是我国第一个全国艺术教育的纲领性文件,是中国美育政策的正式发端,也是中国美育的第一个发展性政策。2002 年 5 月,教育部审议通过了《学校艺术教育工作规程》,这是我国美育第一个独立的指导性文件。《学校艺术教育工作规程》的第一条说明了规程的制定原因和依据:“为全面贯彻国家的教育方针,加强学校艺术教育工作,促进学生全面发展,根据《中华人民共和国教育法》,制定本规程。”2014 年,我国发布了《教育部关于推进学校艺术教育发展的若干意见》,指出“建立中小学学生艺术素质评价制度”,旨在提高学生审美和人文素养。2015 年 9 月,国务院办公厅印发的《关于全面加强和改进学校美育工作的意见》指出科学定位美育课程目标,开设丰富优质的美育课程……深化学校美育教学改革,加强美育制度建设,加大美育投入力度,探索建立学校美育评价制度,建立美育质量监测和督导制度,提出“全面深化学校美育综合改革,坚持德智体美劳五育并举,加强各学科有机融合,整合美育资源,补齐发展短板,强化实践体验,完善评价机制,全员全过程全方位育人,形成充满活力、多方协作、开放高效的学校美育新格局。到 2022 年,学校美育取得突破性进展,美育课程全面开齐开足,教育教学改革成效显著,资源配置不断优化,评价体系逐步健全,管理机制更加完善,育人成效显著增强,学生审美和人文素养明显提升。到 2035 年,基本形成全覆盖、多样化、高质量的具有中国特色的现代化学校美育体系”。在国家美育改革背景下,美育基础理论研究及美育特色课程的建构尤为重要。

美育基础理论及中学美育特色课程培育研究

——联合推进罗店中学美育特色建设

李英梅

（上海师范大学美术学院）

一、美育的时代变迁

“审美教育”是所有旨在培养人的审美的教育活动的总称，称为“美育”。从理论上讲，美育至少跨越两个学科——美学和教育学，并与社会学、伦理学、心理学、文化学和哲学密切相关。

柏拉图提出了体育教育和音乐教育并重的教育方案，认为音乐可以美化人的心灵，人类最美的境界是“灵魂美与身体美的和谐统一与融合”。亚里士多德提出了审美、身体和智力发展的特征。席勒在《美育书简》中首次提出了“美育”的概念，系统阐述了美育的性质、特点和社会功能。席勒认为，美育是实现人的自由的唯一途径，审美活动是自由的，并指出由资本主义生产关系所带来的社会的严密分工和职业区分导致了人性的分裂和社会中人文精神的崩溃，需借由审美才能从单纯的感性状态达到理性和道德的状态。

100 多年前，以王国维、蔡元培为代表的学者提出了美育救国之路，将西方美学思想与中国古代美育的优良传统相结合，开启了近代中国社会第一次美育运动，彰显了美学教育在塑造人性方面的价值。蔡元培倡导“以美育代宗教”，提出美育不局限于学科教育领域，且对公民素养的发展和国家的振兴与发展起着重要作用。

艺术教育是实施美育的重要途径，例如美国纽约林肯中心学院已将美学的艺术教育观点运用于师资培育的改革上，开发了相关的课程与教材，旨在提升美国在职教师或职前教师的艺术与人文素养。

2014 年发布的《教育部关于推进学校艺术教育发展的若干意见》指出，建立中小学学生艺术素质评价制度，旨在提高学生的审美素养、人文素养和终身艺术素养。2015 年 9 月，国务院办公厅印发的《关于全面加强和改进学校美育工作的意见》指出，科学定位美育课程目标，开设丰富优质的美育课程，深化学校美育教学改革，加强美育制度建设，加大美育投入力度，探索建立学校美育评价制度，建立美育质量监测和督导制度。积极实施我国的美育政策是提高学生综合素质、促进教育现代化的重要手段。2018 年 9 月，习近平总书记在全国教育大会上进一步指出“要全面加强和改进学校美育，坚持以美育人、以文化人，提高学生审美和人文素养”。至此，美育研究和改革日趋火热。特别是信息技术的发展，给美育课程与教学、美育教材编写、教师评价方式等带来了巨大的挑战。

二、美育研究类别综述

从类别来看，美育研究主要包括理论思想研究、实践研究、美育史研究、农村美育研究等。

（一）理论思想研究

美育的内涵、美育话语体系构建、“大美育”概念、传统美育思想在新时代的价值等是当前美育研究的热点。美育的内涵主要包括八个方面：美育是德育的辅助手段、美育是美学知识的教育、美育是艺术教育、美育是情感教育、美育是美感教育、美育是培养审美能力的教育、美育是“全面育人”的教育和美育是教育的一种境界。由于各界人士的努力，美育的功能逐渐得到了认可，尤其体现为美育在国家政策文件中的地位逐渐上升。与此同时，美育研究和实践也呈现出与以往不同的样态，新的思想、新的理论不断涌现。有学者认为要注重日常生活中美育的意义，创造、发现和欣赏生活之美；有学者认为美育是一门人生科学，可以培养年轻一代的人生观和价值观；在话语体系的构建中，一些学者认为，对现代中国美育话语的研究不仅要继承优良传统，而且要注意解决当今中国美育的一些问题；生命美育、自然美育、身体美育等新理论都是“大美育”概念的产物；中国古代、近现代美育思想和西方美育思想（提出者包括蔡元培、丰子恺、曾繁仁、卢梭等）研究，应结合当下时代背景，寻找新的活力。

（二）实践研究

在实践研究方面，有对美育新政策的研讨，主要集中在对习近平总书记一系列重要讲话精神的解读和反思。另外，实践研究还包括教育质量评估体系、美育工作的现状和问题对策等。

（三）美育史研究

在美育史研究方面，学者主要从历史事件、书报杂志、人物思想等方面进行了量化与质性的研究。

（四）农村美育研究

因与城市在设施、师资等客观条件方面存在差异，农村的美育研究较为薄弱，但这类研究近年来也引起了学者们的关注，这主要与中国的教育扶贫和乡村振兴战略密切相关。该类研究主要从农村美育的具体实践（课程、课堂、形式、条件、媒介、平台等）着眼，分析农村美育实践的特点和问题，并提出相应的对策。农村美育研究在国家政策号召下，扎根实践研究,成果颇丰,为美育政策调整、落地实施和深化研究打下了基础。

三、本课题研究述评

(一)研究重点

本课题的研究重点在于如何把握美育的内涵,把理论落实在美育特色课程中,从美育历史、美育概念、美育思想、美育政策、美育实践等方面进行系统梳理,并在实践中检验,推出“美育基础理论及中学美育特色课程培育研究”项目研究成果,出版课例、案例等理论研究,推广经典课例,进而推进上海师范大学附属宝山罗店中学美育特色建设。

(二)研究难点

本课题的难点在于如何针对显性目标与隐性目标对美育课程进行评价。在美育评价的内容上,美育课程不仅要积极拓展多元评价,注重学生的认知能力,还要考虑学生的行为表现过程。换言之,美育评价的内容不仅应包括明确的、有形的目标(如获得艺术知识和技能),还应包括无形的目标(如创造力的增长、情感态度和价值观的发展)。

(三)创新之处

项目组围绕“研发多元、多阶段的美育课程”“探究合宜的美育课程评价模式”“教师团队透过研究扩充美育课程发展与行动研究等技能”“促成教师成为美育课程开发者以及推广者”等内容组织研讨会,积极推进审美教育,培育学生的审美感性、想象力、创造力等素养。

(四)课题的研究方法、研究进度计划和预期成果

1. 研究方法

文献研究:围绕本研究课题,参考文献、专著、教科书、课程标准、课程、照片等有关美育基础理论及中学美育特色课程培育研究等方面的理论与文献资料,对美育历史、美育概念、美育思想、美育政策、美育实践等方面进行系统梳理,分类梳理出核心概念和研究趋势。

调查研究:调查分析现阶段美育课程的实施状况、学生对美育的了解程度,以及教材中涉及的相关内容等。

实证研究:建立美育实验机制,成立艺术教育工作坊,提供教师实践场域,促进教师艺术创意多元评价。以行动研究推进研究反思,通过前期的理论收集、实地考察,进行中学美育特色课程研发并开展评价分析,总结与推广成功的教育案例。

2. 研究进度计划和预期成果

课题研究基础阶段:整理文献、资料,申报课题,广泛征集意见,制订课题研究方案。

理论基础探究阶段:了解美育的内涵与特征,搜集美育特色课程案例,成立“美育基础理论及中学美育特色课程培育研究”的课程研发工作坊。制订“美育基础理论及中学美育特色

课程培育研究”项目实施方案，邀请专家学者召开项目论证会，听取专家学者和项目组成员对于美育基础理论及中学美育特色课程培育研究方案的意见。

前期调研阶段：开展问卷调查，调查分析现阶段美育课程的实施及美育评价的现状，学生对美育的了解程度和教材中涉及的相关内容等，收集调查数据，并对数据进行分析。根据调研报告和总结，撰写研究论文，邀请相关专家论证分析。

课程实践阶段：对数据分析、理论归纳、体系建构过程中的原始数据进行收集和分类，定期总结和评估，及时改进研究结果。以区美术教研员、罗店中学的艺术教师及校内美育课程的发动者作为团队核心成员，联系并推动其他艺术教师开放性讨论课程计划，引导其他艺术教师共同开发多元美育课程与教学案例，建立课程典范，延伸推广并精进。

结题总结阶段：课题组总结研究成果，对评价体系进行调整完善。撰写“美育基础理论及中学美育特色课程培育研究”的研究报告、学术论文等，并推出“美育基础理论及中学美育特色课程培育研究”项目研究成果，出版课例、案例等理论研究著作，推广经典课例。撰写“美育基础理论及中学美育特色课程培育研究”项目结题报告，检视项目各阶段的实验课程实施及行动研究成果，以及课程推广的进程，以便今后实践参考。

四、罗店中学美育特色课程培育案例*

（一）课程设计概况

上海市宝山区罗店古镇拥有丰富的文化资源，其中特有的民俗绘画以鲜明的地域特征和浓郁的生活气息，多角度记录了当地农民的生活、农村的变化，表现了美丽乡村的新气象、新风貌，展示了罗店民俗的独特韵味。

“馆校合作视域下罗店民俗文化资源的开发”课程是以培养学生自主探究学习能力、综合解决问题能力和保护上海本土民俗文化为出发点开发的单元学习课程，引导学生通过参观博物馆和民俗画村——罗店远景村，使用现代信息技术、查阅书籍等方式挖掘罗店的民俗文化内涵，提炼民俗画中的图案、色彩、构图等元素，利用综合材料设计并制作民俗文化主题的文创产品——立体民俗画灯箱、系列民俗画年历、笔记本礼袋套装等，送给身边的人。

通过本课的学习，学生将最终理解“传统民俗艺术文化元素在现代生活中仍具审美及实用价值”这一大概念，在体验传统民俗艺术与文化创意产业相结合的创作过程中激发探索传统民俗文化的热情，理解传承与创新的现实意义，并在今后的学习生活中更好地继承和发扬传统民俗文化。

（二）课程基本信息

（1）合作博物馆：上海宝山国际民间艺术博览馆。

（2）学段：七至九年级。

---

* 该案例由上海市致远中学美术教师黄飘设计，上海师范大学李英梅老师指导。

(3) 课时:7 课时。

(4) 建议材料:水粉颜料、彩色卡纸、各类肌理手工纸、各类画笔、综合装饰材料(手工钻、闪粉、流苏、珠子等)、线灯、裁剪工具、学习单等。

(5) 涉及学科:美术、语文、历史、信息技术。

(6) 大概念:传统民俗艺术文化元素在现代生活中仍具有审美及实用价值。

(三) 基于课程标准

《义务教育美术课程标准(2011 年版)》第四学段(七至九年级)中,有关民间艺术的内容集中在"设计·应用""欣赏·评述""综合·探索"学习领域。

"设计·应用"与"欣赏·评述"中分别提到"用摄影、绘画或文字记录的方式收集当地的设计资源""通过观摩录像或邀请当地工艺美术家、民间艺人,了解中国传统工艺的制作方法与特点"。"综合· 探索"中提到"要结合其他学科的知识、技能""了解美术与其他学科之间的联系""了解美术与人类生存环境、传统文化、多元文化之间的关系"。

本案例中,学生通过欣赏罗店民俗画作品,搜集罗店特有的民俗文化信息,创作以民俗画为主题的文创产品,既理解了罗店传统民俗文化的内涵,也在创作中有效结合博览馆资源,链接不同学科知识,有效提升了核心素养。

(四) 核心技能

核心技能具体见表 1。

表 1 核心技能及其具体说明

核心技能	具体说明
批判性思维	思考问题,研究、分析、归纳、重整、管理项目等
问题解决	制订学习目标,设计最佳方案,艺术化的表述等
沟通与协作	小组合作、分工,达成共识,团队建设等
创造力	罗店民俗画文化创意产品的设计与制作
信息技术的掌握	通过博物馆内电子设备或其他电子设备寻找信息,归纳知识,运用媒体发布产品等
自主学习	借助自身已有知识学习新知、主动探究等
社交与跨文化交流	校内外与人沟通,文化理解等

(五) 课程计划

课程计划具体见表 2。

表 2　课程计划

<table>
<tr><th>课程名称</th><th>部分</th><th>课时</th><th>内容</th><th>类型</th><th>课程具体内容</th></tr>
<tr><td rowspan="10">馆校合作视域下罗店民俗文化资源的开发</td><td rowspan="2">第一部分</td><td rowspan="2">1课时</td><td rowspan="2">鉴赏罗店民俗画</td><td rowspan="2">鉴赏</td><td>通过鉴赏解读画中的民俗文化，了解罗店民俗画的构图、色彩、内容、形式等特点</td></tr>
<tr><td>结合罗店民俗画原作以及作品鉴赏学习单，寻找画中的图案、色彩、构图元素</td></tr>
<tr><td rowspan="2">第二部分</td><td rowspan="2">1课时</td><td rowspan="2">了解罗店民俗文化，确定作品主题</td><td rowspan="2">主题</td><td>参观上海宝山国际民间艺术博览馆，了解罗店民俗文化</td></tr>
<tr><td>分小组合作，利用博物馆资源、使用信息技术等方式挖掘罗店的民俗文化内涵，搜集信息，确定创作主题</td></tr>
<tr><td rowspan="3">第三部分</td><td rowspan="3">3课时</td><td rowspan="3">罗店民俗文化文创产品开发（每组各选一种作品创作形式）</td><td>创作（一）立体民俗画灯箱</td><td>1. 设计灯箱整体民俗画的构图、色彩搭配
2. 将画分成前、中、后多个层次
3. 小组分工分层次描绘、着色、加入综合材料装饰
4. 组装立体画，加入灯串、边框等整体装裱</td></tr>
<tr><td>创作（二）民俗画年历</td><td>1. 结合年历的造型，对罗店民俗画进行重构设计
2. 小组分工进行描绘、着色、剪刻、加入综合材料装饰，完成民俗画年历的创作</td></tr>
<tr><td>创作（三）笔记本礼袋套装</td><td>1. 结合罗店民俗画原作及包装袋、笔记本、明信片的造型，进行重构设计
2. 小组分工进行描绘、着色、加入综合材料装饰，完成笔记本礼袋套装的创作</td></tr>
<tr><td rowspan="2">第四部分</td><td rowspan="2">2课时</td><td rowspan="2">产品发布会</td><td>发布会准备</td><td>1. 各小组分工：文案介绍、PPT 制作、背景音乐选择
2. 确认各组作品的展示方式、确认奖项的设置
3. 各组进行排练展示</td></tr>
<tr><td>发布会现场</td><td>1. 根据相关准备内容，各组展示并评比出最佳设计奖、最佳展示奖、最佳协作奖和最佳人气奖
2. 反思和总结，完成评价表和反馈表</td></tr>
</table>

（六）预期目标

1. 综合·探索

结合七至九年级其他学科的知识、技能，用多种美术材料、方法和形式进行记录、规划、创作、表演与展示；了解美术与其他学科之间的联系；了解美术与人类生存环境、传统文化、多元文化之间的关系。

2. 设计·应用

了解设计的主要门类和基础知识，运用对比与和谐、对称与均衡、节奏与韵律、多样与统一等形式原理，以及各种材料和制作方法，进行创意设计和工艺制作，美化环境与生活，表达设计意图，评述他人的设计和工艺作品，形成初步的设计意识。

3. 欣赏·评述

欣赏不同时代和文化的美术作品，了解重要的美术家及流派。通过描述、分析、比较与讨论等方式，认识美术的不同门类及表现形式，尊重人类文化遗产，对美术作品和美术现象进行简短评述，表达感受和见解。

（七）评价依据

1. 表现性任务

根据罗店民俗画的风格特点，结合民俗文化主题，运用综合材料设计并制作罗店民俗画的文创产品（如立体民俗画灯箱、系列民俗画年历、笔记本礼袋套装）。探索画作背后的民俗文化故事，挖掘它的现代价值。

2. 其他依据

（1）学习单。

（2）学习过程中的讨论、回答。

（八）学习活动

1. 鉴赏罗店民俗画，解读民俗文化

教师引导学生欣赏来自上海宝山国际民间艺术博览馆和罗店民俗画村——远景村的民俗画，并提出问题：你从这些画作中看到了什么？结合你所了解的民俗文化描述一下画面体现的场景故事和带给你的感受。

2. 感悟罗店民俗画的艺术形式之美

对比观察图片，发现罗店民俗画艺术形式的特点。罗店民俗画造型简朴、古拙、逼真，用夸张的艺术语言突出了人物或景物的主要特征，局部细节的刻画十分逼真。罗店民俗画用色大胆夸张，不拘泥于现实生活中的固有色彩，各种缤纷的色彩在想象中驰骋，传达出作者最真实的情感，表现出儿童般的天真烂漫。罗店民俗画构图充实饱满，几乎不留白，符合我国艺术创作讲究和谐与圆满的美学心理。

观察罗店民俗画村的其他民俗画，让学生选一幅自己最喜欢的完成鉴赏报告。

3. 探究民俗画的创作寓意

教师提问：罗店民俗画的作者想通过画作表达什么？可以结合画作主题内容和罗店民俗画产生的历史背景进行深度分析。

罗店民俗画以鲜明的、具有地域特征和浓郁生活气息的风格，多角度记录农民的生活、农村的变化和传统民俗文化，让更多人了解罗店的历史。我国古典美学中最根本的创作原则与思想是“外师造化，中得心源”，艺术来源于生活，取材于生活，罗店民俗画的作者借此表达了内心对美好生活的向往与热爱。

4. 确定主题

参观上海宝山国际民间艺术博览馆，了解罗店民俗文化，通过博览馆资源了解并搜集宝山民俗文化信息，在学习单中做简单记录。在多角度了解宝山区或罗店民俗文化之后，分小组进行头脑风暴，小组合作确定民俗文化主题，并写下相关民俗文化的介绍说明。

5. 创作

选择文创产品形式，构思构图。根据微课自主学习产品制作技法和步骤，并总结制作步骤。

（1）立体民俗画灯箱

第一种灯箱：

① 设计灯箱整体民俗画的构图、色彩搭配；

② 将画分成前、中、后多个层次；

③ 小组分工合作，分层次描绘、着色、剪刻、加入综合材料装饰；

④ 用有厚度的多层海绵胶做间隔，按顺序组装立体画，在每层画的边缘固定灯泡较小的灯串，用网购的立体边框或自制卡纸边框进行整体装裱。

第二种灯箱：

① 设计灯箱每一面民俗画的构图、色彩搭配；

② 小组分工合作描绘、着色、剪刻，加入综合材料装饰；

③ 将纸盒的一面或多面镂空剪刻，装上剪刻好的民俗画；

④ 在纸盒里放入灯泡较大的灯串。

（2）民俗画年历

（3）笔记本礼袋套装

① 设计笔记本礼袋套装的构图、色彩搭配；

② 小组分工合作描绘、着色、剪刻，可加入综合材料装饰；

③ 组合成套。

小组合作完成产品的最终制作，将自己对民俗文化的感悟融入作品中，并写下创作思路，可以从艺术形式及艺术内涵的角度谈一谈自己的草图设计。

6. 产品发布会

小组以发布会的形式展示项目学习成果，介绍活动分工情况、探究内容、作品设计意图、创新点、设计意义等内容。在项目成果展示之后，进行项目学习的评价。学生通过自评、互评总结项目的不足，并通过投票的方法评奖，教师进行奖项的颁发及总结。教师引导学生对作品深入思考，完成评价表和反馈表。课程完成后，确保将学生学习过程中的材料收录进学习档案袋。课后可前往远景村，通过实地参观进一步体会民俗画的魅力。

育人方式变革下高中美育特色理念的传承与创新

——以罗店中学创建市特色高中为例

严卫东

（上海师范大学附属宝山罗店中学）

上海师范大学附属宝山罗店中学(以下简称罗店中学)，始建于1942年，原名罗溪中学，2007年学校搬迁至新址并更名为现名。在80年岁月里，一代代罗中人在传承与发展中坚守美育思想，坚持将美育融入教学与管理之中，将美的元素融入学生的生命成长过程中，使得美育成为罗店中学的文化基因。

一、罗店中学美育理念变迁的历史脉络

一所学校的特色发展根植于自身悠久的文化创承，梳理罗店中学80载的美育历程，大致经历了以下三个阶段。

美育初步形成时期(1942—1992年)。20世纪40年代，第三任校长沈同文提出了“以美育人”的办学思想，吸引了叶圣陶、陈伯吹、陈鹤琴等一批知名人士到校讲学，把音乐、绘画、壁报、戏剧作为开展美育的重要内容和载体，初显艺术特色。20世纪50～60年代，学校坚持审美教育，一批艺术人才脱颖而出。20世纪80年代，学校在“书园、花园、家园”的办学目标下，校长金竟秋提出了“发展一项个人兴趣爱好，培养学生特长”的目标。20世纪90年代，校长张一德提出把罗店中学建设成一所有着和谐的文化环境、浓郁的艺术氛围、鲜明的美育特色的市级实验示范性高中。从建校之初沈同文先生提出“以美育人”办学思想后，艺术教育就在罗店中学生根发芽。后来，学校虽数易校名，但历任校长都能融合罗店本土艺术，鼓励教师开设音乐、美术、壁报、彩灯、龙船等艺术课程，坚持艺术对人的素质培养，为学校从艺术特色提升至美育特色奠定基础。

美育茁壮成长时期(1992—2016年)。1992年，学校创办管乐团是美育进入学校发展自觉的标志。学校以此作为突破口开展艺术教育，随后乐团逐年发展，贯通了小学、初中与高中。1999年，管乐团被上海市艺术教育委员会命名为“上海市学生艺术团罗店中学管乐团”，在市内产生较大的影响力。管乐逐渐成为学校的品牌，并于2013年成立罗店交响乐团。之后，书法、版画等艺术形式在校园兴起，彩灯、龙船、花神等课程也依托罗店古镇深厚的艺术底蕴进入校园，逐渐形成了音乐、美术、舞蹈、戏剧影视、民俗文化、数字媒体等多元艺

术教育格局。学校连续18年被授予“上海市艺术特色学校”称号。2007年,学校搬迁至新址,校园面积由60亩扩大为150亩,学校发展的物理空间被打开。校长卢广华继续推进美育建设,着力提高教学质量,注重校园文化建设,同时发展科技教育以平衡美育重心。2011年,校长孙鸿俊确立了“尚美育人、多元发展、幸福人生”的办学理念,提出“把学校办成上海市北部郊区的高质量、有特色、有品位的现代化寄宿制高中”的办学目标。2016年,校长陆建国又对学校的办学理念与办学目标进行了进一步的修订,积极争取上级教育主管部门政策与资金的支持,极力打造优秀校园文化,确立了“艺术见长　尚美成人”的办学理念,以及“创建上海市高质量、现代化的美育特色普通高中,为上海乃至国家基础教育中的美育建构探索道路”的办学目标。同年,学校成为特色高中项目学校。这是对国家育人方式变革的积极回应,是罗店中学美育由“术”向“道”的飞跃。

1992年学校筹建了铜管乐队,标志着罗店中学美育进入新纪元,开始建设音乐品牌,其中周宝良老师等为之作出卓越贡献。24年里,除音乐外,其他艺术形式也在罗店中学迅猛发展,金爱华老师的书法品牌、金云华老师的版画品牌在区内,甚至市内形成了一定的影响力。袁燕敏老师的心理戏剧课程、高峰老师的篆刻课程、候佳筠老师的分子料理课程、刘奥老师的“青声说”演讲课程、刘桂玲老师的健美操课程、李恒飞老师的少年太极武术课程、杨骁嘉老师的未来城市景观课程奠定了罗店中学美育的坚实基础。在这24年里,学校艺术特色愈发浓郁,学生艺术素养逐渐丰厚,教师艺术才华得到激发,最终升华为美育特色,并终将罗店中学美育定位为审美教育。

美育快速发展时期(2016年至今)。2018年,学校成立交响乐团,成为上海市学生交响乐团盟主单位。学校秉承“优质+特色”的发展理念,由艺术教育逐步向课程美育、文化美育、活动美育、环境美育拓展、深化,逐步形成“全人+审美力”的育人目标,向上海市特色普通高中迈进。2019年,新一轮的教育改革开始,严卫东校长、王志红书记肩负学校“市美育特色高中”创建使命,带领对建设美育宏伟蓝图达成理念共识的全体师生,对特色普通高中创建各环节进行精心梳理,在顶层设计与具体落实两个层面持续下功夫。2020年,区教育局完成对学校硬件的亮点改造与提升,全校师生对美育理念的理解更加深刻,学校美育课程的开发和实施愈加丰富,课程、课堂、课题与美育的融合、校外资源的积极拓展、校园文化的建设等方面,美育建设也更扎实、更稳健。同年11月,学校通过上海市特色高中初评。2021年学校接受市特色高中复评,沪上14位专家,按照评估指标细致核验了罗店中学的办学成果,形成了较好的评价。

这5年是罗店中学多元艺术精彩纷呈的5年,是罗店中学美育飞速发展的时期。美育硕果累累,美的元素无处不在,美的气息扑面而来。2018年学校交响乐团规模达到350人,进入沪上学生交响乐前三甲。学校开发了72门特色课程供学生选择,各级各类美育活动丰富了学生的美育经历。学校确立了“艺术见长　尚美成人”的办学理念,形成了音乐、文学、美术、舞蹈、篆刻、民俗文化、影视戏剧、现代媒体艺术等多元艺术美格局,具有以艺术美为主体,兼有社会美、自然美的综合美育形态。

80年的办学历程使得美育最终沉淀为学校的深厚文化,丰富的课程选择、扎实的课程创建成为罗店中学美育特色持续发展的基础。

二、育人方式变革促进罗店中学美育理念完善

为谁培养人，培养什么人，怎样培养人，是罗店中学特色发展不能忘记的办学使命和职责。罗店中学育人目标“全人＋审美力”，坚持为国育才、为党育人，对应国家育人目标“全面而有个性地发展”。“全人”就是要培养德智体美劳全面发展的人，就是要培养知情意行和谐统一的人，“＋审美力”即是学校学子需要个性发展的特色。

近几年，国家以及上海市陆续颁发了《中国教育现代化 2035》《关于新时代推进普通高中育人方式改革的指导意见》《上海教育现代化 2035》《关于新时代推进普通高中育人方式改革的指导意见》《普通高中学校办学质量评价指南》等几十份文件，总体来看，未来高中建设的四梁八柱已然形成。国家期待“千校一面”的格局被打破，要推动普通高中多样化发展、鼓励普通高中办出特色。高中学校错位发展、特色发展和可持续发展，着力构建富有特色的学校课程体系，以及相应的运行和管理机制，均要求未来高中教育多样化、特色化，要求加强美育工作，积极开展舞蹈、戏剧、影视与数字媒体艺术等活动，培养学生的艺术感知、创意表达、审美能力和文化理解素养。

国家的育人政策与社会需求之间一直存在矛盾。国家要破“五唯”，强调特色发展，要“双减”“双新”，但社会要的是高考成绩。高考成绩成为悬在学校头顶的达摩克利斯之剑。国家基于长远，社会看重眼前，学校需要兼顾。

罗店中学倡导审美教育，顺应了新课程、新课标改革。2018 年，习近平总书记在全国教育大会上指出“全面加强和改进学校美育，坚持以美育人、以文化人，提高学生的审美和人文素养”，这为罗店中学美育发展进一步增强了自信力。

审美素养融于德育，可成就高尚之美；融于智育，可成就理性之美；融于体育，可成就健体之美；融于劳动教育，可成就创造之美。在立德树人、全面育人的背景下，强化学校美育，可以起到提升道德、丰富情感、激发智能、净化心灵、强健体格、刺激手脑并用的功效，以此来培养学生的综合素养，有利于促进学生全面而有个性地发展。

在国家育人方向变革的背景下，罗店中学发展美育特色，是对高中教育多样化、特色化的积极回应。作为“上海市普通高中新课程新教材实施实验校”，学校依据国家关于育人方式改革的要求，结合自身特色发展，凝练了“艺术见长　尚美成人”的办学理念。“艺术见长”即学校以音乐、文学、美术、舞蹈、心理戏剧、健美体操、民俗文化、现代媒体艺术等为载体开展多元艺术教育，学校艺术教育课程多样，学生艺术学习经历丰富，学生艺术素养厚实。“尚美成人”即学校将美的元素融入德智体美劳的全过程，以美育促进学生德智体美劳全面发展，陶冶美的灵性，温润美的人格，成就人，成全人。

在学校“艺术见长　尚美成人”办学理念的引领下，学校又确立了“建成上海高质量、高品位的美育特色普通高中，打造书香校园、尚美校园和师生共同幸福生活的精神家园”的办学目标。为了扎实有效地落实办学目标，学校又从“普及、提高、拔尖”三个层面作了进一步的细化。首先是普及层面，在完成普通高中各项教学任务的基础上，提升全体师生的艺术素养和审美能力；其次是提高层面，为有兴趣特长的学生提供可选择的中高级美育课程；最后

是拔尖层面，借助罗店教育集团，构建小学—初中—高中“一条龙”音乐教育模式，打造高水平罗店中学学生交响乐团。吸纳罗店教育集团内的艺术特长学生并长期培育，为区域内其他学校输送优质的艺术教育资源。

三、罗店中学美育理念创新

所有的办学理念、办学目标，最后的着眼点都是育人。学校将“培育‘全人＋审美力’的时代新人”作为育人总目标，将艺术教育活动引向学生审美趣味与审美能力的提升，而不仅是艺术技艺的提升，这是罗店中学美育特色建设与其他学校艺术教育特色的本质差异。

理念创新点一：在总目标下，学校着力落实五育融合与审美素养培育，构建了新的具体化、校本化的知情意行和谐统一的“学生成长目标”体系。

第一，“以美启智”是美育特色建设的核心。通过美育与学科教育的结合，以美感活化学生认知，丰富其想象力，启迪其智慧。

第二，“以美怡情”是美育特色建设的基础。培养对美的敏感性、敏锐性、愉悦感和生活感知力，热爱美的事物、热爱生活、热爱生命。

第三，“以美培元”是美育特色建设的根本。通过美育，培养学生的公德、法律意识，集体、公民意识，以及环境保护意识、人类命运共同体意识。

第四，“以美化行”是美育特色建设的归宿。通过美育，使美感渗透到学生学习、生活、行动的各个方面，并践行心灵美、语言美、行为美、环境美。

学校每周拿出2课时开设大艺术选修课，不但没有拖高考的后腿，反而促进了学生的心理健康、智力发展、审美能力培养，实现了真正意义上的“以美启智”。

理念创新点二：构建新时代美育定位，即审美教育以艺术美为主体，拓展学科美育、活动美育和环境美育，促进以美育为手段的“艺味课堂”建设，完善以美育为载体的校园文化建设，强化美育辅助德育，融合体育与劳动教育，以美育人，以文化人，立德树人。

理念创新点三：在理念上厘清艺术与美育的关系。回顾学校的办学之路，坚持中有创新，坚持的是艺术教育的沉淀，创新的是艺术教育逐渐多元。艺术教育在学校不再是育人目标，而是促进美育的抓手。艺术教育是美育的一种手段，但美育不仅仅是艺术教育，艺术教育着重于培养技能，而美育本质上培育素养。

罗店中学在创建美育特色的过程中，充分发掘、整合罗店古镇的历史资源，借此弘扬中华传统优秀文化，培养学生爱家乡、爱祖国的情怀。有着700年历史的罗店古镇为学校美育特色发展提供了深厚而持久的人文滋养，而罗店中学创建市级特色普通高中是区域文化软实力提升的体现，反过来又推动古镇地区经济和社会的发展，营造更佳的人文环境，为宝山的科创转型助力。罗店中学特色定位于美育，基于办学传统、地域文化、国家育人方式变革，是顺应时代发展的必然结果。未来，罗店中学美育仍将生生不息！

罗店中学学科融合艺术课程建设的实践

邵昀

（上海师范大学附属宝山罗店中学）

在当前课程教育改革深化的大背景下，培育学生核心素养是学校发展的新命题。从教育实践层面看，应当把核心素养落地并转化为具体的学科渗透探索，形成支撑和培育核心素养的手段和方法。从教育实践的角度出发，需要将核心素养的理念付诸实践，通过具体的学科渗透探索，将这些素养转化为实际的教学内容和方法。学科艺术融合课程就是学校关于核心素养落地思考的一种实践。

学科融合艺术课程是罗店中学的特色课程，是对国家课程的拓展。教师以校本课程为抓手，采用丰富的教学手段，帮助学生感悟学科美，为学科专业知识的学习注入新的活力，帮助学生学会用“美”的视野来观察和欣赏学科知识，激发学生的想象力与创造精神，提高人文修养水平，从而提高学生对“美”的感悟力，拓展他们的艺术视野，提升个人修养，塑造健全人格，培养和提高欣赏美的能力。

为了更好地建设课程，学校从课程开发、课程实施、课程评价等多方面进行思考，确保学生在课程的学习中提升核心素养。

一、课程的申报、审核和评估

1. 课程申报

学校在“审美素养培养”特色课程设计、开发的前期就为所要开发的课程制定了相应规范。特色课程开发教师（包括外聘）必须根据学校规范要求，在调查、论证的基础上，填写《上海市罗店中学特色课程开发申报表》《上海市罗店中学特色课程简介表》。随后，学校组织专家组进行审核，提出修改意见和建议，由课程开发教师加以修改完善后，再进入课程编订的阶段。

2. 课程审核

课程编订完成后，课程开发教师填写《上海市罗店中学特色课程开发审核表》，经专家组审核通过后方能实施。特色课程方案实施一段时间后，听取师生反馈，课程开发教师和实施教师再对课程进行完善、修改。

3. 课程评估

特色课程实施一学期后，再请专家组对实施情况进行论证评估，填写《上海市罗店中学特色课程评价表》，开发和实施特色课程的校内外相关人员根据专家的评估意见对课程进一步完善。

二、构建“艺味课堂”，开启学科艺术融合课程新途径

学校以“全人＋审美力”培养为核心，以陶冶美的灵性、温润美的人格、培养具有较强审美能力为重点，构建“艺味课堂”，积极探索符合美育渗透的教学模式，丰富审美体验，拓展人文视野，推进学科美育的有效实施。

（一）“艺味课堂”的精神内涵

“艺味课堂”是在学科教学中，以审美化、艺术化的方式，通过创设有趣的情境，调动学生的学习兴趣与学习热情，提高课堂教学效果。“艺味课堂”以情感、灵性、智慧活化认知，以问题为导向，以美启智，让课堂变得有“艺味”、有美感、有趣味，从而激发学生的好奇心和探索欲，让学生的知情意行有机地统一起来，并互相促进。另外，“艺味课堂”将学科教学与学生审美能力的提高、审美趣味的雅化、审美感受力的提高结合起来，让学科教学不仅仅是知识的传达，还要发挥以美怡情、以美培元、以美化行的美育功能。

（二）“艺味课堂”的实施路径——纲举、目张、整合

纲举：学校首先确立了“艺味课堂”四个维度的教学与评价指标——激起兴趣与探索欲，激发信心与力量，激活智慧与创造力，唤醒美的心灵与行动。

其次制定了“艺味课堂”的教学评价表（表 1），确立了课堂评价的一级指标、二级指标及评估要素。

表 1 “艺味课堂”的教学评价表

一级指标	二级指标	评估要素
课堂设计	教学目标预设（15 分）	美育目标明确、适当，符合新课标和新教材内容要求
		结合学生已有的经验和最近发展区整体预设
		将美育与学科核心素养融合，培养全面发展的人才
	课堂结构规划（15 分）	教学环节安排合理、过渡自然流畅，具有美感
		课堂结构严谨有序，体现教学评一体化，充满艺术性
		因材施教，促进每一位学生的美育素养得到差异化、个性化提升
课堂呈现	教学内容选择（10 分）	教学内容安排系统、科学、准确，融入美育元素
		教学内容具有艺术性，符合学生欣赏和品位能力
		内容具有启发性，能够激发学生对科学和真理的美好追求
	教师素养展示（10 分）	教师举止大方、自然、得体，给人舒适感
		板书字迹工整、简明扼要、突出重点、布局美观
		语言准确生动、教态亲切自然，富有艺术性和感染力

（续　表）

一级指标	二级指标	评估要素
课堂体验	教学方法选择（15 分）	充分利用现代信息技术挖掘学科美育元素
		强调“学生主体”的教学方式，引导学生深入课堂认识和体验学科之美
		重视问题驱动，学法引导，培养学生感悟美和欣赏美的能力
	教学过程呈现（20 分）	情景代入感受美，激发学习兴趣
		教师讲授内容准确，语言生动活泼，学生认真倾听，积极参与，敢于提出不同意见
		学生活动丰富，深入思考，探究有效，多种形式让学生鉴赏美
		设问类型多样，有梯度，富有层次感
		评价形式活泼多样，具有艺术性
	教学效果评价（15 分）	教学效率高，学生思维活跃，达到认识美、形成正确的审美观的认知目标
		学生学得轻松愉快，获得了丰富的美感体验，达到热爱美、欣赏美、心灵美的情感目标
		富有价值的问题情境及探究讨论，深化美感教学，达到追求美、创造美的意志目标

目张：考虑到不同学科的特点，各教研组立足新课程在本学科中充分挖掘美育要素、美育资源，编写了《罗店中学学科融合美育指引》，以此作为“艺味课堂”的教学导向，让学生在学习科学文化知识的同时感受美的熏陶。在不断修订的基础上，各教研组通过组内课堂教学实践、研讨活动形成“双新”背景下符合自身学科特点的“艺味课堂”教学实施路径。

整合：在不同学科教学实施路径研究的基础上，学校又把学科分成人文学科、自然科学、艺术三大类，通过教研组共同体的建设，进行同类学科之间的整合，确立了“艺味课堂”的三大实施模式。

1. 模式一：“‘三感—创造’艺味课堂”

罗店中学人文学科类教研组在“艺味课堂”探索中立足“三感”模式，紧扣“以美启智、以美怡情、以美培元、以美化行”的美育目标，引领学生学习，构建了“‘三感—创造’艺味课堂”模式（图 1）。

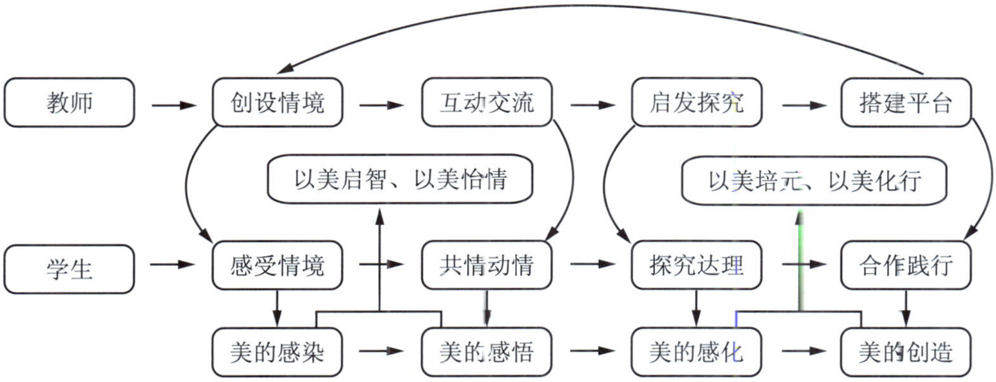

图 1　“‘三感—创造’艺味课堂”模式流程图

整个模式围绕“以美启智、以美怡情、以美培元、以美化行”这一“艺味课堂”目标，由教师、学生两个方面组成。

(1) 教师方面

创设情境：在学情分析的基础上，通过板书设计、语言表达、多媒体使用等构建关联知识与生活的情境。通过情境的创设，增强课堂趣味，增添课堂“艺味”。

互动交流：通过师生、生生多维交流互动，实现课堂的和谐之美与沟通之美。通过情感互动、思维互动来促进“艺味”的落实。

启发探究：启发引导学生探究问题，在活动的过程中激发学生的信心和力量，从以美怡情到以美启智，激活学生的智慧，以实现思维之美。

搭建平台：教师搭建平台，帮助学生合作践行，活化认知。以创造来实现价值之美、文化之美。

(2) 学生方面

感受情境：学生在教师创设的情境中感受美，受到课堂“艺味”的感染。

共情动情：学生在互动交流中达成共情，交流思想，实现了以美怡情与以美启智。

探究达理：美的感染与感化激起学生学习兴趣与探索欲，通过探究促进学生感悟，引发学生反思。

合作践行：学生合作，用所学知识解决问题，这一过程不仅巩固了新知，而且深化学生体验，便于修正学习反馈，促进学生反思，让学生的知情意行有机地统一起来，并互相促进。

在互动交流与启发探究两个环节中，教师建立了完整有效的问题链，问题链不仅是学生的学习支架，也是课堂“艺味”深化的关键。

2. 模式二：“‘艺术—体验’艺味课堂”

艺术具有审美的教育功能，罗店中学一直以来都注重艺术教育，引领学生发展艺术所长。艺术教师在教学活动中引导学生通过探究总结规律，构建了艺术学科类“‘艺术—体验’艺味课堂”模式(图 2)。

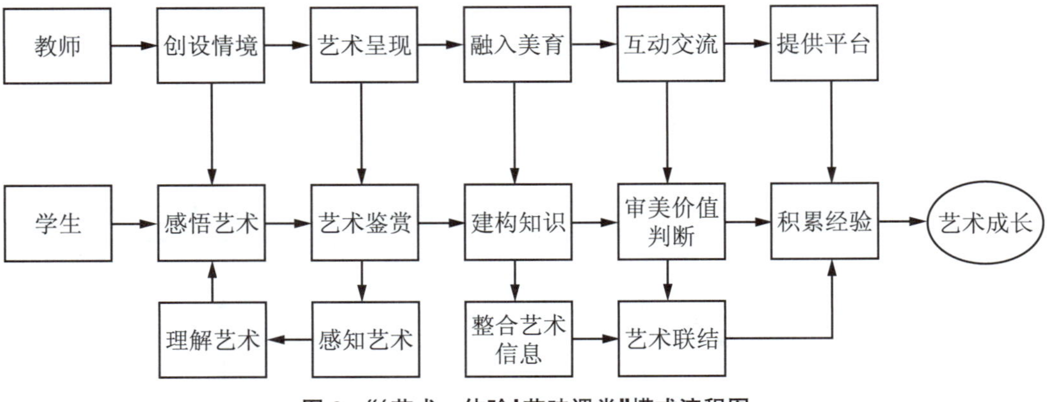

图 2　“‘艺术—体验’艺味课堂”模式流程图

(1) 教师方面

创设情境：创设不同文化、生活和科学的艺术审美情境。

艺术呈现：以各种形式呈现艺术作品。

这两个环节常常可以合二为一，因为创设情境的主要表现方式就是艺术呈现，从而营造艺术审美情境。

融入美育：以美育为核心，把美育元素融入艺术审美之中，引导学生知情意行的有机结合。

互动交流：组织学生互相交流审美感受，进一步培养学生审美价值判断能力。

提供平台：开展“互联网＋艺术教育”实践，满足学生的个性化需求，奠定终身学习的基础。

（2）学生方面

感悟艺术：初步接触和认识艺术。

艺术鉴赏：在初步认识艺术的基础上通过鉴赏作品感知艺术审美，进而理解艺术，这是一个循环往复的过程。

构建知识：在不断的艺术审美情境熏陶下，有机结合美育元素，通过整合艺术信息建立起对艺术门类的关联性认知。

审美价值判断：在互相交流和评价中，提高反思评价能力，强化判断性思维和审美价值判断，更好地与实践艺术联结。

积累经验：学生通过艺术鉴赏、互动交流、实践探究等一系列的学习积累的经验，最终成为“全人＋审美力”的时代新人。

艺术课程具有开放性、创造性、人文性和实践性，“‘艺术一体验’艺味课堂”模式，可以为学生提供更大的发展和学习空间，使其能够在学习的过程中获得愉悦的审美感知。

3. 模式三：“‘5E 学习环’艺味课堂”

自然科学蕴含人文的必然性、生活审美的一致性，自然科学将知识作为审美对象，引发学生的审美感受。根据美的本质、科学美的主要形式、美育对立德树人的内在价值，结合中学理科知识内容能提供的审美元素，可知科学探究是理科教学有别于其他学科的特征之一。“5E 学习环”教学模式是科学教育领域的现代教育模式，其宗旨是帮助学生构建科学概念，它可以用来探查学生的前科学概念，培养学生的科学思维和科学探究能力，以及帮助学生实现概念转变和构建科学概念。

罗店中学自然科学类教研组在“艺味课堂”探索中立足“5E 学习环”模式，通过吸引（Engagement）、探究（Exploration）、解释（Explanation）、迁移（Elaboration）、评价（Evaluation）五个探究环节，在培养学科核心素养的基础上，融入“以美启智、以美怡情、以美培元、以美化行”的美育目标。通过感受科学美，亲历科学探究美，认同思辨美，追求真善美统一，构建了“5E 学习环”美育渗透模式（图 3）。

在理科教育中，恰当地运用该教学模式开展教学，教学中渗透美育元素，有助于学生树立主动发现科学美的意识，通过教师的审美再创造，引发学生的审美感受，以教师的“教之真”与学生的“学之真”达成真善美的统一，探究活动与审美活动的结合进一步助推课程理念和课程目标的落实。

整个模式以“5E 学习环”为主线，在培养学科核心素养的基础上，融入“以美启智、以美

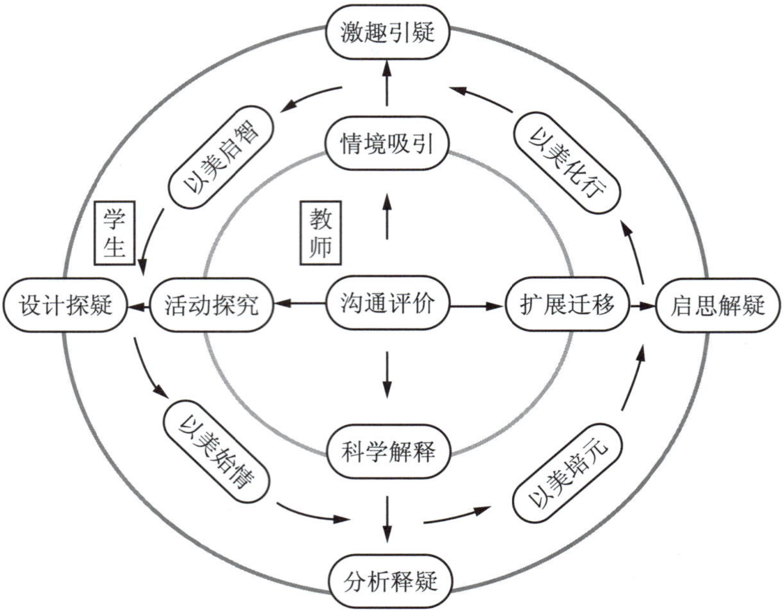

图3 “‘5E学习环’艺味课堂”模式流程图

怡情、以美培元、以美化行”的美育目标。通过教师和学生双方互动生成。

（1）教师方面

情境吸引：通过审美化的视角营造某一问题（探究）情境，吸引学生的注意力和激发学习兴趣。

活动探究：让学生针对特定的内容，自主或半自主提出问题，开展有意义的探究活动。

科学解释：鼓励学生根据事实或证据科学表达自己的想法，阐明概念，总结规律，解释疑惑。

扩展迁移：为学生提供时间和空间，让学生在新的问题情境下获取信息，参与讨论，制定解决方案或表达个人立场。

沟通评价：进一步创设开放性的讨论环境对学生进行综合评价，同时也鼓励学生进行自评和互评。

（2）学生方面

激趣引疑：基于图片、动画、视频等设置探究背景和探究问题，以美启智产生探究学习的欲望。

设计探疑：以美怡情，通过观察、设计等探究活动建立事物间的联系，在动手动脑中感受科学的探究美、严谨美、态度美。

分析释疑：探究完成后，运用归纳与概括、演绎与推理、模型或建模等科学思维形式，以美培元，用自己的语言给出科学严谨的解释，将科学观念融入到自己的认知结构中，内化学科核心素养。

启思解疑：在获得新的知识后，以美化行，尝试运用这些知识解决实际生活或新情境中的新问题，展现学科核心素养，认同科学的求真美、批判美和创造美。

沟通评价：在进一步开放的讨论环境中自评互评，运用批判性思维和创造性思维解决问题，表达立场，感受、讨论和谐美，并进一步激发新的探究灵感。

这一模式将培养学生的科学思维和科学探究的学科素养与培养学生的美育素养相融合，使理科课堂充满“艺味”，使学生在理科学习过程中感受和领略科学的真善美，并内化科学审美的品格与气质。

变革育人方式从课堂开始。罗店中学“艺味课堂”模式随着美育特色的创建而转型升级，即由以教师为中心转向以学生为中心，课堂样态由原来的教师静态传授转向师生互动的课堂融合。通过对“艺味课堂”实施路径的探究，学校的课程更好地聚焦美育特色，更具操作性、高效性。2021年，学校组织全体中青年教师开设并录制了112节“艺味课堂”公开课，近700人次听课评课。通过“艺味课堂”专题研讨、教案评比、案例评比等活动，打造学校美育特色教学品牌亮点。通过“艺味课堂”的建设，学校不断变革教与学的方式，以学定教，从而达成以美启智、以美怡情、以美培元、以美化行的目标。

三、构建课程评价体系，保障学科艺术融合课程高品质

为了进一步完善课程，学校构建了美育特色课程全方位评价体系。通过分析课程目标的恰当性、课程内容的适切性、实施过程的有效性、课程评价的多元性，对课程进行发展性评价。通过监控课程的实施过程及时反馈教学成效，对课程的教学进行评价；通过评估美育课程目标的达成情况、学生审美素养的提升情况，对学生进行审美素养评价。

1. 课程的发展性评价

学校以是否运用美育手段、美育手段是否恰当、实施过程是否有效为指标，对课程进行发展性评价。当然在课程实施之前，学校须先行组织校外专家团队和学校教师开展课题研究，论证课程可以采用哪些美育手段，目标是否符合课程特点和课堂教学需要。

2. 课程的教学评价

学科艺术融合课程的实施是否有效取决于教师在课程教学中是否利用了包含艺术与审美在内的诸多可以纳入美育的手段。当教师在教学中使用任何一种审美手段，对教学内容进行艺术化，对学生进行情感化与审美化的引导，就可以被视为采用了美育手段解决科学性、可行性和有效性问题。

3. 课程的学习评价

学校以课堂组织、教学内容安排、学生学习过程、成果呈现、对学生的引导作为评价美育特色课程对学生学习的影响的观测点，制定了适用于美育特色课程的学习评价系统，主要包括：审美作为手段在课程中的情感引导作用——是否推动学生对所教内容有情感上的体验；审美对课程的推动作用——审美活动的引用是否推动学生对所教内容的理解与掌握；审美对学生的启迪作用——审美案例是否帮助学生把所学内容与实际问题、实际现象相结合，审美的引入是否推动课堂氛围的生动化，审美活动的引入是否有助于学生注意力的集中，审美活动的引入是否有助于学生之间的交流与讨论，以及审美活动的引入与课后作业是否有关

联等。

目前“双新”教育改革正如火如荼地开展，其包括新课程方案、新课程标准、新教材、新教学方式、新评价和新高考（中考）等几个方面。为了更好地落实“双新”要求，谋求学校教育高品质发展，学校在要求各学科积极参加“双新”培训的基础上，依据本校特色，以“大单元任务”教学设计为出发点开展情境化教学，关注应用性、综合性、探究性和开放性问题，以培养学生关注现实世界、解决实际问题的能力。罗店中学的学科艺术融合课程的建设将随着教育改革继续深入。

尚美孕真知　实践育新人

——罗店中学基于浸润式成长空间的德育课程架构与实施

汪露溢

（上海师范大学附属宝山罗店中学）

"求真　向善　尚美"是罗店中学契合学校特色办学而确立的德育工作核心。学校德育工作在《中小学德育工作指南》的指引下，以铸魂育人、立德树人为根本，围绕学校历史沿革和办学理念开展，既体现办学特色，又回应时代要求，同时契合学生的身心特点和成长规律，有力促进了学生德智体美劳全面发展。

学校基于"全人＋审美力"的培养目标，以"三全育人"为纲，以"德育工作体系"为轴，以"课程育人、文化育人、活动育人、实践育人、管理育人、协同育人"为径，思考、统整、梳理已有的德育课程资源、德育展示平台和德育实践载体，升级、创设、挖掘其他能为育人所用的情境、资源和场域，不断改进德育课程的目标与内容、途径与方法、管理与评价。学校探索校内外德育资源联动，形成四个系列十二大模块的德育课程体系，让全体学生享有一个处处学习、时时发展的浸润式成长空间。

一、"求真　向善　尚美"德育课程的实施背景

作为宝山区一所拥有深厚文化底蕴和优良革命传统的实验性示范性寄宿制高中，罗店中学正朝着上海市特色普通高中的目标稳步迈进。学校曾获上海市首届文明校园、上海市中小学行为规范示范校、上海市艺术教育特色学校、上海市依法治校示范校、上海市中小学生心理健康教育达标校、上海市教育系统先进集体、上海市中学共青团工作特色学校、上海市花园单位等荣誉。面对这些荣誉，学校对德育工作有了更高要求。

在社会快速转型的时代，信息爆炸，价值多元，家长普遍乐于参与学校管理。优越的成长环境使得"05 后"学生缺乏吃苦耐劳的精神和自我发展的内驱力，学生中存在身体素质不佳、责任心不强、集体荣誉感淡薄、存在心理健康问题、自控力弱等现象。同时，他们的自治意愿和对话诉求强烈，"命令""说教"的效果不尽如人意。面对现实，学校德育工作的挑战更大。

2016 年颁布的《中国学生发展核心素养》确立了六大核心素养，包括文化基础层面的人文底蕴和科学精神，自主发展层面的学会学习和健康生活，以及社会参与层面的责任担当和

实践创新。《普通高中课程方案(2017 年版 2020 年修订)》指出,要进一步提升学生的综合素质,着力发展学生的核心素养,使学生成为有理想、有本领、有担当的时代新人。在《中小学德育工作指南》的指引下,学校德育工作的目标更清晰。

二、"求真　向善　尚美"德育课程的顶层设计

(一)三类课程渗透德育

学校发挥每一门课程的育人功能,激发每一名教师的育人使命。全体教师树牢"人人都是导师"的理念,将"求真　向善　尚美"的德育工作核心落在育人各环节,以鲜明正确的世界观、人生观和价值观引领学生。

学校必修课程和选择性必修课程分三类,呼应学校德育工作核心,为学科德育内容提供保障(图 1)。一是"向善"人文类课程,即上好思政、语文、历史、地理和外语,围绕课程目标,设计教学内容,挖掘课程蕴含的德育资源,培育学生的文化底蕴、责任担当、家国情怀和国际视野。二是"求真"科学类课程,即上好数学、物理、化学、生命科学和信息技术,联系生活场景,培养学生的科学精神和科学方法,塑造学生逻辑思维的严谨美、发散思维的想象美和批判思维的创造美。三是"尚美"素养类课程,即上好艺术、体育与健康、心理、劳动和综合实践活动,将艺术创作、体育技能和劳动技能有机结合,培养学生的审美情趣、健康身心和良好生活方式(图 1)。

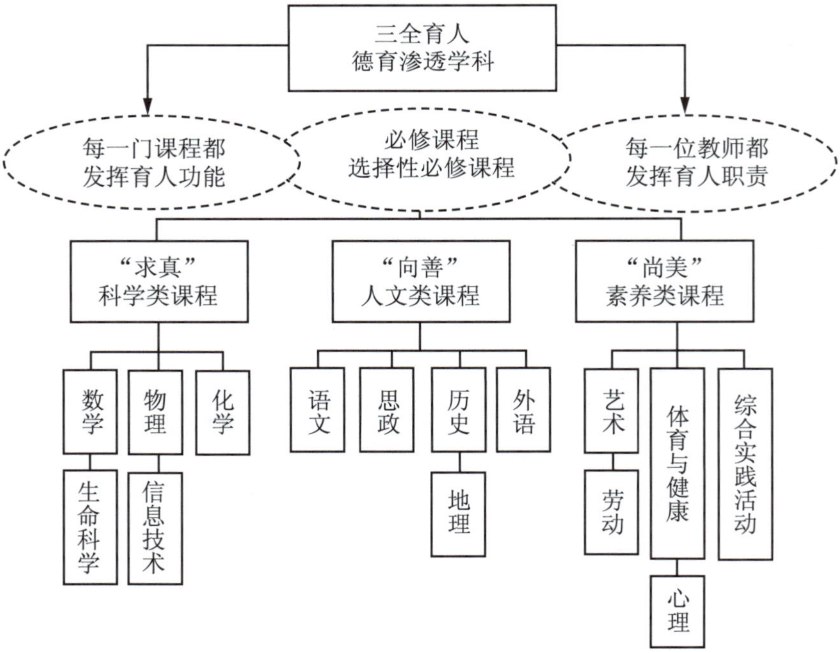

图 1　罗店中学"求真　向善　尚美"三类课程渗透德育

（二）四个场域架构德育体系

学校德育课程以统整为策略，统筹安排学校特色课程、地方课程、综合实践活动，覆盖必修、选择性必修和选修，按照分年级培养目标，将各内容板块纳入学校课程体系，贯通校内校外、融合课内课外，扎根“主阵地、育人场、主渠道、大熔炉”四个场域，以学校为主导、家庭为基础、社区为依托，倾力营造一个浸润式成长空间，架构四个场域十二大模块的“求真　向善　尚美”德育课程体系（图 2）。

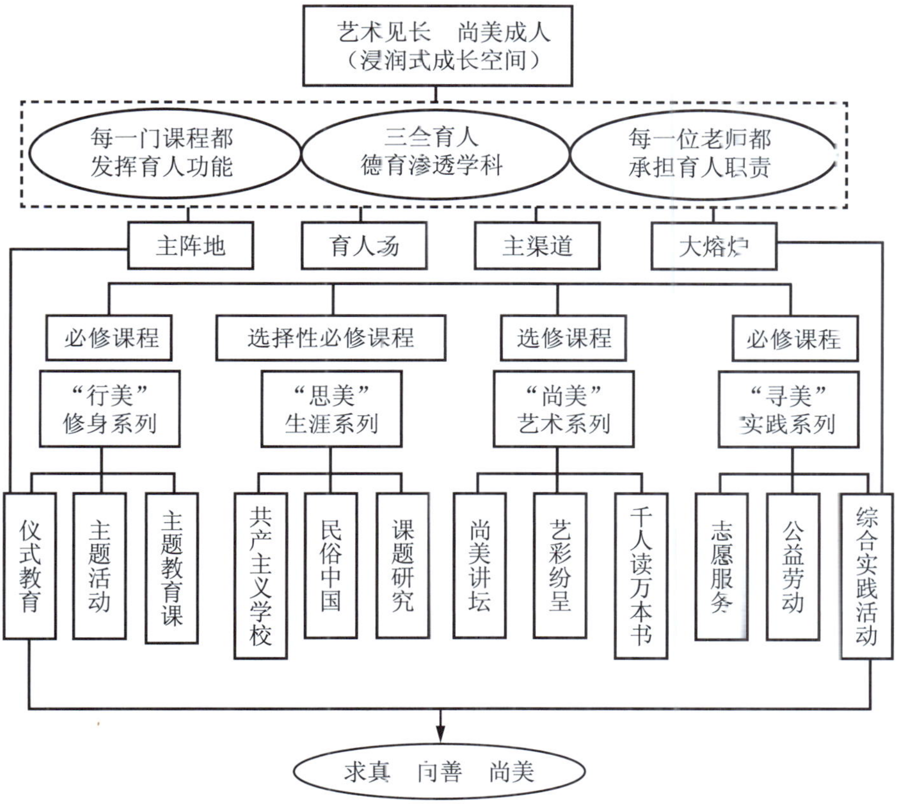

图 2　罗店中学基于四个场域的德育课程体系结构图

三、“求真　向善　尚美”德育课程的目标体系

（一）总目标

在“艺术见长　尚美成人”的办学理念指导下，致力培养学生自主、合作、尚美、创新的健康人格，兼具人文情怀与科学素养，成为一名道德品质高尚、审美情趣高雅的新时代社会主义建设者和接班人。

（二）分年级目标

1. 高一年级

培育学生成为自主管理的践行者与适应者，夯实行为习惯，谋划个人生涯发展的雏形，提升校园归属感。促进学生了解尚美校园文化，重在引导学生对自己负责，夯实知识技能，思想道德水平进步。

2. 高二年级

培育学生成为自主管理的改进者与示范者，提升问题解决能力，厘清个人生涯发展的路线，涵养健康人格。促进学生热爱尚美校园文化，重在引导学生对他人负责，提升实践能力，社会主义核心价值观入心随行。

3. 高三年级

培育学生成为自主管理的设计者与实施者，培养创新思维，充盈个人生涯发展的路径，树立报国之志。促进学生弘扬尚美校园文化，重在引导学生对社会负责，关心时代发展变迁，坚定为国为民服务的理想信念。

四、“求真　向善　尚美”德育课程的实施路径

（一）加深德育课程育人内涵

1. 课程育人重渗透，握牢主渠道

一是“行美”修身系列，分仪式教育、主题活动和主题教育三大模块，重点培育学生的行为习惯、文明礼仪、理想信念和价值观。一是紧扣关键节点，学校做好入学、入团、开学、成人、毕业等意义特殊的仪式。二是紧扣重要时刻，结合特色办学，办好纪念日、节庆日、校园节日等主题活动。同时，上好国防教育、法治教育、禁毒教育、廉洁教育、反邪教教育等专题教育课。三是紧扣《中小学生守则》，班主任上好主题教育课，设计多样活动环节，含背景、目标、主题、过程和成效，从细微处对学生的“思想品德形成”“行为习惯养成”提举措，引导同伴互助，加深规则认同。

近年，学校构建全学科管理网络，通过“一表五美N配对”，凸显学校德育工作核心，为学科德育的举措提供策略。一表是全体教师积极回应学校的特色办学理念，对标“‘艺味课堂’教学评价表”，在学科教学中创设真实情境，激发学生的兴趣与探索欲、激发信心和力量、激活智慧与创造，增强学生的情感体验。五美是全体教师善用“五美”，即倾听美、分享美、合作美、生成美、创造美，与学生互动良好，不断优化学科德育举措，帮助全体学生形成契合个性特点的学习方法，增强学生的道德实践。N配对是推进全员导师制，推进“1＋N”师生配对计划，坚持因材施教，适时开展个性精准的学生发展指导和科学有效的家庭教育指导，用发展的眼光看待学生，成为他们的良师益友。

二是“思美”生涯系列，分共产主义学校、民俗中国、课题研究三大模块，重点培育学生的

理论自信，坚持国家站位，具备全球视野。其一，学校办好马克思主义理论读书班，开展“四史”学习教育，以理论学习、场馆观摩、人物寻访和社会实践，引导学生在学思践悟中坚定理想信念，在勤奋学习中练就过硬本领，立志为社会主义奋斗终身。其二，学校开设民俗中国系列课程，学生立足罗店古镇，寻访故址遗迹，探寻乡土中国的变迁，头脑风暴，各展所长，实现有趣的创意物化，融会中华传统文化和现代中国精神。其三，学校将“大社会”变成“小舞台”，学生通过研究性学习提升发现、分析和解决问题的能力，找准小切口撰写微论文，折射美好的大时代，利于明晰个人生涯航向。

三是“尚美”艺术系列，分尚美讲坛、艺彩纷呈和千人读万本书三大模块，重点培育学生的文化自信和道路自信，自觉传承中华优秀传统文化。基于人文讲座，高校专家引领学生探寻文化精粹，加深文化理解，创新学校育人模式。基于艺术展演，涵养学生的审美情趣，激励他们进一步传承先进文化。基于品读经典，引导学生通过有形的阅读，在无形中丰富人生阅历，启迪人生智慧。

四是“寻美”实践系列，分志愿服务、公益劳动和综合实践活动三大模块，重点培育学生的创新能力和健康人格，自觉弘扬伟大的劳动精神。其一，定期组织社区志愿服务，让乡村少年宫、爱心暑托班、社区文化中心等成为学生践行社会责任的落脚点。其二，稳步推进校园公益劳动，学生凭借个人劳动为班级、寝室、学校流汗出力，比学赶超，增光添彩。其三，综合实践活动凸显一季一主题，秋音乐季、冬民俗季、春戏剧季、夏研学季，每个主题季涵盖丰富的探索体验、实践研究和展示交流，学生扎根所处场域，提升对生活的观察力和感受力。

2. 文化育人重浸润，打造育人场

学校以“一册二讲三创造四长廊”为主线，将“求真　向善　尚美”的校园文化活化成为隐形的育人场所，无处不在，无时不有。一册即《新生入学手册》介绍特色课程与学习生活，二讲即校长主讲校史和专家开设尚美系列讲坛，三创造即枯山水创造区、书法美术创作区和音乐展演区，四长廊即“阳刚之美”“诗性之美”“仁爱之美”“创造之美”展区，都凝聚着中华传统文化，深刻体现了学校的办学理念和文化内涵。同时，在全校范围内征集路名、楼宇名和“校园十景”名，鼓励学生自主设计班训，争创最美教室，感染师生言行，班风学风优良，生生关系和师生关系融洽。此外，学校一方面积极开发“四史”学习教育微课“薪火相传　使命在肩”，扎实开展校史教育；另一方面以诵读会、红歌会为载体，倡导学生博览群书引经据典，了解党史国情，崇尚先进文化。

（二）加宽德育课程育人外延

1. 活动育人重主体，盘活主阵地

学校的活动平台注重自主、展示和同辈教育，倾力打造仪式教育、文艺展演、学生社团和生涯活动。学校形成“我爱你中国”“最美跑道　最真告白”“荣耀十八”“就位　出发”“踏歌赴新旅　青春不散场”“红色的青春　真理的味道”等仪式教育品牌，抓住入学、入团、开学、升学等学生成长关键期，做好理想信念教育和社会主义核心价值观教育。同时，每周一次社团课、每月一次音乐会、每学期一次辩论赛、每学年一次艺术节，以及 30 余个社团充分发挥学生的智慧和热情，全方位满足成长需求，提高审美感知力。同时，学校引进“小萝卜”生涯实践平台，开发“萝心 707”生涯微信公众号，打造“戏点人生”心理剧，组织“古镇职业访谈”生涯实践系列活动，原创“小萝卜头”心理漫画，着力构建一套贯穿高中三年的生涯教育浸润系统，引导学生在实践与体验中调整自我认知，明确个人志向，形成正确的价值观和积极的劳动观，循序渐进地确立生涯发展的路线与路径。

2. 实践育人重体验，探秘大熔炉

学校聚焦培养新时代社会主义建设者和接班人，持续丰富高中生志愿服务公益劳动的内涵，鼓励学生以综合实践活动的方式开展社会调查和场馆寻访。其一，学校丰富志愿服务类别，分社区服务、秩序维护、助老扶幼、公益环保、大型活动或赛事。全体学生注册上海市志愿者网站，切身感受“悦人”“乐己”的劳动意义。其二，学校开展“进馆有益”暑期研学，用好《上海市中小学社会实践家庭护照》，学生探寻红色经典路线，走访美丽乡村，步入文化场馆、名人故居和科普场所，开启一场寻美之旅。学校做到行前有方案和准备，行中有指导和预案，行后有展示和评价。学校还不断丰富结合地域特色的“古镇研学”活动内涵，引领了宝山民俗中国系列课程落地。其三，学校沿循“每一位学生三年里在四个不同场所参与五类项目”的劳动教育主线，以“主题设计独到、环节预设合理、学生喜闻乐见”为宗旨，创设劳动实践多元载体，拓展劳动实践多样空间，赋予劳动文化内核，使学生劳动观念正确、劳动能力达标、劳动品质过硬。

（三）加强德育课程育人合力

1. 管理育人重协调，贯穿课内外

（1）教师垂范，尚美育人蔚然成风

依托“尊师月”“爱生月”“最美教师”“最美办公室”“教工社团”，厚植尚美校园的师道文化，以真善美的育人氛围感染学生、感化学生。同时，启动全员导师制，开展各级各类专题培训，尤其关注特殊群体学生，营造“学生人人都有导师”“教师人人都是导师”的氛围。教师致力成为学生的思想引领者、生活关心者、学业辅导者和心理疏导者，通过“一次学生家访、一次谈心谈话、一次书面反馈”加深与班主任的协同合作，优化家校沟通水平，为每一位学生的身心健康保驾护航。

（2）学生自主，内化于心，外显于行

依托“星级班级”“星级宿舍”双评比，引导学生从适应到示范，从践行到改进，成为规则的运用者和管理者。一方面，学校依据《中小学生守则》制定《星级班级评比条例》和《班主任指导下的班级自管会》，引导学生认同公约并参与自治。学生自荐或他荐在班级自管会中担任一个职务，班主任细化职务职责、明晰行为标准，指导、评价学生行为。在班级自管会统一构架基础上，再根据班情调整职务。学生通过个人职务服务集体、发现问题、改进问题，集体素养与行为规范得到改善。另一方面，学校在《宿舍管理条例》的基础上制定《星级宿舍评比办法》，细化评分项目与标准，每日评价，每周反馈，每学期奖励表彰。洗衣、拖地等学生在家几乎不接触的劳动成为每天的生活必修课，反过来又促使他们合理自治，即有效管理时间，生活作息有序，生活习惯良好，人际交往向善。

2. 协同育人重共育，联动校内外

一是学校纵向联动，建立家校社协同育人机制。其一，家长学校和班级家长会渗透家庭教育指导，有计划成序列，营造良好家风，促进个别化教育的实效性。其二，学校在社区文化中心的支持下，编制一张学生易走近、乐亲近的三级非遗资源网，涵盖市级、区级、街镇文化场馆和非遗传承人。其三，学校与所在社区互通，引导学生在社区服务中感受“人民城市人民建　人民城市为人民”的理念，深化志愿服务内涵。

二是学校横向协同，凝聚学校、社区、基地三方智慧。一方面，学校立足地域文化特色，按资源与时节创设岗位、按兴趣与能力为学生分配岗位；另一方面，社区和基地穿针引线，做足岗前培训，辅导学生的语言表达能力、团队协作能力和应对突发事件的能力。

三是学校多方共建，补充学生成长的有益途径。一方面，用好高校及场馆资源，与上海师范大学艺术学院、上海大学美术学院、上海吴昌硕纪念馆建立共建机制，拓宽辖区外的暑期社会实践资源网；另一方面，用好地域资源，与罗店中心校乡村少年宫、罗店镇社区文化中心、汉康豆制品厂签约，深挖辖区内的社会实践资源。

五、“求真　向善　尚美”德育课程的经验成效

学校以“求真　向善　尚美”为核心，德育课程目标体现办学理念、文化积淀和学校精神的内涵，契合学生身心特点和成长需求。同时，思考、分解德育工作总目标，明确纵向衔接、螺旋上升的分年级目标，构建一套激发科学情趣、培育人文情怀、蕴含艺术情致的成长体系。

学校以《中小学德育工作指南》为指引，德育课程内容渗透教育教学各环节，基于“三类”课程，扎根四个场域，以“六育人”为途径，贯通校内校外、融合课内课外，增强德育内容的针对性、系统性和有效性。

德育课程以“浸润式成长空间”为抓手，路径力求全员、全程、全方位。课程既发挥鲜活生动的育人举措，又挖掘润物无声的育人载体，即校园环境美丽，校风井然有序，教师垂范优雅，家长示范良好。

研究孵化的成果

1. 立项课题

(1) 汪露溢. 以美育人背景下农村学校德育顶层设计的实践研究(2020 年宝山区一般课题，2022 年 4 月结题)。

(2) 汪露溢. 何得清渠，唯有源头——高中生劳动实践教育的实施空间与路径(2020 年 7 月获宝山区第十四届学校教育科研优秀成果三等奖)。

(3) 汪露溢.“以美为径　以育促行”高中生行为规范教育的实践与研究(2022 年 6 月获上海市中小学德育研究协会第九届教科研成果二等奖)。

(4) 许海静. 五育并举背景下农村普通高中“尚美成人”课程的建构与实施(2021 年宝山区一般项目)。

(5) 袁燕敏."以美育心　剧点人生"校园心理剧校本课程研发与实践研究(2021年宝山区一般项目)。

(6) 陈双.图像美融入高中数学课堂教学实践研究(2021年宝山区一般项目)。

(7) 宗琴.师生共同体建设下的农村普通高中英语"悦说"校本课程应用实践研究(2021年宝山区一般项目)。

(8) 陈兵.中国传统审美观背景下美育融入高中历史课堂教学的实践研究(2021年宝山区一般项目)。

(9) 于佳萍.高中生物科学史教学中渗透美育研究(2021年宝山区一般项目)。

(10) 杨男才.技艺融合:高中信息科技教育教学美育渗透实践研究(2021年宝山区一般项目)。

(11) 吴果恒.以社团活动助推高中生古诗文审美力培养的策略研究(2022年宝山区一般项目)。

(12) 林萍.指向审美鉴赏的高中古代散文阅读教学策略研究(2022年宝山区一般项目)。

(13) 李恒飞.学校体育中美育表征及实现路径研究(2022年宝山区一般项目)。

2. 发表论文

(1) 汪露溢.开展研学旅行 培育学生综合素养[J].现代教学,2019(13):2.

(2) 汪露溢.将美育融入高中生思想道德建设的实践空间与路径[J].现代教学,2020(17):2.

(3) 汪露溢.完善德育评价　促进学生成人[J].上海教育,2021(Z1):52—52.

(4) 汪露溢.劳动中"尚美" 实践中"成人"[J].上海教育,2021(Z3):34—35.

(5) 汪露溢.高中生劳动实践教育的实施空间与路径[J].宝山教育 2021(2):49—52.

(6) 汪露溢."三条主线"推进家庭教育指导培训[J].现代教学,2022(7):68—69.

(7) 汪露溢.让导师成为学生成长道路上的"关键人物"[J].上海师资培训,2022(2):60.

(8) 李英梅.宋代文人意趣与工艺美术关系探索[J].天工,2022(28):9—11.

(9) 邵昀.罗店中学美育课程实施及初效[J].上海教育,2020(18):70—71.

(10) 袁燕敏.民俗美育:古风新韵,尚美成人[J].上海教育,2020(18):72—72.

(11) 陆文洁.高中英语教学中内容美与语言美的教学实践[J].上海教育,2020(18):73—73.

(12) 方媛媛.美育在高中地理课堂教学中的应用初探[J].上海教育,2020(18):74—74.

(13) 严卫东.创建上海市美育特色高中的价值与实践研究[J].现代教学,2020(17):3.

(14) 周宝良,王雅婷.管乐团在校园文化中的美育价值[J].现代教学,2020(17):2.

(15) 杨男才.美育融入信息技术课堂的教学实践——以"巧用循环结构进行创意图案的设计"一课为例[J].现代教学,2020(21):3.

(16) 严卫东.融美育于高中数学教学的尝试——以"函数的奇偶性"为例[J].上海中学数学,2022(10):33—36.

(17) 张易佳,陈兵.浅谈如何利用漫画打造具有艺术趣味的历史课堂[J].现代教学,2022(11):41—42.

3. 获奖情况

(1) 汪露溢老师撰写的《高中学校劳动教育实践的实践空间与路径》获宝山区“我的劳动教育实践”征文一等奖(2021.6)。

(2) 王雅婷老师执教的“薪火相传　使命在肩”获上海学校共青团“四史”学习教育微团课大赛一等奖(2021.6)。

(3) 汪露溢老师撰写的《尚美孕真知　实践育新人》获宝山区首批“一校一案”落实《中小学德育工作指南》工作方案特等奖(2021.12)。

(4) 汪露溢老师撰写的《微研修,家长沟通巧助力》获宝山区中小学全员导师制典型案例征集之“学校的典型做法”主题评选一等奖(2021.12)。

(5) 汪露溢老师撰写的《唱响三部曲　家校同向同行》获宝山区第八届中小学德育主任技能大赛之班主任家庭教育指导校本培训课程建设实践案例一等奖(2021.12)。

(6) 汪露溢老师撰写的《多元评价:在实践活动中促高中生行为养成》获宝山区“学校行为规范教育特色经验论文”主题评选一等奖(2021.12)。

(7) 李英梅老师指导的硕士研究生蒋悦的硕士学位论文《基于项目化学习的馆校合作教学行动研究》,被评为上海师范大学2022年度优秀硕士学位论文(2022.6)。

(8) 李英梅老师指导的本科师范生陈姣睿毕业论文《找寻诗意的家园——“生态美育”视角下金山农民画小学美术课程的创新实践研究》,被评为校优秀毕业论文(2022.6)。

(9) 吴果恒老师的文章《用美点亮晴朗“心”空》荣获爱满天下杯第19届全国教师教育论文大赛全国三等奖。

(10) 宋佳老师的文章《巧用艺术作品,创设艺味课堂》荣获爱满天下杯第20届全国教师教育论文大赛全国一等奖。

(11) 张易佳老师的文章《漫画,让历史课堂更“艺味”》荣获爱满天下杯第20届全国教师教育论文大赛全国一等奖。

(12) 崔纯老师的文章《数学美在数形结合思想应用中渗透案例》荣获爱满天下杯第20届全国教师教育论文大赛优秀论文奖。

高考综合改革试点背景下

高中英语分层教学实验研究

为什么要实施新高考模式下的高中英语分层教学？我们立足新高考改革背景，论证了英语分层教学研究的意义和研究目标，界定了相关核心概念，回顾了国内外相关研究的发展状况，基于相关理论阐述了研究设计的思路和实施路径，并给出了相应的研究结论。

新高考模式下的高中英语分层教学研究概述

蒋宇红[1]，王群[2]

（1. 上海师范大学外国语学院；2. 上海市民星中学）

一、引言

（一）研究背景

素质教育有三个要义：一是要面向全体学生，二是要德智体美劳全面发展，三是要让学生主动活泼发展。2014年，上海市教委宣布启动高考考试制度改革，并决定于2017年全面实施，旨在为各层次学生提供升学机会：一部分学生直接进入高职高专的提前自主招生通道；另一部分学生则分别参加高考、综合评价批次招生和9所著名高校的自主招生。新高考方案突出学生的个性化发展，如何选择学科组合、如何根据学生的程度因材施教、如何实施分层教学就成为高中教学目前重点考虑的问题。

随着新高考改革的全面实施，不少学校开始调整相应的教学，积极探索"分层教学"模式。学生选择权的增加，这就要求学校不断创新教学方式，积极推进分层教学和走班制。在高考改革的新形势下，不同学生选择的学业水平考试科目会有所不同，同一科目需要有难易程度不同的教学班级可供选择，实施分层教学和走班制势必成为高中教育面临的一个新的改革课题。

（二）研究意义及研究目标

新高考体制允许考生高考英语"一年两考"，将较高的一次成绩计入高考总分，这对英语教学既是挑战也是机遇。实施英语分层教学改革，充分体现了素质教育的要求，可以促进学生个性的全面和谐发展。实施英语分层教学，可以针对不同发展水平的学生，设置不同的教学标准，让每个学生都能最大化地发展自身的能力。

尽管国内有一些关于分层教学的研究，但其中大部分是针对高职和大学英语的教学，针对高中学生的分层教学研究比较少见。本研究是以高一学段全部班级为对象进行的分层教学实验研究，研究数据可以丰富分层教学的实证研究。

分层教学实验研究在上海市的一所示范性实验高级中学进行，其开展英语小班化教学实验已有几年，具有一定的教改积淀。本研究进行的英语分层教学实践，既可以为该校的英语教学改革探索出路，又可以为上海市其他同类学校的英语学科分层教学提供参考或借鉴。

二、文献综述

（一）相关概念界定

1. 新高考模式

新高考模式及其影响体现在以下几个方面：

（1）招生制度的变化

根据国家统一部署，相关高校依据高考成绩和学校自主考核情况，并参考普通高中学业水平考试成绩和高中学生综合素质评价信息，选拔具有学科特长和创新潜质的优秀学生。

（2）考试方式的变化

根据上海市高考改革实施方案，高中学业水平考试时间安排在每年 5 月，考试设语文、数学、外语、思想政治、历史、地理、物理、化学、生命科学、信息科技、体育与健身、艺术、劳动技术 13 门科目。其中，思想政治、历史、地理、物理、化学、生命科学 6 门科目设合格性和等级性考试，学生可选择学习其中 3 门，并参加相应的等级性考试。除体育与健身、艺术、劳动技术这 3 门科目根据学生平时综合表现进行合格性评定，其余 10 门科目均由上海市教育考试院统一命题、统一考试时间。

2017 年起，上海市统一高考科目为语文、数学、外语 3 门，不分文理，考试时间安排在每年 6 月。高考成绩满分为 660 分，其中，语文、数学、外语每门满分 150 分，加上 3 门普通高中学业水平等级性考试科目，每门满分 70 分。

（3）对中学的影响

新高考模式呼唤高中实行选课走班教学，对高中阶段的师资、场地条件提出更高的要求。语文、数学、外语 3 门，以及从 6 门普通高中学业水平等级性考试科目选择 3 门，其组合达 20 种之多，这意味着学校必须安排更多的教师、配置更多的教学场地，才能满足学生的走班选课需求。

对于学生而言，新高考客观上提供了更多的选择，可以根据自己的兴趣，选择学科、选择课程。

（4）外语教学呼唤改革

在新高考外语科目中，强调深化外语考试改革。第一，考试的频次特殊，外语考试一年举行两次，一次安排在每年 6 月，另外一次安排在每年 1 月。高中生可参加两次外语考试，可选择其中较好的一次成绩计入高考总分。第二，考试的形式多样化，外语考试包括笔试和听说测试，着重引导外语教学注重学生应用能力的培养，这就相应要求建设外语标准化考试题库和标准化考场，外语考试要为今后其他科目逐步推行标准化考试积累经验。

目前，高中生只能参加一次其他各科目的等级性考试和高考。教育行政主管部门可以逐步探索普通高中学业水平考试向不同年级学生开放、提供两次及以上考试机会的可行性。

外语学科的教育教学改革探索，不仅关系着自身学科建设的科学性，而且关系着其他学科的未来发展方向。外语每年两考，可以探索如何确定最佳途径，彻底摒弃一考定终身的弊端，并且利于学生个性发展，真正贯彻核心素养教育的理念；逐步探索普通高中学业水平考试向不同年级开放，意味着教学改革的未来着力点应该是打破现有教育屏障，进一步与高等院校教育模式并轨，为学生今后的专业选择和学校的人才培养早做准备。

2. 分层教学的定义

分层教学，就是教师根据学生现有的知识、能力水平和潜力倾向，把学生科学地分成几组各自水平相近的群体，并区别对待，以使这些群体在教师恰当的分层教学策略和相互作用中得到最好的发展和提高。分层教学要求教师充分考虑学生存在的差异，有针对性地加强对不同类别学生的学习指导，以便使每个学生都得到最好的发展。分层教学须突出几个重点：存在差异、分层，以及每个学生都能实现其自身最好的发展。分层教学以全体学生为目标，教师在教学过程中依据学生的学习特点、已有的学习基础和学生自身的接受能力，有针对性地制订不同的教学目标，设置不一样的教学要求，呈现不同的教学内容和设计，交替运用不同的教学组织形式，进而有意识地监控不同学生的学习进度，随时根据情况变化调整授课方式，并创设不同的评估体系。

按照学生学科知识和能力水平，分成三个或四个层次，组成独立于行政班级外的新的教学群组，通常称为“A、B、C、D”教学班。这种模式并不打破原先的行政班建制，当学生参与学科分层学习时，要“进入”适合自己层次的班级，走班实质上是一种运动式的、大范围的班级学习分层。它的特点在于教师根据各班学生所处的层次，确定与大部分学生基础相一致且又能实现的教学目标，据此来组织不同班级的教学内容和教学活动，实时调整班级教学内容，降低学困生班级的学习难度。

（二）国内外分层教学的研究现状

1. 国外分层教学的研究现状

国外最早的分层教学出现在美国的圣路易斯州，1868 年由美国教育家哈里斯创立，其形式为“活动分团制”，19 世纪末 20 世纪初又出现“圣芭芭拉制”。这些分层教学，通常是在同一基础上递增难度。20 世纪 20 年代，西方多个国家出现了个别化分层教学模式，其中，影响较大的教育家是美国卡尔顿·华虚朋和帕克赫斯特，前者于 1919 年在芝加哥推行文纳特卡制，后者于 1920 年在马萨诸塞州试行道尔顿制。两者均打破传统的班级授课教学模式，倡导个别化教学，主张学生应按照自己的能力、速度，顺次完成每一个学习任务。英国在 1926 年和 1931 年先后颁布《哈多报告》和《小学报告》，此后要求中小学根据学生水平进行 A、B、C 三个层次的教学。

二战后，以美国为首，包括法国、德国、英国等西方国家推行了新的分层教学模式——学科分层，这一形式一直延续至今，各国仍在普遍使用。20 世纪中叶过后，科技的飞速发展带动了教育理论的活跃，美国在全国范围内推行分层教学，个别化分层教学成为教学改革中最为活跃的模式，澳大利亚、韩国、日本也纷纷加入分层教学实验行列。

进入21世纪以来，国外的分层教学实践呈现出多样化、不断创新和发展的局面。2003年，美国出现的“分层课程”模式强调差异化教学，提倡通过教学策略的改变来促进学生学习的进步。德国出现了两种分层教学模式，第一种是针对学习能力不同的学生提供不同层次的教材；第二种是“费乐登贝格模式”，即将学生按照检测成绩从高到低分成四个组别。澳大利亚的分层教学从八年级开始实施，并且仅限于分化较大的学科（如数学）：八年级仅设置“低、高”两个层次，到九年级增加成“低、中、高”三个层次，学生可以在不同的班级上课。日本则将分层选择权交给学生，由学生根据实际选择走班学习，重要学科选择较高层次班级学习，不太重要学科选择较低层次班级学习，这样增强了学生学习的主动性和针对性。而在韩国，学校开设了很多选修课，学生可以根据实际情况进行选择。

2. 国内分层教学的研究现状

1982年，教育部颁布《关于当前中小学教育几个问题的通知》，指出一些学校同一年级内学生知识水平相差悬殊，可从实际出发，按文化程度编班。由此，国内出现了南京师范大学附属小学、上海市吴淞中学的类似道尔顿制的分层教学实验，厦门大学实验小学仿效文纳特卡制的分层教学实验，东南大学附属小学的弹性分层教学实验，等等。

总的来说，我国当代的分层教学可以划分为两个阶段：第一阶段是从20世纪80年代末至20世纪90年代中期，主要寻求理论依据、丰富分层教学实践和进行新型分层教学试验。很多教师意识到传统的班级授课制在显示其巨大优越性的同时，也暴露了局限性，对全班学生统一内容、统一要求、统一进度，不利于因材施教，而分层教学能扬长避短。一些学校针对以往按照学生能力分班分层教学的优缺点，又参照国外分层教学的有关理论及实践，在分层教学的理论依据、实践原则、策略及其操作要点上提出了一些新的见解，并将其运用到分层教学实践中，丰富了分层教学的理论及其实践研究。第二阶段是自20世纪90年代中期至今，是分层教学改进、传播及丰富、发展的阶段。这一时期参与实验的学校更多了。另外，一些学校针对前期分层教学实验中的一些问题进行了新的尝试，尤其在分层教学操作要点方面进行了改进，促进了分层教学理论研究的发展和应用范围的扩展。20世纪90年代末，分层教学在原有基础上，又增加了新的形式，如走读式分层教学和小班化分层教学，学校在小班化分层教学的教学组织、教学原则、教学方法策略、课堂教学环节和设计、师资配备，以及教学评价方面有了新的进展。与此同时，一些研究者对我国当代分层教学思想、理论进行了系统归纳和阐述，有的认为分层教学可以“以人为本，尊重个性；根据人的个性潜能优势使人得到个性化的提高”，有的认为分层递进教学有助于提高学生素质，还有的提倡在熟练了解和正确把握学生差异的前提下，进行针对性的教学设置，制订适合学生个性特点的教学目标、教学计划、教学过程，以及面向全体又照顾差异的教学策略。

（三）相关理论基础

本研究主要以掌握学习理论、最近发展区理论和情感过滤理论为基础。

1. 掌握学习理论

掌握学习理论认为，教育的任务就是使学生掌握所学学科知识，确认学生怎样才算“掌握了这门学科”，并探求能使大多数学生掌握的方法与材料。该理论认为，学生的学习成绩是否优异不是取决于智力的高低，而是取决于能否获得适应自身特点的教学帮助和学习时间。因此，只有为学生创造出适当的教学条件，全面地、最大化地挖掘和促进学生的发展潜力，才能让绝大多数学生“掌握学习”。

掌握学习理论重视因材施教，承认学生的个性化差异，强调学生的个性发展。传统的教育观念无法解决教学与个别需要之间的矛盾，无法保证大多数学生都达到课程设计的预定目标。该理论指出教师应为学生创设时空条件并给予个别指导，在“教”与“学”双方目标明确的基础上，使学生积极主动地开展循序渐进的学习活动。

掌握学习理论既重视系统知识的传授，又强调能力的培养。它倡导教学过程的变革，突出其贯穿教学目标与教学评价的科学原则，保证学生掌握系统知识的同时不断自我反馈、主动探索、掌握学习，最终提高教学效率和提升教学质量。

掌握学习理论强调学生的个性化发展，提倡因材施教，是走班分层教学的基本依据。教师和学生是走班分层教学的实践者，运用掌握学习理论，双方能够获得教学目标与学习目标的一致。学生通过系统科学的认知活动，掌握文化知识并发展“学会学习”的技能。

2. 最近发展区理论

学生的发展有两种水平：一种是学生的现有水平，指独立活动时所能达到的解决问题的水平；另一种是学生可能的发展水平，也就是通过教学所获得的潜力，两者之间的差异就是最近发展区。教学应着眼于学生的最近发展区，为学生提供带有难度的内容，调动学生的积极性，发挥其潜能，超越其最近发展区而达到下一发展阶段的水平，然后在此基础上进行下一个发展区的发展。

最近发展区理论认为，学习与发展是一种社会和合作活动，它们是不能被教给某个人的，而是学生在他们自己的头脑中构筑自己的理解，教师在这一过程中扮演着促进者和帮助者的角色，指导、激励、帮助学生全面发展。教学必须贯彻因材施教的理念，既要考虑大多数学生的整体水平，正确处理教学内容、教学节奏和教学密度等之间的关系，使之符合学生整体的最近发展区，又要充分考虑特殊个体的需求，给予那些成绩好、能力强、求知欲强烈且不满足按部就班的少数学生更深入学习的机会，有针对性地开展符合他们“最近发展区”的教学工作。

在分层教学过程中，最近发展区理论指导教师发挥积极作用，作为教学活动的主导者，教师应充分发挥学生的主体作用。教师要寻求学生的整体最近发展区，精心设计教学内容，运用合适的教学方法，开展有效的教学活动，促进学生的整体发展。同时，教师还要兼顾个别学生的最近发展区，有针对性地提供帮助和支持。

3. 情感过滤理论

美国语言学家克拉申认为，在第二语言习得过程中，学习者接受可理解语言输入是习得的必要条件，但不是充分条件。单纯从语言输入这一因素考虑，并不能解释语言学习的差异结果。造成学习者差异的原因通常是学习者所接受的可理解的语言输入量的不同和学习者情感因素的作用差别。情感因素包括学习动机、自信心、焦虑感等，克拉申把它们统称为“情感过滤因素”。

情感过滤因素起着阻碍或促进输入传到大脑语言习得器官的作用。在语言习得过程中，如果“情感过滤”太强，就会使人的自主神经系统活动增加，肾上腺素输出提高，血压和心率增强，在大脑中形成障碍，语言输入受到阻碍（被过滤了），无法进入语言习得机制，结果也就不能产生语言习得。如果“情感过滤”降低，可理解的语言输入便能顺利进入语言习得机制，加速语言习得的进程。因此，可理解的语言输入是语言习得的促进因素，与此相反，情感过滤则是语言习得的限制因素。

态度积极的语言学习者主动获取输入并输入成功，而态度消极的语言习得者不会主动获取输入，或者仅仅停留在语言输入的理解层面而不能达成习得。情感过滤理论明确指出，二语习得者的情感因素对语言输入具有过滤作用。如果学习者目的不明确、缺乏自信心、焦虑感过度，就会因情感过滤感强而阻碍了语言的习得。因此，二语习得要消除心理障碍，降低情感过滤程度，创造低度情感过滤的环境是完成语言输入的保障。

在分层教学实施过程中，“情感过滤理论”指导教师始终关注学生二语习得的成效，努力提高学生的学习兴趣，激发学生的学习动机，增强学生的学习自信。在分层教学实践中，教师可根据实际需要对学生的学习情感进行干预和纠正，确保分层教学目标的达成。

（四）对早前相关研究成果的评述

纵观国内外的英语教学分层研究，国外对分层教学的研究不仅在形式上日趋多样化，在理论和实践上也越发个性化、全面化和科学化。而在国内，20 世纪 80 年代末至 20 世纪 90 年代中期，系寻求理论依据、丰富教学实践和进行新型分层教学试验的阶段。20 世纪 90 年代中期以来进入第二阶段，即分层教学改进、传播及丰富、发展阶段。近年来，高校生源渠道不断拓展，学生来自全国各地，英语水平参差不齐，客观上要求英语分层教学。高等院校具备师资和教学设施等方面的优势，因此，英语分层教学取得了一定的成果，其经验可供借鉴。然而，在中小学层面，囿于教学条件的限制，英语分层教学实验并不多见。统计数据表明，英语分层教学实验多见于初中或小学，而高中英语分层教学研究则较为少见。

迄今为止，有关中学英语分层教学的研究中，有理论研究，也有实证研究，既有国外教育大家的理念，又有国内教育名家的灼见。这些研究提供了丰富的理论知识，对未来的研究具有指导作用。而实证研究中的经验和不足也可供教学研究借鉴，特别是在研究设计和研究方式上可使后来研究者受益匪浅。目前，在分层教学研究中存在薄弱区域，有两类课题较为少见：一类是关于高中英语分层教学的实证研究，虽有少数学校努力进行分层教学的实验，但往往仅立足于学生学习成绩的高低，从可行性和有效性加以探讨，其结果见仁见智，究其原因是实验学校的视角不同导致差异，最终未能得出令人信服的结论；另一类是有关于英语分层教学中学习情感的作用的研究，以及学习情感对学生学习成绩的影响的课题，研究者多将学生的兴趣作为主要情感因素来考量，而忽视了动机、自信等要素的作用。因此，有必要结合兴趣、动机、自信等情感因素，对高中实施英语教学分层的可行性和有效性加以验证。

三、研究设计

（一）研究问题

本着科学严谨的态度，在厘清校情、学情等实际状况，并征求相关教师的意见后，根据新高考模式的要求，结合英语分层教学的研究背景和目标，本阶段的分层教学研究问题设定如下：

（1）分层教学对学习者的学习情感（兴趣、动机、自信）有何影响？

本研究分别就A、B、C三层学生的学习兴趣、学习动机和学习自信心在分层教学前后的变化及其影响幅度进行探索。

（2）分层教学对学习者的英语学习成绩是否有影响？如果有，是有效促进作用还是阻碍作用？

本研究通过对A、B、C三层学生在分层教学前后的成绩进行比对分析，判断分层教学对学生学习成绩的影响，并且进一步判断分层教学对学生的成绩起有效促进作用还是阻碍作用。

（3）分层教学的措施有哪些？如何实施相关措施？

本研究通过一线教师的实践视角，从教学到教育管理等诸方面，探讨分层教学的有效措施，并探讨实施相关措施的方法与途径。

（二）研究对象

本课题的研究对象为上海市某中学2016级高一学段4个行政班级共135名学生。在研究中，学生按照个人意向和实际英语学习水平（依据分层教学前的分班测试）分为A（基础优秀学生）、B（基础一般学生）和C（基础薄弱学生）三个层次，参与分层教学实验。4个行政班分成A、B、C三层各2个班，合计6个走读班，其中A层学生人数为50人（A1班25人，A2班25人），B层学生人数50人（B1班25人，B2班25人），C层学生35人（C1班17人，C2班18人）。

（三）研究方法

本研究采用结合质性研究方法和量化研究方法的混合式研究法，研究工具包括问卷调查表、试卷测试题和访谈提纲。

（1）问卷调查表：通过问卷调查，研究分层教学对学生学习情感的影响。

本研究通过问卷调查对比学生走班分层教学前后的情感变化，从兴趣、动机和自信心三个方面进行研究。

其中，学生学习兴趣调查问卷从课堂表现、语言能力、语言知识学习、学习方法、课外表现五个方面进行考量，效度量表设计为五维量表，分别为完全同意、基本同意、同意、基本不同意、完全不同意，其分值分别为5分、4分、3分、2分和1分。

学生学习动机量表分别从学习兴趣、学习能力感、外部目的、知识价值观四个方面进行考量，效度量表设计为五维量表，分别为完全同意、基本同意、同意、基本不同意、完全不同意，其分值分别为5分、4分、3分、2分和1分。

学生学习自信心量表结合学校情况和英语学科教学特点编制而成，分别从学习能力、学习行为、学习态度、学习方法和学习结果五个方面进行考量，效度量表设计为五维量表，分别为完全同意、基本同意、同意、基本不同意、完全不同意，其分值分别为5分、4分、3分、2分和1分。

(2) 试卷测试：通过试卷测验，研究分层教学对学生英语学习成绩的影响。

(3) 访谈提纲：通过教师层面的访谈，了解分层教学的措施及其落实方案；通过学生层面的访谈，进一步了解分层教学对各层次学生的学习情感的影响。

（四）研究时间

本研究的实验周期为一学年。

四、研究结论

本研究的数据分析表明，分层教学对A层学生的学习情感有一定的积极影响，对B、C层学生的学习情感具有显著影响；学生的积极学习情感对学习成绩具有正面影响作用；分层教学对A、B、C三层学生的学习成绩均具有显著的正面影响；相应的教学措施及其保障有利于提高分层教学的效果。

研究孵化的成果

1. 发表论文

(1) 王群. 新高考模式下的高中英语教学分层实施策略[J]. 科教导刊，2020(2)：241—242.

(2) 王群. 新高考模式下的高中英语教学分层实施策略——以高一上 Unit 6 Cartoons and Comic Strips 为例[J]. 全视界·教育，2020(3)：89—93.

(3) 王群. 用说唱元素进行英语词汇教学的运用与探索[J]. 全视界，2021(3)：89—91.

(4) 王群. 单元整体语法教学设计：语境为线，任务为链[J]. 全视界·教育，2022(8)：95—98.

(5) 王群，蒋宇红. 英语小说文本读后续写微剧本教学实践——以《多维阅读》(第20级) Lesson from Lea 为例[J]. 英语学习，2022，(12)：39—43.

(6) 王群. 深度学习视角下的英语读后续写微剧本教学实践[J]. 全视界·教育，2023(1)：97—101.

新高考模式下的高中英语教学分层实施策略

——以《英语(新世纪版)》高一上 Unit 6 Cartoons and Comic Strips 为例

王群[1]，蒋宇红[2]

(1. 上海市民星中学；2. 上海师范大学)

2014 年，上海市教委宣布实施高考改革方案。为满足高等院校选拔人才要求和充分发展学生的个性特长，分层教学成为高中教育新的改革话题。英语学科实行“一年两考”制度，承担了率先探讨分层教学的历史使命，既要为本学科寻求最佳教学途径，还要为其他学科提供借鉴。积极推进走班分层教学，不断创新教学方式，适应新高考模式的分层教学策略已经成为目前英语教学的首要任务。

分层教学，就是教师根据学生现有的知识、能力水平和潜力倾向，把学生科学地分成几组各自水平相近的群体，并区别对待，以便这些群体各自得到最好的发展提高。分层教学主要突出三个重点：存在差异、分层和每个学生都能实现其本身最好的发展。分层教学以全体学生为目标，教师要看到学生学习上的差异性，进而在教学过程中依据学生的学习特点、已有的学习基础和学生自身的接受能力，有针对性地制定不同的教学目标，设置不一样的教学要求，呈现不同的教学内容和设计，交替运用不同的教学组织形式，如班级、分组和个别教学形式，进而有意识地控制不同学生的学习进度，随时根据情况的变化变换授课方式，并创设不同的评估体系。

一、相关理论支撑

1982 年，教育部颁布《关于当前中小学教育几个问题的通知》，指出学生之间的差异性和社会对教育质量提出的高要求，推动了中国分层教学的开展。20 世纪 90 年代以来，分层教学实践中开始重视分层教学形式，开始实行班级走读式分层教学和小班化分层教学。国内在小班化分层教学的教学组织、教学原则、教学方法策略、课堂教学环节和设计、师资配备，以及教学评价方面已有了一些进展。一些学者提倡在熟练了解和正确把握学生差异的前提下，进行有针对性的教学安排，制定适合学生个性特点的教学目标、教学计划、教学过程，以及面向全体又照顾差异的教学策略，提出要科学规划、指引、实施分层教学实践。

二、分层教学的实施策略

要达成走班分层教学目标，必须在教学过程中贯彻落实分层的教学理念。教师应针对不同层次的班级，使用相应的教学方法。对于C层学生要多鼓励，对于B层学生要多启发，而对于A层学生则多放手，充分发挥学生的主体作用。在课堂教学中，要着重注意教学目标分层、课堂活动分层、作业分层和评价分层等方面。

（一）教学目标分层

根据上海市教育委员会教学研究室2015年发布的《上海市高级中学英语学科教学基本要求》，教学内容分为三个层面：第一，基础知识，为每个层面学生必须掌握的内容，即每个单元的新单词、常用短语和日常交际英语；第二，重点知识和语言点的运用，这部分内容B层和A层的学生必须掌握；第三，综合语言运用能力提升，特别是用自己的语言归纳、概括、推测等，这部分内容A层学生必须掌握。

分层教学目标的分层原则，就是根据大纲要求，分为基本要求、较高要求和高级要求三个层次。其中，为达成高级要求，在正常的教学任务外可以增加学习内容，如兴趣小组活动内容等，而基本要求则设定保底内容，保证满足大纲规定的最低教学内容。

1. 以《英语（新世纪版）》高一上 Unit 6　Cartoons and Comic Strips 单元教学目标的分层为例（表1），说明如何进行单元教学目标分层

表1　分层教学单元教学目标案例

<table>
<tr><th colspan="2">层次</th><th>C</th><th>B</th><th>A</th></tr>
<tr><td rowspan="4">语言知识目标</td><td>语音</td><td>1. 能用正确的语音、语调朗读课文
2. 能熟练跟读 Listening & Talking 部分的录音</td><td>1. 能用正确的语音、语调朗读课文
2. 能模仿 Listening & Talking 部分的录音进行会话</td><td>1. 能用正确的语音、语调朗读课文
2. 能模仿类似 Listening & Talking 部分的录音进行会话</td></tr>
<tr><td>词汇</td><td>1. 掌握本课核心词汇
2. 认读本课扩展词汇
3. 重点复习一些已学过的常用词汇</td><td>1. 掌握本课核心词汇
2. 学习本课扩展词汇
3. 复习一些虽已学过，但尚不能灵活运用的常用词汇</td><td>1. 掌握本课核心词汇
2. 掌握本课扩展词汇
3. 复习并灵活运用已学过的常用词汇</td></tr>
<tr><td>语法</td><td>1. 了解定语从句
2. 了解关系代词引导的定语从句</td><td>1. 学习定语从句
2. 进一步学习掌握关系代词引导的定语从句</td><td>1. 学习定语从句
2. 掌握关系代词引导的定语从句并能熟练使用</td></tr>
<tr><td>功能意念</td><td>能征求意见和表达意见</td><td>1. 征求意见；表达意见
2. 表达赞成或反对的态度</td><td>1. 征求意见；表达意见
2. 表达赞成或反对的态度，并提出理由</td></tr>
</table>

（续　表）

层次		C	B	A
语言技能目标	听	能在了解所有生词词义之后听懂课文大意	1. 能在了解部分生词词义之后听懂课文大意 2. 能通过听一段与本单元主题有关的短文录音抓住相关细节	1. 能在了解部分生词词义之后听懂课文大意 2. 能通过听一段与本单元主题有关的短文录音抓住相关细节，并且准确地写出听到的部分词语
	说	能模仿范例进行对话	能模仿范例，利用所学的词语和表达方式，谈论漫画和连环漫画的话题	能模仿范例，利用所学的词语和表达方式，流畅讨论漫画和连环漫画欣赏的话题
	读	1. 能理解本单元核心词汇在句子语篇中的含义 2. 能读懂本单元提供的阅读和补充阅读的短文	1. 能理解本单元核心词汇在句子语篇中的含义 2. 能读懂本单元提供的阅读和补充阅读的短文 3. 能读懂与本单元中阅读的内容和难度相仿、仅含少量生词的文章	1. 能理解本单元核心词汇在句子语篇中的含义 2. 能读懂本单元提供的阅读和补充阅读的短文 3. 能读懂与本单元中阅读的内容和难度相仿、含一些生词的文章
	写	能写一份通知	写一份通知，内容完整，格式准确	写一份通知，内容完整，格式准确，语言严谨
综合运用能力	任务	设计一幅漫画，用英语简要介绍其特点	设计一幅漫画，并用英语介绍漫画的特点和内涵	设计一幅主题漫画，并用英语进行主题演讲
学习技能		在课外阅读中，继续学习运用英英词典来辅助英语阅读和学习	在课外阅读中，继续运用英英词典来辅助英语阅读和学习	在课外阅读中，娴熟运用英英词典来辅助英语阅读和学习
态度情感		愿意用英语来描述漫画，并尝试用英语表达自己的观点	愿意用英语来描述漫画，大胆表达自己的观点，同时表示出自己赞成或反对的态度	愿意用英语来描述漫画，并熟练运用英语表达自己的观点和态度

从表1中可以发现，C层的教学目标，无论是语言知识目标还是语言技能目标，均处于基础层面。而B层学生还必须掌握重点知识和语言点的运用，无论是语言知识目标的语音、词汇、语法、功能意念方面，还是语言技能目标的听、说、读、写等方面均相对C层学生要求明显提高；至于A层学生的教学目标，正如表中所示，在B层和C层的基础之上还要着重培养语言的综合运用能力。

2. 表2为校本学案该单元导入课教案，将说明如何进行课堂教学目标的分层

根据大纲要求，高一上学期教学思路是：在教学过程中，让学生在参与语言实践的过程中逐步掌握语言知识和技能、提高语言实际运用的能力。如表2所示，第6单元"Cartoons

表 2　分层教学课堂教学目标案例

Unit 6　Cartoons and Comic Strips（Period 1 Lead-in）
Teaching Plan

I. Teaching Objectives

At the end of the period，the students are expected to：

1. Learn the definition，development and significance of cartoons and comic strips.
2. Develop the ability to describe a cartoon and identify its implied meaning.
3. Explore the fun of reading cartoons and comic strips and share it with others.

II. Teaching Focus & Difficult Points

How to find the important information needed while skimming.

III. Teaching Aids（Multimedia）

IV. Teaching Procedures

1. Lead in

（Ask students some questions about cartoons and comic strips to lead in today's lesson）

a. Sometimes we find it hard to put our feelings into words，so we are hunting for new means to express our feelings other than words. What are they?

b. Can you tell us your favorite cartoon character?

c. Why do you like it best?

2. Guess work

Ask students to guess the cartoon characters by showing them some cartoons.

3. Observe the cartoon from *Father and his Son* on page 80 and try to fill in the blanks.

4. Skim the text by reading the first and last sentences of each paragraph and finish the match.

5. Further exploration.（Besides the cartoon in paragraph C&D，explore more about cartoons and comic strips in five aspects：Birth，Difference，Development，Characters and Future）

The students may find the information in the particular paragraph discussed previously.

6. An interview（Work in pairs，suppose one is a school reporter，and the other is a cartoonist）

7. Homework

a. Textbook C1 & Workbook Ex. 1-2.

b. Introduce a favorite cartoon or comic strips and state reasons.

and Comic Strips”的语言和内容具备浓郁的时代气息，充满知识性、趣味性和实用性，符合高中学生的年龄特征。从整个教材体系来看，该单元文章充分体现了思想性原则，着力于提高学生的思想品德和道德素养。

根据大纲要求，课堂教学的目标设计应该充分考虑语言知识目标、语言技能目标和情感目标。按照校本学案设计，本节课作为导入课，其教学目标适合 A 层学生。首先，知识目标“learn the definition，development and significance of cartoons and comic strips”难度大。而技能目标明确为“describe a cartoon and identify its implied meaning”，这对于大多数学生而言是无法做到的，只有少数优秀学生才能在一节课的学习后达成这个目标。至于情感目标“explore the fun of reading cartoons and comic strips and share it with others”，不仅要求“发现”而且能够“分享”，分明需要开拓精神和创新意识。可见原先的教学目标设计适合 A 层学生。

对于 B 层和 C 层学生，需要重新设计教学目标。鉴于 C 层学生的基础薄弱，将本节课的教学目标调整为:语言知识目标——learn something about cartoons and comic strips;语言技能目标——develop the ability to read and speak;情感目标——show interest in reading cartoons and comic strips。

B层的教学目标要高于C层,但又低于A层。根据教学要求,B层的教学目标最后设定为:语言知识目标——learn the definition, development of cartoons and comic strips,相对于A层学生,省略了对"significance"的理解和判断,但明显高于对C层学生的要求;语言技能目标——develop the ability to talk about a cartoon;情感目标——have fun in reading cartoons and comic strips。

经过调整,C、B、A三个层次的教学目标如表3所示。

表3　三个层次的教学目标要求

教学目标	层　次		
	C	B	A
语言知识目标	learn something about cartoons and comic strips	learn the definition, development of cartoons and comic strips	learn the definition, development and significance of cartoons and comic strips
语言技能目标	develop the ability to read and speak	develop the ability to talk about a cartoon	describe a cartoon and identify its implied meaning
情感目标	show interest in reading cartoons and comic strips	have fun in reading cartoons and comic strips	explore the fun of reading cartoons and comic strips and share it with others

教案中重新设计的三个目标要求,分别对应走班分层三个层次的教学要求,满足了走班分层教学不同层级课堂教学目标区分的需求。

(二)教学过程分层

课堂是教学的主阵地。分层教学实施过程中,课堂活动分层是保障分层教学落实的重要步骤,分为教学活动分层和学生活动分层。

根据不同层次学生的英语水平,并结合青少年身心特点,教师设计并组织实施难度不同的课堂活动,让学生都能积极参与并乐在其中。基本要求是:让A层学生主动学习、勇于探索,B层学生勤于学习、不断收获,C层学生乐于参与、获得自信。

教学活动的分层要紧紧围绕教学目标的分层。下面以表2为例,就教学过程的分层进行说明。

Step 1:在Lead in环节,对于C层学生,教师先出示4幅卡通图和漫画,以及4个名称,让学生配对;对于B层学生则出示4幅卡通图和漫画,然后进行提问;对于A层学生使用完全不同的方式,出示4幅不完整的卡通图和漫画,要求学生进行"头脑风暴",回答作者及作品名称。

Step 2：Guess work 的目的是通过展示一些著名卡通人物的图片，进一步明确主题，进行文章部分内容的巧妙渗透。可爱幽默的卡通人物、色彩鲜艳的漫画图片能引起学生的共鸣，并进一步激发他们参与活动、进行学习的兴趣。在这一过程中，教师请 C 层学生讲出卡通人物的名称；为 B 层学生设置一些问题，引导学生思考；要求 A 层学生进行简要的归纳。

Step 3：Observe the cartoon from *Father and his Son*。C 层学生重在培养兴趣，B 层学生要发现乐趣，而 A 层学生要会欣赏、能分享。

Step 4：要求学生“Skim the text by reading the first and last sentences of each paragraph and finish the match”。这个做法的目的是贯彻教学技能的培养。C 层学生要学会跳读，在教师的带领下，通过完成与课文相关的填空练习，从而获得系统性的操练和巩固；B 层学生在教师的启发下，要进行归纳总结，确定主旨；A 层学生重在培养自学能力，结合学习 scanning 方法，使他们今后能够独立、有效地进行语言学习。

Step 5：思维、归纳。通过 further exploration，让学生进行整体思考，对过去得到的信息结合自己的思考进行再加工。这不仅是一种复习，更是一种再学习。学生通过思考得到收获，进而产生自信，并促进进一步学习。这部分内容 A 层学生独立完成，B 层学生在教师指导下完成，而 C 层学生可以在教师的帮助下完成。

Step 6：interview 实际上是将本节课所学知识进行梳理检查，以便了解学生的掌握状态。语言的掌握需要实践的检验和促进。C 层学生使用给定的内容开展作业，B 层的学生可获得 key words 提示，而 A 层学生则完全自主完成。

Step 7：作业布置。第一部分是书本练习，旨在对课文内容与相关词汇进行巩固与练习，供 C 层学生使用；第二部分是知识与能力的拓展，可要求 B 层学生“write an introduction to a favorite cartoon or comic strips”；而 A 层学生的作业是“write an introduction to a favorite cartoon or comic strips and state reasons”。

教学实施中，对于学生活动的安排也应该遵循分层教学的基本要求。

（三）作业分层

教学目标的差异必然导致作业内容的不同。适合 C 层学生基本要求的作业为一般基础题和补差题，适合 B 层学生的是基本题和巩固练习题，而针对 A 层学生的是综合能力提高题。作业的布置还应注意兼顾学生流动的倾向性和人才培养的意识，适度、适量包含高一层次、难度系数高的题目，并且为 A 层学生设计创新题材的作业。其宗旨就是，让 C 层学生消除英语学习情感障碍，B 层学生提高英语学习兴趣，A 层学生实现自我价值。作业分层设计案例见表 4。

表 4 是本单元的定语从句翻译作业。其中，1～4 题属于基础题，练习简单的关系代词 that、which、who，以及 whom。这 4 道句子既简单又常见，而且在所学课文中出现过。安排 C 层学生翻译前 4 句，可以使他们从学习中获得成就感，增强自信。B 层学生除了这 4 句外，还必须完成结构比较复杂（含 whose 和先行词是不定代词）的第 5 题和第 6 题的翻译，以便掌握重点知识。而 A 层学生必做的翻译作业 7、8 两题，检测关系代词 that 和 which 的特殊用法，难度系数较高，是综合能力运用题。

表 4 作业分层案例

汉译英 1. 这就是那位帮助我们的人。(who) 2. 你等的医生回来了。(whom) 3. 你找的书在我的桌上。(which) 4. 矗立在河边的建筑物是一所教堂。(that) 5. 你认识那个笔记本忘在这儿的人吗?(whose) 6. 我们所要做的就是每天操练。(that) 7. 他们谈到他们记得的一些人和事。(that) 8. 你看见那窗户都破了的房子吗?(which) **Keys:** 1. This is the man who helped us. 2. The doctor whom you are waiting for is back now. 3. The book which you are looking for is on my desk. 4. The building that stands on the bank is a church. 5. Do you know the man whose notebook is left here? 6. All that we have to do is to practise every day. 7. They talked of things and persons that they remembered. 8. Do you see the house of which the windows are all broken?

(四)评价分层

对于学生的评价,综合运用过程性评价和阶段性评价。运用过程性评价,在平时课堂教学过程中让学生感受进步点滴;加强阶段性评价,强调学习效果的显性作用。从C层学生到A层学生的评价依次从侧重过程性评价到侧重阶段性评价。

阶段性评价通常以试卷测试方式完成。通过试卷测试,及时反馈师生教学效果。试卷的难度系数设计根据教学内容确定,基础题占60%,提高题20%,综合题20%。原则上,要考虑到不同层次的教学要求,C层学生的试卷要让学生获得成就感并树立信心;B层学生的试卷要让学生进一步提高英语学习兴趣,体验学习与发展;而A层学生则可以通过考试,不断探究发现。

试卷分为A、B、C三种,每份试卷分必做题和附加题两个部分。C层学生的试卷就是基础试题,考查知识的直接运用。除了基本题外,设计附加题,由A、B层学生的部分基本题构成;B层学生的试题就是简单综合题或变式题,附加题部分源自A层学生的基本题。A层学生的试卷内容为综合题和探索性问题,附加题来自更高级别、难度更高的试题。

三、结语

英语分层教学的落实,关键在于形式与内容的一致。走班分层不过提供了一个平台,将学生根据成绩和目标分为不同的层级进行教学活动。坚持在此基础上,开展教学目标、教学内容、教学活动、作业以及评价机制的分层,才能真正地以人为本,践行因材施教,为高校培养各种层次的人才。

单元视角下的高中英语语法分层教学设计

——以上外版《普通高中英语(必修)第一册》Unit 3 Travel 为例

王群[1]，蒋宇红[2]

(1. 上海市民星中学；2. 上海师范大学)

《普通高中英语课程标准(2017 年版 2020 年修订)》(以下简称《课标》)在描述语法知识目标时,对学生掌握语法知识提出要求:“高中阶段英语语法知识的学习是义务教育阶段语法学习的延伸和继续,应在更加丰富的语境中通过各种英语学习和实践活动进一步巩固和恰当运用义务教育阶段所学的语法知识,学会在语境中理解和运用新的语法知识,进一步发展英语语法意识。”

根据《课标》的要求,在教学中,教师应重视在语境中呈现新的语法知识,在语境中指导学生观察所学语法项目的使用场合、表达形式、基本意义和语用功能,并通过课内外和信息化环境下的练习和活动,巩固所学语法知识,在语境中帮助学生学会运用语法知识理解和表达意义,引导学生不断加强准确、恰当、得体地使用语言形式的意识;在练习和活动的选择和设计上,教师应根据学生实际需求,围绕“形式—意义—使用”,采用和设计不同类型的学习实践活动,以既有层次又强调整合的多种教学活动来引导学生发展英语语法意识和能力。

上海市教育委员会教学研究室编撰的《上海市高级中学英语学科教学基本要求》指出:教学内容应分为三个层次,即基本要求、较高要求和高级要求。《课标》也明确要求,学业质量标准划分为三个水平,即必修课程、选择性必修课程和选修课程中的提高类课程。由此可见,推广英语分层教学活动并开展相应的教学实验研究已成为当务之急。

一、单元视角下语法分层教学设计的概念

语言总是在一定的情境中使用,如果学生能在相对完整真实的情境中接触和体验语言,那么他们就能够更好地理解语言的意义和用法,并更好地掌握语言形式。现行的高中英语新教材,均采用单元整体设计理念和主题引领思路,依托不同类型的语篇,有机融入核心语言知识和各种语言技能的学习,提升核心素养。

在新高考背景下,英语学科实施分层教学,教师针对不同层次的学生,按照语言学习的规律系统地设计教学。单元视角下实施分层教学,教师以教材为基础,在新课程标准的要求下,从整体视角充分考虑单元各部分的内在关联性,对教材内容进行分析、重组整合,统筹安

排，整体化设计并落实单元的分层教学目标、教学内容、教学过程和作业单元。整体教学模式强调单元教学目标的整体性和递进性、教学内容的循环性以及单元教学板块之间的关联性。

单元视角下的语法分层教学设计，是教师在整体处理单元分层教学的基础上，对语法教学内容进行分层设计，克服碎片化教学，提升课堂教学实效，落实英语学科核心素养，实现《课标》提出的工具性和人文性相结合的目标。

二、基于单元整体教学的语法分层教学设计

（一）明确单元主题，整合单元内容

单元是承载主题意义的一个最基本、最完整的单位，每个单元都围绕一个主题来编排。以上海外语教育出版社出版的《普通高中英语（必修）第一册》Unit 3 为例，本单元的主题语境为"人与自我"，主题群是"生活与学习"，话题是"旅行"。Reading A 介绍了意大利罗马的旅游景点、旅途见闻和人物感受等内容，Listening 和 Cultural Link 的语篇分别介绍了旅游活动的准备、旅行须知、旅游纪念品，以及中国古代名人徐霞客的旅行经历。Reading B 介绍了香农写的一封信——鼓励年轻人"趁着年轻，扬帆远航"，旨在启迪学生思维，引导学生独立思考、独自面对世界。语法学习内容是状语从句，这一部分内容延续了语篇话题，综合技能课讨论旅行计划，写作任务是叙述个人旅行经历。基于主题语境探究的渐进性需要，按照学生认识事物过程的先后顺序，首先从语法学习的角度对本单元的内容进行整合（见表 1）。

表 1　单元内容整合方案设计

课时（节数）	板块	语篇内容	整合方式
3	Getting started	A Roman Holiday	内容与语言融合：完整的语篇提供完善的语言知识的学习语境；通过文本阅读、词汇和语法学习，整体感知语法结构，提升思维的准确性
	Reading A（课文） Personal Touch Reading Comprehension		
	Vocabulary Focus		
	Grammar in Use		
1	Listening and Viewing	What people usually do before and while travelling	视听融合：通过视听，感知和比较语法现象

（续 表）

课时(节数)	板块	语篇内容	整合方式
1	Moving Forward	Describing a Travel Destination	说写融合：创设真实情境，与学生已有的知识和经验建立紧密联系；通过语用任务，学生根据语法规则，创造性进行交际，培养思维品质
1	Reading B Comprehension Plus	Travel Young, Travel Far	阅读与思辨融合：学生在语法学习的过程中，完成学习理解、应用实践和迁移创新系列活动
	Critical Thinking	Listing factors for a travel plan	
1	Further Exploration	Proposing a travel plan for a friend	探究与评估融合：通过探究，学生归纳概括语法规则，运用创造性思维来进行语言交际
	Self-assessment	Check, reflect and plan	

如表 1 所示，根据语篇内容和融合方式的设置，语法教学与 Reading A、Personal Touch、Reading Comprehension 及 Vocabulary 属于前三个课时教学内容。综合考虑教学需求，语法安排在本单元的第三课时，利于学生在主题语境中复习状语从句、掌握各类状语从句的用法，并正确使用状语从句。

（二）以主题语境为主线，制定分层教学目标

教学中，教师应明确单元主题，分析单元教学内容，探究单元课时之间的关联，并在此基础上制定阶梯性单元分层教学目标。教师可围绕单元主题，确立单元整体教学目标后予以分层。

本单元整体教学目标为：能描述旅行经历与感受；能比较各种文化对旅行的态度；能用思维图归纳单元内不同语篇的关键信息；能学会扫读获取所需要的信息；能自然地参与讨论，以及在写作中使用总结句。

根据单元整体教学目标，本单元课时教学目标按 A、B、C 分层设计，如表 2 所示。

（三）依托单元目标和课时目标，细化语法分层教学目标

单元整体目标下的语法分层教学，必须围绕单元主题展开，与前后课时内容衔接和融合（见表 3）。

表 2　课时教学目标分层

课时（节数）	课时内容	课时教学目标		
		A层	B层	C层
1	Getting started Reading A (课文) Personal Touch Reading Comprehension	能掌握游记类语篇的文体特征和要素，理解和赏析语篇中包含的文化元素；能把握语篇为传递意义而选用的主要词汇和语法结构；能深刻感知并理解语言所表达的意义和语篇所承载的文化价值取向；感悟中华文明，坚定文化自信	能掌握游记类语篇的文体特征和要素，理解和欣赏语篇中包含的文化元素；能理解语篇为传递意义而选用的主要词汇和语法结构；能感知并理解语言所表达的意义和语篇所承载的文化价值取向	能掌握游记类语篇的文体特征和要素，发现并理解语篇中包含的文化元素；能识别语篇为传递意义而选用的主要词汇和语法结构；能感知语言所表达的意义和语篇所承载的文化价值取向
1	Vocabulary Focus	能在语境中深度学习和有效运用课文核心词汇表达与旅游主题相关的内容	能在语境中学习和恰当运用课文核心词汇表达与旅游主题相关的内容	能在语境中学习和运用课文核心词汇表达与旅游主题相关的内容
1	Grammar in Use	能了解完整语篇中状语从句的形式、用法和意义；识别状语从句并理解其表达意义；根据表达的需要熟练运用状语从句；通过学习理解，完善新的知识结构	能了解完整语篇中状语从句的形式、用法和意义；识别状语从句并理解其表达意义；根据表达的需要恰当运用状语从句；能通过学习理解，形成新的知识结构	能了解完整语篇中状语从句的形式、用法和意义；能识别状语从句并理解其表达意义；能根据表达的需要运用状语从句
1	Listening and Viewing	能理解对话语篇和视频所传递的情景语境和信息，了解旅途各种场景，并理解旅行的意义，引发思考；能自主实现对语言知识和文化知识的内化，提升学习能力	能理解对话语篇和视频所传递的情景语境和信息，了解旅途各种场景，并理解旅行的意义，引发思考；能实现对语言知识和文化知识的内化，提升学习能力	能理解对话语篇和视频所传递的情景语境和信息，了解旅途各种场景，并理解旅行的意义，引发思考；能基本实现对语言知识和文化知识的内化，提升学习能力
1	Moving Forward	能围绕个人旅行经历，运用语法结构流畅写出100～120字的语段；能熟练地在书面表达中运用"总结句"；能自主完成迁移创新活动	能围绕个人旅行经历，运用语法结构有条理地写出80～100字的语段；能恰当地在书面表达中运用"总结句"；能在教师的引导下，完成迁移创新活动	能围绕个人旅行经历，运用语法结构简要写出60～80字的语段；能在书面表达中运用"总结句"；能在教师的指导下，完成迁移创新活动

（续　表）

课时（节数）	课时内容	课时教学目标		
		A层	B层	C层
1	Reading B Comprehension Plus Critical Thinking	能熟练运用专栏书信的文体特征；能熟练掌握与“期许、追逐梦想”有关的词汇语义网所体现的语言特征；能发现并分析比较语篇中包含的文化元素；能培养文化意识，并有效形成批判与评价的核心素养	能掌握专栏书信的文体特征；能掌握与“期许、追逐梦想”有关的词汇语义网所体现的语言特征；能发现并比较语篇中包含的文化元素；能培养文化意识，并有效促进批判与评价的核心素养	能识别专栏书信的文体特征；能理解与“期许、追逐梦想”有关的词汇语义网所体现的语言特征；能发现并理解语篇中包含的文化元素；能培养文化意识，并促进批判与评价的核心素养
1	Further Exploration Self-assessment	能通过探究性学习制订旅行计划，合理归纳信息并有效组织小组活动；通过核查和反思确认单元目标达成情况，通过计划和调控，有序开展合作学习，提升自主学习能力、提高学习效果；能综合运用语法技能，习惯多元思维，熟练表达观点、情感和态度，体现正确的价值观，实现深度学习，有效促进能力向素养的转化	能通过探究性学习制订旅行计划，合理归纳信息并有序组织小组活动；通过核查和反思确认单元目标达成情况，通过计划和调控，开展合作学习，提升自主学习能力、提高学习效果；能综合运用语法技能，进行多元思维，理性表达观点、情感和态度，体现正确的价值观，实现深度学习，积极促进能力向素养的转化	能通过探究性学习制订旅行计划，合理归纳信息并组织小组活动；通过核查和反思确认单元目标达成情况，通过计划和调控，培养自主学习能力和合作学习意识，提高学习效果；能综合运用语法技能，培养多元思维，表达观点、情感和态度，体现正确的价值观，实现深度学习，促进能力向素养的转化

表 3　语法教学目标与活动分层设计

语法教学目标			语法教学活动		
A层	B层	C层	A层	B层	C层
熟练识辨状语从句	正确识辨状语从句	识辨状语从句	根据对语篇内容的提问，回答并导出6种状语从句；熟练识辨状语从句句型	根据对语篇内容的提问，回答并导出6种状语从句；正确识辨状语从句句型	根据对语篇内容的提问，回答并导出6种状语从句；识辨状语从句句型
夯实状语从句的知识构建	进一步完善状语从句的知识构建	完善状语从句的知识构建	通过Match活动，引出9种状语从句，熟练识辨不同的状语从句类型和句型	通过Match活动，引出9种状语从句，正确识辨不同的状语从句类型和句型	通过Match活动，引出9种状语从句，基本识辨不同的状语从句类型和句型

（续 表）

语法教学目标			语法教学活动		
A层	B层	C层	A层	B层	C层
策略性巩固状语从句知识	引导性巩固状语从句知识	指导性巩固状语从句知识	小结状语从句，寻找便于理解和记忆的口诀	小结状语从句，引导便于理解和记忆的口诀	小结状语从句，指导便于理解和记忆的口诀
熟练识辨、理解并甄别状语从句的表达运用	准确识辨、理解并甄别状语从句的表达运用	识辨、理解并甄别状语从句的表达运用	熟练改正错误的状语从句结构	准确改正错误的状语从句结构	改正错误的状语从句结构
根据表达的需要，恰当运用状语从句	根据表达的需要，准确运用状语从句	根据表达的需要，运用状语从句	熟练完成状语从句的翻译	准确完成状语从句的翻译	完成状语从句的翻译
根据表达的需要，恰当运用状语从句	根据表达的需要，准确运用状语从句	根据表达的需要，运用状语从句	回应主题，运用状语从句熟练进行小组讨论，全班展示并点评	回应主题，运用状语从句进行小组讨论，全班展示	回应主题，运用状语从句进行小组讨论

（四）基于语法分层教学目标，设计分层学习任务链

基于单元视角下的英语分层语法教学，必须通过听、说、读、写、看等各种活动来全面展开。将语法知识运用到真实的情境之中，不但利于学生对语法知识的理解和掌握，而且还有利于其学科核心素养的培养。将A层、B层、C层学生，都置于形式相同的学习任务链中，实施不同的任务内容。学生在语法学习的过程中，体验学习理解、应用实践、迁移创新，语言运用能力得到了不同程度的提高，思维品格也获得了相应的提升。

下面以A层学生为例，诠释学生分层学习任务链的设计方案。

表4　A层学生学习任务链

Activity	Description	Purpose	Relevance to Core Competence
Activity 1 Locate and recall （应用实践类）	Step 1：The teacher asks the students some questions regarding Reading A in this unit Step 2：The students answer the questions and locate the sentences in the reading Step 3：The students recall different kinds of adverbial clauses learned before	To introduce six kinds of adverbial clause（time, condition, result, reason, concession and purpose）	Language competence： To speak and identify Logical thinking： To compare and judge

（续 表）

Activity	Description	Purpose	Relevance to Core Competence
Activity 2 Compare and discuss (学习理解类)	Step 1：The students match the part in column A with that in column B Step 2：The teacher explains the clues and the rule	To guide the students to learn and use the 9 types of adverbial clauses	Language competence： To read and notice the differences Logical thinking： To spot patterns and notice differences
Activity 3 Read and summarize (学习理解类)	Step 1：Students observe the features in Activity 1 and 2，concluding the relevant rules Step 2：The teacher explains the key points	To guide students to discover the nature of adverbial clause by providing materials for reference	Language competence： To read and acknowledge Logical thinking： To spot patterns and notice differences；to summarize the rules
Activity 4 Correct mistakes (应用实践类)	Step 1：The students correct the mistakes by using proper conjunctions or structures for adverbial clauses Step 2：The teacher explains the principle	To encourage students to analyse and find out the mistakes of adverbial clauses	Language competence： To read and judge Logical thinking： To analyse；to build up and consolidate the concept
Activity 5 Complete the sentences (应用实践类)	The students complete the translation according to the given information	To encourage students to apply what they have learned into practice	Language competence： To use correctly the grammatical rules for adverbial clauses Logical thinking： To build logical structures of sentences
Activity 6 Give an presentation on "An unforgettable trip" (迁移创新型)	Step 1：Students work in groups and prepare for the presentation based on the given situation Step 2：Representatives from groups give the presentation Step 3：Students make comments on the best presentation	To encourage students to apply the knowledge learned in a communicative task To enable students to connect with the theme of the unit	Language competence： To exchange ideas and present ideas orally Logical thinking： To organize ideas Learning strategy： To work comparatively

如表 4 所示，A 层学生的 6 个语法教学活动均围绕课时目标展开。活动 1 让学生根据基于语篇提出的问题，引出六类状语从句，并进行回忆和识别，旨在复习和激活已学的语法知识。活动 2 让学生根据逻辑通过匹配，梳理九种状语从句之间的特征，旨在建立新旧知识

间的关联，培养认知策略。活动 3 让学生根据状语从句的特征展开联想记忆，完善知识架构。活动 4 让学生通过改错，在情境中巩固操练各种状语从句的用法。活动 5 通过翻译，提高学生的语法语用意识和独立思考能力。活动 6 让学生使用状语从句描述旅行经历，其主题与语法语篇的主题保持一致，既促进了语言知识的内化，又加深了对语篇主题的思考和理解。较为真实的任务促使学生运用语言再创造，并实现了深度学习。

（五）运用语法评价方式，细化分层学习活动内容

句法知识的理解、掌握和运用往往在听、说、读、看、写中进行评价。通常可采用选择、填空、补全句子、翻译等形式直接检测对句法功能、语句的词序规律及意思的把握。与此同时，句法的评价也可以在听、说、读、看、写活动中进行间接检测。在教学过程中，A、B、C 层学生的评价对应不同的标准，因此，学生的活动也应该分层次展开。

下列六项活动中，Activity 1～3 属于基本学习内容，所有层次学生都必须参与并完成。Activity 4～6 存在一些差异，以满足不同的分层教学需求。

Activity 1

Students' worksheet

Directions: Please answer the following questions and identify adverbial clauses.

1. When did Eleanor see plenty of famous sculptures?
2. How did she like the Sistine Chapel ceiling?
3. Why has Eleanor been very lucky this year?
4. Is there a large offering of food for tourists in Rome? How about them?
5. What did Eleanor do to taste the popular meals of the region?
6. Will Eleanor visit new places afterwards? Which kind of city will she go to?

Reference answers:

1. When she walked around the museum in Vatican City, She saw plenty of famous sculptures. (time)
2. It was so breathtaking that she couldn't tear her eyes away from it. (result)
3. She has been so lucky this year because she also visited Amsterdam in the summer.
4. Yes. In Rome, there is a large offering of food for tourists, but some of it is poor in quality. (Yes. Although/though/even though there is a large offering of food for tourists, some of it is poor in quality.) (concession)
5. She made an effort to find some restaurants so that / in order that she could taste the popular meals of the region. (purpose)
6. Yes. She will go to capital cities if she visits new places afterwards. (condition)

活动 1 是间接检测，即在语篇阅读中分析句子成分和修辞功能，获取文本信息。

Activity 2

Students' worksheet

Directions：Match the part in column A with that in column B.

Column A	Column B
A. It will be long	1. so that she could taste the popular meals of the region.
B. She made an effort to find some restaurants	2. if she visits new places afterwards.
C. She will go to capital cities	3. before we see famous sculptures.
D. Where there are beautiful beaches	4. some of it isn't very good in quality.
E. He talked about Rome	5. because she also visited Amsterdam in the summer.
F. Although there is a large offering of food for tourists	6. that she couldn't tear her eyes away from it.
G. It was so breathtaking	7. as if he had been there before.
H. The town is now as attractive	8. there are tourists.
I. She has been very lucky this year	9. as it used to be.

Reference answers：

1. B　2. C　3. A　4. F　5. I　6. G　7. E　8. D　9. H

活动 2 是补全句子练习，可直接检测学生对句法功能的把握。

Activity 3

Students' worksheet

Directions：Try to summarize the types of adverbial clause.

	________,	________,	________		________
Adverbial Clause of	________,	________,	________	口诀：	________
	________,	________,	________		________

Reference answers:

	condition, reason, time,		调(条)原时
Adverbial Clause of concession,	place, manner	口诀：	让　地　方
	comparison, result, purpose		比节(结)目

活动 3 是通过归纳总结直接检测学生对状语从句功能的掌握，同时又是学习方法和学习策略引导。

Activity 4

Students' worksheet

Directions: Correct the mistakes in the following sentences.

1. We walked for about an hour when we found a restaurant in the country.

____

2. On a winter afternoon, we walked along the Suzhou River because a cold wind was blowing.

____

3. Because you walk in the countryside of Britain, you'll spot piles of stones along the road from time to time.

____

4. I have been very lucky this year when I also visited Amsterdam in the summer.

____

5. The ruins of buildings and temples are so fascinating if people can't quite believe how old they are.

____

6. I planned to spend three busy days in the Italian capital though I could see lots of tourist attractions.

____

7. If you believe it or not, the Rome Forum was the site of the city's most important public building for centuries.

____

8. No sooner had we got to Rome then it began to rain.

____

9. We didn't stay in the Coliseum until the street lights turned on

____

10. As old it is in Vatican City, the Sistine Chapel attracts more than 5 million tourists every year.

____

Reference answers：

(1) when → before (2) because → though (3) Because → If (4) when → because (5) if → that (6) though → so that / in order that (7) If → Whether (8) then → than (9) stay in → leave (10) As old → Old as

活动 4 属于间接检测方式，即通过阅读获取的信息，正确分析和判断句子结构和修辞功能。C 层学生完成 1～6 题，B 层学生在 C 层作业的基础上增加 7、8 两题，而 A 层则还须完成 9、10 两题。1～6 题明显为状语从句中不同范畴常规连词的识别与判断；7、8 两题增加了难度，需要对同一范畴的连词进行辨析，以及对复杂连词的搭配进行甄别；9、10 两题是提高题，不但须熟悉从句的倒装结构，而且须注意瞬间动词和状态动词与 until 搭配的不同方式。

Activity 5

Students' worksheet

Directions：Fill in the blanks according to the given information.

1. ______________________________(如果你想品尝番茄洋葱培根意面)，you can go to Rome.
2. I studied the masterpieces of the Renaissance period ____________________(以便将来在现实中亲眼目睹).
3. ______________________________(当我在罗马旅游的时候)I bought some presents for my family and friends.
4. ______________________________(因为我喜欢那个城市)，I walked down streets and saw lots of tourist attractions there.
5. The capital of Italy is so beautiful ______________________________(有许多历史悠久的文化遗迹).
6. ______________________________(虽然建造于十六世纪)，the Sistine Chapel ceiling is still so breathtaking.
7. The longer you visit the relic，______________________________(你就越感动).
8. ______________________________(哪里有意大利饭店)，there is pasta with tomatoes，onions and bacon.
9. The ruins of buildings and temples ______________________________(一如既往屹立在罗马).（注意使用 way）
10. ______________________________(那幅米开朗琪罗的杰作美得夺人心魄) that people couldn't tear their eyes from it.（注意使用 So）

Reference answers:

1. If you want to taste pasta with tomatoes, onions and bacon 2. so that/in order that I could see them with my own eyes in real life 3. When I was travelling in Rome 4. Because I liked that city 5. that it is full of wonderful relics from its distant past 6. Although it was built in the sixteenth century 7. the more touched you will feel 8. Where there is an Italian restaurant 9. stand in Rome the way they used to 10. So breathtaking was the masterpiece by Michelangelo

活动 5 是翻译活动，可以直接检测学生对状语从句功能、语句的词序规律及意思的把握。

根据分层设计，C 层学生解答 1～6 题，B 层学生解答 3～8 题，A 层学生解答 5～10 题。其中 7、8 两题是较为特殊的状语从句结构，需要学生“恰当地理解和使用语法结构”，而 9、10 两题属于使用指定词完成翻译，需要学生“熟练地运用所学的语法知识”，尤其第 10 题指定使用 So，因其首字母大写所以必须使用在句首从而形成倒装。由此可见，A 层学生只有经过深度学习才能正确完成如此有难度的任务。

Activity 6

Students' worksheet

Directions: Think and share "an unforgettable trip" with your peers.

	A-level	B-level	C-level
Requirements	Use at least 5 kinds of adverbial clause	Use at least 4 kinds of adverbial clause	Use at least 3 kinds of adverbial clause
	Cover at least 3 aspects of a place	Cover at least 3 aspects of a place	Cover at least 3 aspects of a place
	Use as many as words and phrases learned before	Use as many as words and phrases learned before	Use as many as words and phrases learned before
	Use 100～120 words	Use 80～100 words	Use 60～80 words

A reference answer for A-level students：

Last summer I spent 1 day in Beijing with my parents. When we walked on the Tiananmen Square early on the morning of that day, we happened to see the national flag being raised in the sun. Then we hurried to the Forbidden City in order that we could enjoy vast masterpieces of ancient time. That afternoon we were so carried away in it that all of us forgot the time. Although we felt tired out at dusk, we went to Tongluo Lane for fascinating street snacks. We bought some presents in our price range for our friends before we went back to Shanghai the next morning. It's obvious that people like Beijing best because it's full of breathtaking relics from its distant past.

活动 6 属于间接检测方式。学生通过口头或在书面表达中合理运用不同种类和类型的状语从句，表达思想。其中，就状语从句的数量以及表达内容的长度为三个层次学生设计了不同的方案，以满足分层教学的需求。

综上所述，6 个学习活动中，句法的评价通过 3 个直接检测、3 个间接检测而完成，学习活动得到了较为全面、科学的细化。结合分层教学的需要，后三个活动都有针对性地作出了相应的调整，以确保分层教学目标的达成。

如果在课后按照分层的要求再布置一项切合主题语境的作业，比如，"Suppose you are a tour guide working in Rome and now you introduce the capital city to your tourists. Write your introduction with about six adverbial clauses"，本单元的分层语法教学效度将会得到进一步的保障。

三、结语

《课标》所倡导的英语语法教学观是以语言运用为导向的"形式—意义—使用"三维动态语法观。在语言运用中，语音、词汇语法、语篇和语用知识总是交织在一起，成为语篇意义建构的最重要基础。语法参与传递语篇的基本意义，语法形式的选择取决于具体语境中所表达的语用意义。单元视角下的英语语法分层教学设计，契合因材施教的教育理念，为语法教学提供了真实、连续、统一的主题语境，有利于各个层面的学生习得语法知识，掌握语法的表意功能，深化对主题的认知，全面提升核心素养。

数学对高中物理力学教学的影响研究

数学和物理学这两门学科从来都是密切相关的，数学一直被认为是物理学的基本工具，而物理学也被认为是数学中的灵感来源。但在高中物理教学中，我们遗憾地发现物理学与数学脱节，甚至出现了为了避免数学计算而割裂物理学内在逻辑的现象，导致高中物理学习的知识点不连贯、因果关系不清，进而影响了学生逻辑思维能力的培养，部分学生已习惯于简单接受事实而不思考其中逻辑关系。UGS 联合研究实践课题“数学对高中物理力学教学的影响研究”，从迁移视角、概念和规律教学以及数学基础对力学教学的影响三方面探讨研究了数学对物理学习的重要影响，并提出了一些教学实践上的思考。

数学对高中物理力学教学的影响研究概述

王雅卓[1]，涂泓[2]

（1. 首都师范大学附属育新学校；2. 上海师范大学）

一、研究背景

（一）物理学和数学的历史渊源

物理学的发展历史表明，数学是物理学发展不可缺少的研究工具，常被称为物理学家最重要的语言。数学不仅为物理学的研究提供了简明、精确的科学通用语言，大大简化、纯化并且加速了人们的思维过程，而且还为物理学提供了定量的计算方法，使物理学得以从定性分析的科学发展成为定量分析的精密科学。可以说，离开了数学方法，就不会有真正意义上的物理学。数学和物理学的关系极其密切，并已延续了许多世纪。数学的大部分内容，包括微积分在内，基本上是与物理力学相联系而发展的。

数学和物理学从不同的角度来研究实际事物，且相互促进。最早对数学研究对象进行哲学概括的是古希腊哲学家亚里士多德。他认为，数学家在开始研究之前，先剥去事物的可感的质，而留下量性和连续性，这就从总体上肯定数学的研究对象是事物的量而不是事物的质。恩格斯进一步概括为"纯数学的研究对象是现实世界的空间形式和数量关系"。物理学的研究对象则是自然界的物质形态在不同层次上的结构特征和自然界各种不同形式的运动以及它们之间相互转换的规律，同其他自然科学相比，它研究的对象是具体事物的质。它们的根本区别在于物理学利用实证探寻自然世界的一致性，而数学通过逻辑演绎的方法在自然界内在的系统中寻找一致性。

所以说，数学促进了物理学的发展，却又与之不同。

（二）课标要求

2014 年初，教育部在《关于全面深化课程改革落实立德树人根本任务的意见》中首次提出了"核心素养"的概念。将核心素养落实到物理教学中，就要求物理教学打破学科壁垒，以开放的视角与其他学科相融合，互相联系、协调合作，一起发挥作用。物理和数学作为联系紧密的两个学科，在教学过程中彼此交流融合，是发展学生核心素养的一条重要途径。核心素养下各学科融合的必然趋势，为物理学科的发展提供了一条改革创新的新思路。

物理课标明确要求“在使学生掌握基础知识的同时，应关注物理学与数学之间的联系，重视培养学生应用数学知识处理物理问题的能力，发挥数学工具在物理学发展过程中的作用”。运用数学处理物理问题的能力，在中学阶段主要指两个方面。一是从物理现象与物理过程出发，经过概括、抽象、综合分析，把物理问题转化为数学问题。许多的物理概念、定律可以用简洁的数学语言（物理公式、物理图像）来表达，用物理公式或物理图像处理物理问题，是物理解题的主要方法。要能很好地把物理问题转化为数学问题，对于物理公式、物理图像必须理解它们的物理意义，能够将物理条件用数学表达式表达出来，能运用图表、函数图像进行表达和分析。二是综合运用数学知识进行有关的计算。中学阶段要用到初等数学基本运算和列方程、恒等变换等数学知识，还常用到一些数学概念和方法，如比例、三角函数、几何、不等式、极值、直角坐标图像、数列等。

数学作为研究物理学的一种重要语言和工具，不仅为物理学提供了描述物理概念和规律的语言和表达式，而且为分析和解决具体物理问题提供了计算工具。

（三）考纲要求

高考逐步把对能力的考核放在首要位置，从知识立意转为能力立意，要通过考核知识及其运用来鉴别考生能力的高低。再从考纲来看，高考物理中一共考查学生五种能力：理解能力、情境想象和推理能力、分析综合能力、应用数学处理物理问题的能力及实验能力。

近几年的考纲中，高考能力要求只有一处发生变化，即“应用数学处理物理问题的能力”内容要求中“必要时能运用几何图形、函数图像进行表达、分析”删去了“必要时”。这说明，应用数学处理物理问题的能力越来越被重视，能力要求有所提高。

（四）现实需求

对青少年来说，中学阶段是掌握物理学中的数学方法的重要时期。物理教育把培养学生“运用数学处理物理问题的能力”列为一项重要任务。在学生学习物理的每个重要阶段，包括处理与分析物理实验数据、建立物理概念、描述物理规律以及解决物理问题，都需要以数学知识作为研究的工具和表达的语言，需要运用数学思想和数学推理方法进行推理分析。然而，由于在分科体系下数理之间缺少相互协作，在实际物理教育实践中，存在着数学基础不足和数学知识运用困难的现象。例如，在学习高一力学部分的加速度时，需要用到斜率的知识，而数学中学习斜率则是在高一下学期进行的；函数与方程虽然是学生已经学习过的数学知识，但运用于物理时，很多学生还是习惯直接代入数据，并不能很好地运用数学思想。由此反映了数学知识在内容的衔接性以及运用的流畅性方面对物理学习的支持存在不足，数理间的协调状况并不令人乐观。所以研究数学对物理的影响，可以更好地指导教师在物理教学中对数学的把控，优化课堂教学，使数学物理协调一致，促进学生更好地发展。

二、相关研究现状

国外中学阶段开设有综合科学课程，许多专著和文献中都有关于数学思想方法的论述，并且重点阐述了数学思想方法对自然科学的重要作用。在国内，数学对物理学习的影响可以按照学习的阶段划分为初中阶段、高中阶段和大学以上阶段。初中物理的学科内容主要是介绍一些生活中常见的、较为典型的物理现象，以定性分析为主，只有少部分简单的数值运算、图像意义识别和方程求解问题。大学以上阶段，无论是国内或是国外，对数学与物理学关系的研究已经发展到较为成熟的阶段，数学与物理学联系紧密已经成为国内外学者的共识。

关于在高中阶段数学对物理学习的影响这一课题已经受到了物理教育工作者的关注。在知网，以“数学对高中物理的影响”为主题进行检索，剔除无关文献，共找到 26 篇关于“数学对高中物理的影响”的学位论文，这些论文的研究内容主要集中在以下几个方面。

1. 高中物理和数学的相关性研究及渗透性研究

陈雨田①依据唯物辩证法的联系理论、认知心理学的构建观理论和教学心理学的迁移理论，结合高中教材、课程标准、高考考纲作出分析，用教育测量的科学方法抽样随州市近三年高一、高二、高三年级四万余人次的统考成绩进行科学分析，作为数据实证，揭示了物理和数学的相关性。

尹知松②认为数学学习和物理学习的影响是相互正相关，说明数理匹配和渗透的可能性和必要性，并且论述了学好物理学科对数学学科能力的提升和物理事实与规律对数学知识的铺垫，从而说明物理知识对数学学科的渗透方法。

袁丽③通过对物理课程中数学运用情况的宏观调查和数学运用困难原因的微观剖析，层层深入地研究了数学知识对物理课程的支持问题。数学运用困难的主要原因在于物理情形与数学情形的差异，物理学习中的数学运用除了要求有新的构建过程外，真正影响物理学习的，主要是数学知识在本质问题解决中的运用困难，这与数学和物理学与生俱来的差异有关。物理课程中应该着重培养学生将抽象数学语言和物理本质相结合的能力，提高学生运用数学方法解决物理问题的素养。

王学文④得出数学成绩与物理成绩的相关系数并不是一个确定的值，两者间的相关系数图像近似为“U 形”；且与其他学科相比，两者之间并不存在特殊相关性的结论。同时发现高中数学知识存在严重的滞后性，教学过程中数学课程和物理课程结合情况并不很好，导致数学知识对物理学习产生负迁移的现象。

黄金萍⑤通过对数学学科和物理学科的关系的分析，并辅以理论论证和 SPSS 统计数据

---

① 陈雨田. 高中生的物理学习与数学学习相关性研究[D]. 武汉：华中师范大学，2006.
② 尹知松. 高中数学和物理相互渗透的可行性研究[D]. 苏州：苏州大学，2012.
③ 袁丽. 中学物理课程中数学知识的支持性研究[D]. 重庆：西南大学，2009.
④ 王学文. 数学知识在高中物理中的支持作用研究[D]. 济南：山东师范大学，2018.
⑤ 黄金萍. 数学与高中物理教学结合的内容与方法的研究[D]. 上海：上海师范大学，2C0[illegible].

分析，明确数学思想方法是解决物理问题的一个很重要的工具。

2. 数学知识对高中物理学习的调查研究

王静[6]指出高中学生在学习物理时存在数学知识滞后，缺乏将数学知识迁移到物理情境中解决物理问题的意识与能力，学生本身数学基础不足，造成了学习物理困难等现象，并针对此现象设计学生问卷及教师访谈，提出了一系列解决措施。

柯佼[7]得出高中物理中应用最多的数学知识是矢量、方程(组)、三角函数这三个模块，其次是函数、平面几何、解析几何这三个模块；最难的是函数、导数与积分、解析几何、方程(组)这四个模块，其次是平面几何、三角函数这两个模块。为了突破这一难题，以专题模块形式对几大模块进行整理。每一个模块总结了涉及的核心数学知识点，并针对学生在物理学习中的重难点问题以典型问题或例题的形式进行说明。

刘汉桐[8]得出数学影响高中物理学习的主要原因是锐角三角函数、解直三角形等数学知识基础不足，三角函数、解三角形、正余弦定理等数学知识滞后，以及学生物理学习过程中一次函数图像、二次函数图像、正余弦函数图像周期性等数学知识运用能力较弱。

褚衍宽[9]通过问卷调查，了解了数学对高中生学习物理的影响现状、学生学习物理时遇到的困难，以及学习物理的想法和建议。

3. 数学方法对高中物理学习的调查研究

孙航[10]基于学习迁移理论、建构主义理论以及高中生的认知思想发展特点，对数学方法在高一力学中的学情进行了研究分析，得出结论：大多数学生认同物理学与数学之间存在密切的联系，但是在利用数学解决物理问题的意识和能力均不够；教师在实际教学中有诸多的限制，无法花大量课时讲授数学相关方法知识，所以在实际教学过程中，加强培养学生用数学方法解决物理问题的能力更重要。

康亦馨[11]系统地分析了高中阶段的物理学中需要应用数学核心素养的部分，并通过分析全国高考新课标物理考试大纲和近五年高考题中应用数学知识的部分，总结出高中阶段在物理学习中影响较大、应用较广泛的数学知识。

吴馨远[12]提到数学思维对学生的物理学习产生负迁移的现象确实存在，数学教材与物理教材对于数学应用的表述不同，与学生在物理学习中产生的负迁移有关，数学思维对物理学习产生的负迁移主要体现在整式与方程、函数关系、解题技巧和有理数的意义等方面。

张慧慧[13]概括出物理教学中常用的五种数学思想方法：函数与方程思想方法、数形结合思想方法、划归思想方法、分类讨论思维方法和极限思想方法，其中函数与方程思维方法、数

---

⑥ 王静. 数学知识对高中物理学习影响研究[D]. 伊犁：伊犁师范大学，2021.
⑦ 柯佼. 高中生应用数学知识解决物理问题的研究[D]. 武汉：华中师范大学，2020.
⑧ 刘汉桐. 数学知识对高中物理学习影响的调查及对策研究[D]. 延吉：延边大学，2019.
⑨ 褚衍宽. 数学知识的掌握对高中物理教学效果的影响研究[D]. 济南：山东师范大学，2019.
⑩ 孙航. 数学方法在高一力学中的学情分析和教学策略研究[D]. 青岛：青岛大学，2022.
⑪ 康亦馨. 数学核心素养对高中生物理学习影响的调查研究[D]. 洛阳：洛阳师范学院，2022.
⑫ 吴馨远. 数学思维在物理学习中负迁移现象的调查研究[D]. 上海：华东师范大学，2022.
⑬ 张慧慧. 高中物理教学中的数学思想方法研究[D]. 武汉：华中师范大学，2021.

形结合思想方法在高中物理中应用频率最高，划归思想方法次之，极限法和分类讨论法在高中物理中应用相对较少，但在难题突破中有重要作用。

宋帅颖⑭通过对高一学生进行问卷调查和诊断性测验，发现学生在物理学习过程中存在缺乏数学应用能力和应用意识不足等问题；随后又以访谈的形式对教师展开调查，发现教师在教学过程中缺乏对学生数学基础的了解，缺乏对数学方法的重视和对学生数学应用能力的培养。最后，就教师层面和学生层面所存在的问题结合已有研究和自身经验提出了相应的应对策略。

4. 数学对高中物理的影响所引起的实践研究

王小娅⑮指出大部分学生认为数学学习对物理学习有影响，多数的学生认为自己运用数学知识解决物理问题的能力一般，只有少部分学生认为自己运用数学知识解决物理问题的能力强。数学应用能力的强弱和物理成绩相关性显著。大部分学生认为数学知识对物理习题的解题思路和解题方法的形成起到了一定的帮助作用。对高中学生在解决物理问题时经常用到的数学方法进行统计。发现，在高中物理学习的不同阶段，学生用得最多的数学方法大致都是特定的几种，有极强的规律性。在初中和高中物理的衔接上，大部分学生表示对高中物理学习上量化计算的突然增多不能很快适应。

赵慧⑯从知识内容、学业成绩、教学实践三个方面探索数学对高中物理学习的影响，总结数学对高中物理学习的具体影响，诊断数学内容在高中物理学习中的应用情况，并且在研究结果的基础上探寻数学促进高中物理学习的策略。

赵文萍⑰提出学生对数学知识和方法解决高中物理问题的认识和教师预期的基本吻合。在实践研究完成后测试，发现物理教师对数学知识应用有意识地强化，学生加强了对数学知识在物理中的应用能力，提高了学习物理的兴趣，物理成绩有了明显的提升。

刘统波⑱表明学生普遍认为数学对物理很重要，却很少主动学习和总结物理中常用的数学知识及方法。学生运用数学知识解决物理问题能力不足，部分学生在学习物理时受到数学能力不足的制约，教师对教学中涉及数学知识和方法的处理也有待优化。学生运用数学困难的原因主要有数学基础差、部分高中数学知识学习滞后、学生对数学和物理关系认识不足。

成洁⑲统计了江西某两所中学高中的普通班、重点班、奥赛班学生的物理与数学成绩，并对其进行相关性统计分析，得到了数学成绩与物理成绩成正相关的结论。利用诊断性测验诊断数学内容在高中物理中对学生解题环节的影响，得出高中物理中常见的数学知识部分内容在高中物理中的应用情况并不乐观。学生难以运用数学知识解决物理问题是因为对物理中常用的数学知识没有清晰的掌握，如向量、一次函数、二次函数、三角函数、微元法、几何法等。利用诊断性测验诊断数学内容在高中物理中对学生解题环节的应用发现，在高中物理中运用数学解决问题具有一定负迁移。

---

⑭ 宋帅颖. 数学方法在高一物理教学中的应用研究[D]. 郑州：河南大学，2019.

⑮ 王小娅. 数学对高中物理学习影响的调查研究[D]. 贵阳：贵州师范大学，2008.

⑯ 赵慧. 数学对高中物理学习影响的研究[D]. 西安：陕西师范大学，2017.

⑰ 赵文萍. 培养高中生运用数学知识解决物理问题能力的实践[D]. 呼和浩特：内蒙古师范大学，2013.

⑱ 刘统波. 数学方法应用于高中物理教学实践研究[D]. 西安：陕西师范大学，2020.

⑲ 成洁. 高中物理教学中数学内容对学生物理成绩提升的对策研究[D]. 重庆：西南大学.

三、研究的主要内容、重点及难点

数学与物理学都是研究自然规律的科学，但其关注的角度不同，数学关注事物的量与空间形式，而物理学则关注事物的质与运动变化。质与量的统一性决定了数学与物理学的依存性。高中物理力学部分作为高中物理的起始内容，对整个高中阶段的学习起着重要的作用，所以本文将数学与物理学的关系聚焦于高中力学教学，并且基于迁移理论，将数学对力学教学的影响分为正迁移效应和负迁移效应，力求全面了解数学知识和思想方法对高中物理力学教学的影响。

本文进行了系统的理论研究和实践研究。在理论研究环节，笔者从教材本身，以及通过大量文献总结了数学对力学教学正迁移和负迁移的分类。首先是对人教版高中物理必修一、必修二教材中每一章节所对应的数学知识、方法及时间匹配进行统计。将统计中的知识方法按照正迁移分为四类：测量与运算、函数与方程组、图形与图像、数学思想方法；按照负迁移分为四类：符号的负迁移、等量关系的负迁移、数字意义的负迁移和函数关系的负迁移。通过理论分析，找出力学中的数学正迁移和负迁移可能出现的部分。在实践研究环节主要研究了三个方面的问题：一是近五年的全国课标卷力学题中涉及的数学知识和思想方法，希望从高考的角度把握考查的侧重点；二是对不同教龄、不同地区的教师进行了访谈，希望从教师角度了解教师对此的关注程度和学生的运用难度；三是根据高考试题的侧重点和教师访谈的记录编制诊断性试卷，考查学生对纯数学知识和在物理中应用数学知识时的不同反应，以及数学对物理的负迁移度。本文采取文献分析法、访谈法、诊断测验法来研究数学对力学教学的具体影响，以便提出行之有效的策略促进数理结合，提升教学效率。

本研究的重点是对教材、文献、试题、学生答题情况的分析与综合。从教材和文献中分析数学知识及方法对物理的正迁移效应和负迁移效应，从试题的分析中找到考查的侧重点，进而有针对性地编制诊断试卷，从学生对纯数学知识和物理中的数学知识的不同反应来分析具体影响。本研究的难点在于诊断性试卷的编制、成绩样本的选择和对学生作答的分析，试卷的信度和效度需要专业人士不断评估和改进，样本的选择范围及数量受到实际条件的制约，学生诊断试卷为尽可能暴露学生思维过程，大都选用主观题，分析难度有所增加。

四、主要研究思路和方法

（一）研究思路

1. 理论研究方面

梳理数学和物理学的历史发展关系、高中物理教学中的数学思想方法分类，以及教育心理学的理论基础；统计高中物理力学部分（必修一、必修二）所涉及的数学知识和方法，统计物理和相应数学知识点学习的顺序；将上述数学知识和方法按照正迁移效应和负迁移效应进行分类列举。

2. 实践研究方面

首先调查全国课标卷高考力学题中涉及的数学知识和思想方法，了解数学在高考力学题中的定位；其次通过访谈法了解教师对数学知识应用的难点的看法；最后通过诊断性试卷，了解学生对纯数学知识和利用数学工具解决物理问题的不同反应，了解数学对物理的负迁移情况。

3. 教学策略方面

通过对教师访谈和诊断性试卷进行分析，具体得出教师教学中对正迁移、负迁移的认识和学生学习中正迁移和负迁移的程度，依据诊断分析可能出现的原因，并对教师在概念教学、规律教学、习题教学中，提出一些相应的建议。

（二）研究方法

1. 文献分析法

查阅大量相关文献，对国内外相关理论进行归纳整理和分析。明确国内外研究的动态，整理数学在高中物理教学和学生学习过程中的作用，归纳总结力学中常用的数学知识和方法。

2. 访谈法

对不同地区、不同教龄的教师进行访谈，调查教师对数学、物理关系的认识，对数学知识方法的了解程度以及在平时的教学中是否有意识地讲授一些数学知识和方法。调查物理教学中涉及的数学知识的讲解难点，以及学生运用数学解决物理问题的难点。

3. 诊断性测验

依据全国课标卷以及教师访谈记录编制试卷，考查数学知识的应用情况和数学知识的负迁移，试卷的内容分为纯数学知识和该数学知识在物理中的应用，试题的形式多为计算题，以便了解学生的思维过程。

五、主要研究成果

我们总说数学是物理学的工具，这种说法其实在某种意义上弱化了数学的地位。数学作为历史上最先成熟的学科，在研究事物时将具体事物的物理属性、化学属性或生理属性等完全撇开，而只取其量的特性、形的特性、属性或关系，因而是最抽象、最概括的学科。数学对于物理学，甚至其他各门学科来说，都应处于一种统领地位，而不是附属。数学思想方法在各门学科中都有所体现并且深刻地影响着该学科的发展。数学通过其思想方法在很大程度上影响着学生对物理的学习，我们不应该把数学对物理的影响局限于某些数学知识点或者是解题技巧，而是让学生能有意识地运用数学思维去解决物理学习中遇到的问题。

在对全国课标卷试题的调查中，我们得出高考力学题中对具体某种数学技巧的考查较少，考察较多的是应用某种数学思维去解决物理问题的能力。这里涉及最多的是数形结合思想和函数与方程思想。

在对教师的访谈中，我们得出教师对力学中涉及的数学知识了解较为全面，但是对物理中渗透的数学思想方法了解得不够系统，由此导致了教师在课堂中不能有效利用数学思想去帮助学生从新的角度理解物理问题，并且教师对负迁移的重视情况和了解程度普遍不够。

在学生的诊断性试卷中，学生对有效数字的识别和意义、矢量的分解及运算、三角函数中的几何关系的运用、图像中斜率是正是负的意识，以及图像应用的能力存在问题。在数形结合思想方面，学生能很好地结合数学函数与图像，但是在物理公式和图像结合时则显得有些困难，不同层次的学生运用图像求解问题的意识都有待提高。在函数与方程思想方面，物理问题由于受物理规律的制约导致提取函数表达式变得比纯数学知识复杂，在给出函数表达式之后，逻辑思维较差的学生容易想当然地判断函数关系，没有函数思想的支撑。在负迁移方面，对学生影响最大的是符号的负迁移，学生容易在计算上更多关注数字的大小；其次是数字意义的负迁移，学生对有效数字的识别及意义存在障碍；还有等量关系的负迁移、函数关系的负迁移。学生在比值法定义、公式变形、适用范围方面的掌握程度较好。除了数学知识方面的负迁移，数学解题也容易对物理解题产生负迁移，学生容易在解题步骤上数学化。

迁移视角下数学对高中物理力学教学的影响研究

王雅卓[1]，涂泓[2]

（1. 首都师范大学附属育新学校；2. 上海师范大学）

初中阶段的物理内容以学生的生活和经验为主，侧重于物理现象的理解，缺乏对物理本质的深入探讨，导致学生进入高中阶段之后不能很快适应物理学习。本研究将聚焦高中物理力学部分，基于迁移理论，进行系统的理论研究和实践研究。在理论研究环节，本文通过教材本身及大量文献总结了数学对力学教学正迁移和负迁移的分类。在实践研究环节，通过诊断性试卷了解学生数学知识的掌握情况和在解决物理问题时的应用情况。

一、数学对高中力学教学的正迁移效应和负迁移效应

正迁移是指一种学习对另一种学习产生积极影响的迁移效应，负迁移是指一种学习对另一种学习产生干扰和阻碍的迁移效应。

（一）数学的知识与方法对力学教学的正迁移效应

高中物理力学教材涉及许多数学知识和方法，从物理学习的角度来说，这些数学知识可以精确地描绘物理概念和规律，从已知的理论和公式导出新的理论和公式，进行数量分析和习题解答，以及记录、整理实验数据等，所以数学对物理的正迁移效应是毋庸置疑的。将数学知识和方法分类，可以得到正迁移效应的几个层次。

1. 测量与运算

物理学中的测量既与仪器的精度有关，又与数据的处理方法有关，后者则是数学方法的重要运用，如科学记数法、有效数字、线性拟合、误差理论等。在高一教材中，用打点计时器测速度、探究小车速度随时间变化的规律、探究加速度与力及质量的关系、探究平抛运动等，都用到了有效数字、线性拟合的知识。

运算是得出物理结论的另一途径。在初中只有标量的运算，而高一开始就要接触矢量的运算。比如在一维坐标系中有位移的求解、在二维坐标系中有力的合成与分解，都涉及了矢量的运算。

2. 函数与方程组

物理概念的建立和规律的推导过程都是在用函数语言表示物理语言的过程。比如用比

值的形式定义速度、加速度，通过公式推导得出动能定理、动量定理等。

在高中阶段用到的函数主要是一次函数、二次函数以及三角函数。能够根据具体问题列出物理量之间关系的方程并进行求解是运用数学解决物理问题的重要能力。

3. 图形与图像

图形和图像都是直观表达物理实质的方式。图形主要是指轨迹图、受力分析图、运动过程示意图、光路图、电路图等借助图形符号表达物理模型、过程的方法，多数物理图形都与几何学联系紧密。如高一受力分析时会涉及三角形，圆周运动分析时会涉及圆等。

图像法在物理教学时可以帮助学生领会物理概念、发现物理规律、优化处理数据、简化物理习题解答步骤等。高一物理学习中涉及图像主要有匀变速直线运动中的速度—时间图像、位移—时间图像、牛顿第二定律的图像、汽车启动的图像等。

4. 数学思想方法

数学思想方法主要包括函数与方程思想、数形结合思想、转化与化归思想、分类讨论思想、数学建模思想。

高中物理教学中蕴含着丰富的函数与方程的思想。比如物理概念的表述和规律的描述，定理、公式的推导，以及在解决实际问题中需要建立模型、列方程求解。

数形结合思想在物理学中应用的具体形式主要是图像法。运用图像法，可以将抽象的物理语言用形象的几何图像直观地表现出来。“数”和“形”是同一事物的两个方面，都可以用来描述物理概念和物理规律，两种形式之间可以相互补充、相互映射、相互转化。

转化与化归既是一种最基本的思维策略，也是一种重要的解题方法，更是一种有效的思维方式。在物理学中的具体应用主要有类比法、极限法、统计法等。

物理解题的思维过程其实也运用了转化的思想，是将实际问题转化为物理问题，再将物理问题转化为数学问题，最后得以解决的过程。

分类讨论思想是自然科学乃至社会科学研究中常用的。物理学分为力学、热学、电学、光学、原子物理学等，这其实本身就是一种分类讨论的思想，一些开放性习题其实就是分类讨论思想的渗透。

数学建模不同于解数学应用题，它有一个完整的思维流程，是将实际问题抽象、概括为一个数学模型，然后运用数学方法求出模型的数学解，进而得到实际问题的解并进行实践检验的循环过程。

（二）数学的思维定式对力学教学的负迁移效应

数学和物理有其一致性，但也存在不同。根据前人的研究，我们将数学的负迁移效应主要分为以下四类：

1. 符号的负迁移

这里的符号主要是说正负号。在数学中，正负号就表示数的大小或者相反数，正数一定比负数大。而在物理学中，正负号表示的意义则不局限于数的大小。对于力、速度、加速度等矢量来说，正负号只是表示该矢量的方向；对于重力势能这样的标量来说，正负号则表示物理量的相对大小；对于功这个物理量来说，也有其特定的意义，某个力作正功，表示该力对物体而言是动力，反之是阻力。

2. 等量关系的负迁移

数学是纯数值的计算，数学中的等量关系比较简单，$a=b$ 就等价于 $b=a$，$a=b/c(c\neq 0)$ 就等价于 $b=ac$。由于物理是实际生活抽象，所以更加注重“因果律”，使得其不再满足数学中某些规律。

在对等量关系进行变形时，物理量因为其物理意义而受到限制。比如 $mg(h_1-h_2)=1/2mv_2^2-1/2mv_1^2$ 是动能定律的表达式，$mgh_1+1/2mv_1^2=mgh_2+1/2mv_2^2$ 变形之后则是机械能守恒定律的表达式。两者的形式类似，但意义不同。所以物理学中等号两边的量由于其特定的物理意义而不能随意变换变形。

3. 函数关系的负迁移

物理学中对函数关系式的理解及其背后的物理意义，则与纯数学的函数关系式有所不同。

(1) 比值法定义。物理学中很多物理量是采用比值的形式来确定其本质特征的。比值法定义不同于纯数学的比例关系，数学中函数之间是因变量随自变量的变化而变化，而比值定义与被定义的物理量无关，它是物体的一种属性或者运动特征的描述。

(2) 物理公式的适用范围。对于一个物理公式来说，它总是在一定条件下成立的。比如说万有引力定律 $F=Gm_1m_2/r^2$，按照数学的函数关系，会得出当 m_1、m_2 不变时，$r\to 0$ 时，$F\to\infty$ 的结论，但这样的做法忽略了公式成立的条件。

(3) 实际情况制约。函数是一种特殊的映射，每一个自变量都对应着一个函数值。对于数学问题而言，我们只需把自变量代入求函数值。但是在物理问题中，很多问题不可以采取直接代入的方式，而是会受到实际情况的制约。

4. 数字意义的负迁移

(1) 0 的含义。0 在数学中是一个非正非负的数，它的含义是没有。在物理学中，0 有时反映物理学中一些真实存在的物理量。比如某物体的温度是 0℃，不代表这个物体没有温度；0 可以反映测量工具的最小分度，比如刻度尺的读数，数据后的 0 不能随意增添或者删减；0 可以反映某种临界状态，比如弹力为 0 就是接触和不接触的一种临界状态。

(2) 数学中任何一个算式一定能用恰当的数给出其精确解，而在物理学中则不完全相同。物理是一门实验科学，所得到的实验结论也会受到实验原理、实验仪器的制约，使得实验结果总是存在一定的误差，因此实验数据总是采用有效数字加以呈现。但是学生在数学中已经习惯了精确解的表示方法，对于物理中采用有效数字的必要性往往容易忽视。

除了符号的负迁移、等量关系的负迁移、函数关系的负迁移、数字意义的负迁移之外，在规律记忆或者解题规范方面也可能发生负迁移。

二、教师访谈和学生诊断性试卷

(一) 教师访谈总结

根据教师的访谈统计，可以总结出以下几点结论：

(1) 数学对物理的影响是肯定的,影响的程度,从外部原因来讲,受教材的编排而定;从内部原因讲,受学生自身情况而定。但是在回答这个问题时,教师都默认这是数学对物理的积极影响。

(2) 关于力学中常用的数学知识,教师都达成了共识,但是关于用到的数学思想方法,物理教师没有太系统的了解,最熟悉的只是数形结合思想。教师普遍认为数学就是物理的一个工具。

(3) 在力学领域运用数学知识时,高一学生往往会面临一定的困难。这主要是因为数学与物理之间的衔接不够紧密,导致学生在应用数学知识解决力学问题时感到无所适从。随着学习的深入,高二、高三的学生在数学知识的不断跟进和完善中,这种困难会显著减少。

(4) 教师对数学对物理的负迁移效应关注较少,在采访过程中,也有一部分教师认为数学不会对物理产生负迁移效应,他们认为数学和物理应该是相辅相成的关系。在认为存在负迁移效应的教师中,大部分教师提到了数学对物理解题规范造成的负迁移,因为这是学生的外显行为,容易暴露。

(5) 数学与物理有联系,但是也存在不同。教师对数学知识方法的渗透已经成了一种必备的素养,但对于数学和物理的不同是否需要强调,不同的教师有不同的理解。

(二) 学生诊断性试卷

对学生的调查分为两部分,一部分是关于不同层次的学校数学成绩和物理成绩相关性的调查;另一部分是关于学生诊断性试卷的调查。诊断性试卷的内容也分为两部分,一部分是考查数学对物理的正迁移试题,以纯数学知识和物理知识考查相结合的方式,对比分析学生对数学知识在物理中的应用情况;另一部分是考查数学对物理的负迁移试题。

1. 数学物理成绩相关性研究

选择A、B、C三校高一学年的期末考试成绩作为研究样本。研究对象是物理和数学成绩,总分均为100。对收集到的成绩进行整理,然后采用SPSS统计软件进行相关性分析,可以得到相应的相关系数以及显著性水平,结果见表1～3。

表1　A校数学物理成绩相关性

		数学	物理
数学	Pearson 相关性	1	0.363**
	显著性(双侧)		0.009
	N	51	51
物理	Pearson 相关性	0.363**	1
	显著性(双侧)	0.009	
	N	51	51

** 在0.01水平(双侧)上显著相关

表 2　B 校数学物理成绩相关性

		数学	物理
数学	Pearson 相关性	1	0.611**
	显著性(双侧)		0.000
	N	54	54
物理	Pearson 相关性	0.611**	1
	显著性(双侧)	0.000	
	N	54	54

**　在 0.01 水平(双侧)上显著相关

表 3　C 校数学物理成绩相关性

		数学	物理
数学	Pearson 相关性	1	0.685**
	显著性(双侧)		0.000
	N	53	53
物理	Pearson 相关性	0.685**	1
	显著性(双侧)	0.000	
	N	53	53

**　在 0.01 水平(双侧)上显著相关

通过以上统计分析得出，三所学校均满足调查条件，其数学和物理成绩都具有显著相关性。A 校的相关系数为 0.363，B 校的相关系数为 0.611，C 校的相关系数为 0.685，三所学校的数学和物理成绩都具有相关性。再分别对这三所学校的学生进行诊断性试卷的调查，定性分析数学中的不同知识对物理产生的不同影响。

2. 学生诊断性试卷研究

在学生的诊断性试卷中，学生对有效数字的识别和意义、矢量的分解及运算、三角函数中的几何关系的运用、图像中斜率的正负意识以及应用图像的能力存在问题。在数形结合思想方面，学生对于数学函数与图像相结合很顺理成章，但是在物理公式和图象相结合方面则显得有些困难。不同层次的学生在运用图像求解问题的意识都有待提高，但是成绩好的学生翻译图像语言的能力更强；在函数与方程思想方面，物理由于受物理规律的制约，导致提取函数表达式变得比纯数学知识复杂，在给出函数表达式之后，逻辑思维较差的学生容易想当然地判断函数关系，没有函数思想的支撑；在负迁移方面，对学生影响最大的是符号的负迁移，学生在计算上更容易关注数字的大小，其次是数字意义的负迁移，学生对有效数字的识别及意义存在障碍，最后是等量关系的负迁移、函数关系的负迁移。除了数学知识方面的负迁移，数学解题也容易对物理解题产生负迁移，学生容易在解题步骤上数学化。

三、总结与建议

数学是各门学科中最抽象、最概括的学科，广义上谈数学对物理的影响，应该是一种思维的影响，是让学生有意识地运用数学思想去解决物理中遇到的问题。

从教师自身而言，应该加强教师对数学思想在物理中的重要性的认识，不应该只是将数学和物理的契合归于一种运算工具。教师应该系统地掌握数学中的思想方法，将其应用于物理教学，最大限度地发挥数学对物理的正迁移效应。

从课堂教学来看，在物理概念教学中，教师应该让函数成为建立物理概念的得力工具，但更要明确与纯数学函数的不同；在物理规律教学中，有意识地渗透数形结合的思想去探索规律，建构知识体系；在物理习题教学中，应该引入变式习题、开放性习题、原始物理问题等，锻炼学生的转化与化归思想、分类讨论思想及建模思想，增强学生学习的灵活性。

数学背景知识对高中力学概念及规律教学的影响研究

张志民

（上海市闵行区实验高级中学）

一、高中物理与数学关系综述与现状分析

物理学是一门定量的精密科学，从物理概念转变为物理量开始，它利用种种数学表述手段为理论与实践（实验）开辟道路，使物理学的结论可随时加以严格检验。物理是自然科学的基础学科，在物理教育研究中，普遍认为物理学结构包含有实验基础、逻辑体系、数学表述、思想方法、应用价值五个方面。物理学的学科结构要注意实验基础、物理逻辑思维、数学、方法论和实际应用五个方面的基本训练。物理学的任何知识，都会涉及实验、物理思想（或逻辑、方法）和数学（定量表述或数学公式）。

物理量大多具有定量的性质，具有抽象和概括的特征，它总是与数学和测量联系在一起，甚至有人把物理学科简单归纳为“语文＋数学＝物理”，也有这样的说法“物理好的数学一定好，数学好的物理不一定好。”虽然这些说法以偏概全，但也从某个角度折射出数学是解决物理问题的必要条件，数学在物理学中的作用不言而喻。数学、自然科学和社会科学合称为科学三大领域。数学涵盖的范围包括数量、结构、变化、空间及信息。数学更侧重的是思维方式的培养，包括算术、代数（初等代数、三角函数等）、几何（平面几何、立体几何）等知识，与物理学大部分知识都有重叠。

高中物理学科中，所用的数学知识大部分为初等数学，基本以算术为主，代数中涉及较多的是一次函数、二次函数、三角函数等，几何则在高中物理中所占的比重更低。在高中物理教材中，数学相关知识往往在物理教学中以“小贴士”的形式呈现，甚至不在物理课本上出现。例如在学习速度、加速度时，向量的知识并没有以补充教材的形式出现，教师只能自行补充，但很多教师只教向量的减法，不教向量的加法，也不会过多拓展，“实用性”是很多高中物理教师处理数学知识的原则。

有经验的物理教师都知道学生在某阶段学习物理需掌握的相应数学知识及难点，但却不会专门花一整节课来补充和衔接，因为高中物理中用到的数学知识其实是定式的，不需要怎么变换，所以在物理教学中并不需要像类似“几何画板”这样可以动态变化的数学专用软

件。而另一个很少使用复杂数学知识的原因是，物理教师认为应尽可能地寻求问题的物理解而不是数学解，因为物理教师认为教学培养目标是通过物理方法实现对学生思维的提升，而不是培养学生一般解题方法。一些教龄较长的物理老师，对教学中经常用到的数学知识能够熟练掌握，对一些不太用到的数学知识，如微积分等都忘记了，所以也不可能给学生系统地教授相关的数学知识。

此外，高一物理需要用到的部分数学知识超前于数学课上教授的内容，例如矢量的加减法，特殊角(30°、37°、45°、60°)的正弦(sin)、余弦(cos)、正切(tan)的数值，学生在学习物理之前从未接触 0°和 90°的三角函数值，更别提极限、求导等高等数学思想方法。例如，大部分学生能够理解平均速度，却不能理解瞬时速度是“时间趋近于零的时候，位移变化量与所用时间的比值”。

二、数学知识对物理概念教学的影响

《普通高中物理课程标准(2017 年版)》提出学科核心素养，指出学科核心素养是学科育人价值的集中体现，是学生通过学科学习而逐步形成的正确价值观念，必备人格和关键能力。物理核心素养主要包括“物理观念”“科学思维”“科学探究”“科学态度与责任”四个方面，每个素养又划分为五个水平。但是在确定不同水平的过程中，几乎没有提到对数学知识运用的不同水平的划分标准。由此可见，数学知识在高中物理教学中处于一个大家都知道它很重要却不重视的尴尬境地，主要原因是没有深入研究数学对习得物理知识和规律的影响。笔者结合自己在一线教学中的经验来谈一下体会。

物理的概念和规律教学一直是我国高中物理教学的重点。闫金铎先生曾提出物理规律教学的两条途径：“一种途径是直接从实验结果中总结、概括出来；另一种途径是利用已有的概念和规律，通过数学推导，得到新的规律。”由此可见，物理概念和规律不一定是通过实验得到的，现在一味通过课堂实验来探究物理规律的教学模式很多是形式上的探究，或者说是为了探究而探究。不能忽视数学在物理概念和规律教学上的关键作用。

(一) 比值定义法是数学形式与物理语言的意义转换

在高一物理学习中，比值定义法是建立物理概念的重要方式，从一些基本的概念出发，通过比值的方式定义出新的物理量，如平均速度、加速度、功率，这些概念是物理学中的核心概念，是学生在学习高中力学的生长点。而要充分理解比值定义法这种形式，从数学符号出发，到新概念的形成，对于学生而言，存在着诸多理解问题。

比值定义法存在三个要素：被除数、除数和比。例如，加速度的定义式 $a=\Delta v/\Delta t$，被除数是表示物体速度的变化量，即速度变化的大小与方向，除数是经历这段变化所用的时间，即两个时刻的差值。加速度一节教材上用“相同速度变化比时间”和“相同时间比速度变化”来引入，当“时间和速度都变化、都不相等的情况下”必须用比值进行比较，比是数学关系式，表示两者相除。看似非常简单的三个要素，其实包含着复杂的转换，即从概念的物理意义到其数学形式需要经历多次转换。数学语言又可归结为文字语言、符号语言、图形语言三类，如“加速度是表示物体速度变化快慢的物理量”中的“速度变化快慢”即文字语言，转换为 $a=\Delta v/\Delta t$ 为符号语言。文字语言是理解的结果，易于表达交流；符号语言是抽象替代的结果，形式简洁，易于书写和记忆。符号语言，由于其高度的集约性、抽象性、内涵的丰富性，往往难以读懂。这就要求学生对符号语言具有相当的理解能力。学生要充分理解和学会表达后，才会把文字语言与符号作如下代换：“速度变化”代换为“Δv”，“快慢”代换为“$/\Delta t$”后才能得到加速度的定义式。同理，功率是表示物体做功快慢的物理量，作如下代换：“做功”代换为“W”，“快慢”代换为“$/\Delta t$”。平时我们生活中所说的快慢与物理学中的快慢不同，物理学中的快慢多与进行某一过程中所付出的“代价”有关，如所花费的时间等。因此，在高中物理概念的学习中，数学的符号语言与文字语言的转换一定要熟练。从文字语言到数学语言的转换，即在将文字表达的关系改用数学符号的过程中，由于这些符号过于抽象和概括，这种符号对于学生来说不易理解和接纳，比如速度变化用符号 Δv 表示。所以在使用中将概括抽象的符号具体化，例如加速度的定义式：

$$a=\frac{\Delta v}{\Delta t}=\frac{v_2-v_1}{t_2-t_1}$$

这对于高一学生的理解有比较大的帮助，有助于其建立数学的符号语言系统。

需要注意的是，从概念的符号语言角度来说，比值定义法易与控制变量法混淆。学生会认为比值定义方法就是控制变量法，会认为加速度与速度变化成正比，与时间成反比，也有学生会将加速度的定义式错认是 $a=F/m$。因此不仅要关注的是“比”这一数学形式，更要关注其物理含义，加速度是表示速度变化快慢的物理量，从数学形式上来说 $a=\Delta v/\Delta t$ 和 $a=F/m$ 都是比值。将两者混淆起来，流于数学形式的套用，是对物理概念的本质理解不足。

（二）微元法是理解物理瞬时概念的基石

高一物理的第一个难点无疑是瞬时速度概念的理解和掌握。从平均速度概念迁移到瞬时速度，从名称上来说表示某一时刻的速度，不难理解，但是要求更高的是理解瞬时速度的求解方法。时间趋近于零时的平均速度即瞬时速度，无论是用打点计时器还是光电门，抑或是 DIS 位移传感器等新实验手段，都无法得到所谓的 t 趋近于零的平均速度，都不能求出瞬时速度的确切值。

高一新生对瞬时速度的概念缺乏理解的根本原因在于与数学知识的冲突。数学中存在着“无限”这一概念，无限就意味着超过想象，无限小究竟是多少？学生对于无穷小和零不能区别开来。在初中阶段的数学中，零是不能作为除数的，所以让无限小作为分母，这让只学过初等数学的人产生了激烈的认知冲突，完全颠覆了其原有的知识体系。教师往往采用以下过程来处理：

平均速度的定义式为

$$\bar{v}=\frac{\Delta S}{\Delta t}=\frac{S_2-S_1}{t_2-t_1}$$

上述方法求出的是某一段时间 Δt 内的平均速度，就是 AB 线段的斜率。如图 1 所示。如果想要测量经过 A 点的瞬时速度，那么就要缩小测量时间 Δt，取的时间越小，则经过 A 点的速度越精确，如图 2 和图 3。

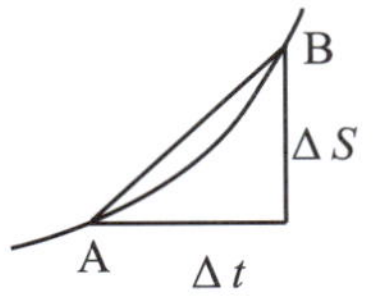

图 1

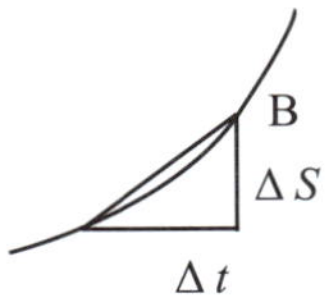

图 2

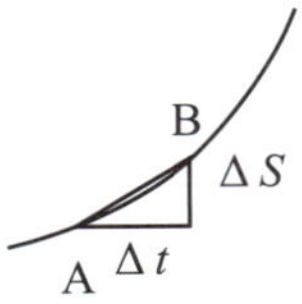

图 3

当 A 和 B 点重合时，线段 AB 变成了过 A 的切线，切线的斜率就是 A 点瞬时速度的精确值。虽然不能根据图求出精确数值，但是我们知道了瞬时速度的意义：

$$v=\lim_{\Delta t\to 0}\frac{\Delta S}{\Delta t}$$

这对学习过极限思想和求导的人来说，理解起来不是什么难事，只要学过极限，都知道"0/0"的结果可以是任何数值，这也同样可以解释为什么有速度是零，加速度却是某一个数值这种情况的存在。但是高一数学不教授极限或者导数概念，物理教师也不会去补充这些知识。

瞬时速度概念在高一教学中理解和应用是相互背离的，对瞬时速度的理解和求解瞬时速度完全是两套方法。前者主要在实验中，用逼近法或者 x-t 图像中曲线的切线斜率来求解，后者只能在匀变速直线运动中用 $v_t=v_0+at$ 公式求解。由于两种方法缺乏统一，无疑增加了理解的复杂性，下面通过例 1 来说明学生在学习过程中遇到的困难。

例 1　一质点做直线运动，其运动的位移 x 与时间 t 的比值 $\frac{x}{t}$ 与时间 t 的关系图线为一条过原点的倾斜直线，如图 4 所示，由图可知，$t=2$s 时，质点的速度大小为(　　)。

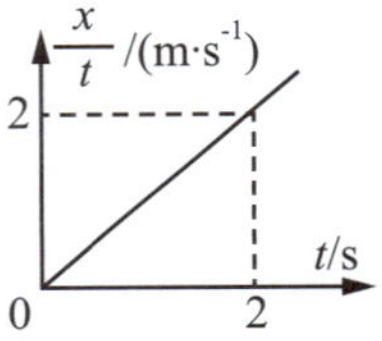

图 4

A. 1 m/s　　B. 2 m/s　　C. 3 m/s　　D. 4 m/s

分析与解：

在这个例子中，许多学生都会错误地把 $\frac{x}{t}$-t 图像认为就是 v-t 图像即瞬时速度随时间变化的图像，把 $\frac{x}{t}$ 认为是瞬时速度，说明学生不理解瞬时速度中 t 要趋近于零这个条件。或者说根本原因是学生并没有真正建立起极限的思想，教师也没有说明在高中阶段的数学知识不足以用位移来求解瞬时速度，而这道题目的解法离不开数学图形语言与物理规律的结合。由匀变速直线运动的位移公式

$$x=v_0t+\frac{1}{2}at^2 \qquad ①$$

①式两边均除以 t，得到

$$\frac{x}{t}=v_0+\frac{1}{2}at \qquad ②$$

根据图线，可得初速度 $v_0=0$，加速度为 $a=2\text{m/s}^2$，质点做匀加速直线运动。所以 $t=2\text{s}$ 时，质点的速度大小为：$v=at=4\text{m/s}$，故 D 正确。

总结：教师在分析后才告知学生 $\frac{x}{t}$-t 图像实际是平均速度随时间变化的图像，加深了学生对平均速度和瞬时速度的区别的理解。但不可以一开始就告诉学生这是平均速度随时间变化的曲线，这不是正常解题的思路。

（三）数学积分思想是物理概念学习的必备思维

物理学中很多概念或者规律是通过数学推导获得的。例如在高一年级学习匀变速直线运动，研究质点作匀变速直线运动的规律，其中有两个最基本的公式：一是速度随时间变化的关系式（以下简称速度公式）$v_t=v_0+at$，这个公式是通过加速度的定义式推导得到的；二是位移随时间变化的关系式（以下简称位移公式）$x=v_0t+\frac{1}{2}at^2$，这个公式是典型的通过数学推导获得的。第二个公式的推导过程如下：

在 v-t 图像上，某一段过程的 v 曲线与 t 轴所围的面积表示位移，如图 5 所示，$\Delta x=v_1\Delta t$。

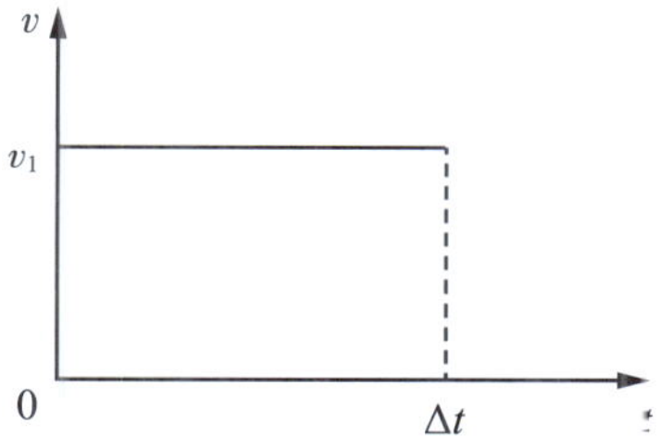

图 5

如果是匀加速直线运动，则 v-t 图为倾斜直线，求此过程中的位移要用微元思想（法）：将整个时间 Δt 拆分成 Δt_1、Δt_2、…、Δt_n（如图 6），在每一段时间内速度为 v_1、v_2、…v_n，则整个过程的位移为 $\Delta S=v_1\Delta t_1+v_2'\Delta t_2+\cdots+v_2\Delta t_n$，

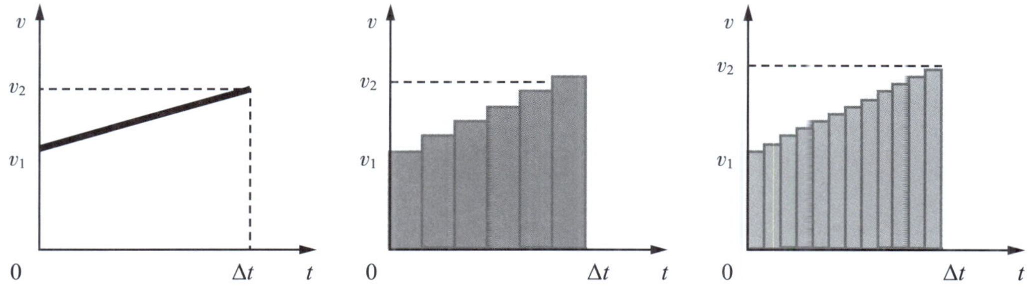

图 6

或写成

$$\Delta S=\sum_{i=1}^{n}v_i\Delta t_i$$

实际上，Δt_1、Δt_2、…、Δt_n 都很小，保持匀速的时间很短，所以，把时间分割得越小，则计算结果越接近于实际值。当把每个分割时间取到无限小时，那么就等于求梯形的面积。如图 7 所示。

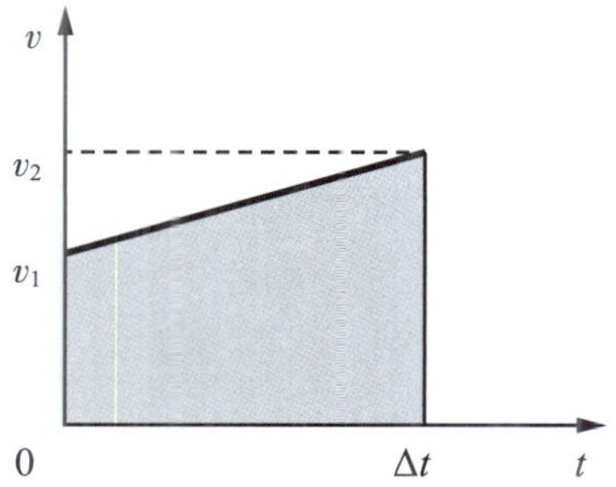

图 7

根据梯形的面积公式，$S=\frac{v_1+v_2}{2}\Delta t$，将 $v_2=v_1+a\Delta t$，Δt 写作 t，就得到了课本上常用的位移公式。以上的过程可以概括为“分割、取极限、求和”的微分求和方法，而恰是在学习了高等数学的微积分理论以后才能形成的系统的、有意识的物理方法。

在高三复习时，有很多学生并不知道位移公式导出的过程，恰恰反映了学生重结论轻过程的学习方式，以至于他们很难将“分割、取极限、求和”的物理方法应用到其他问题中。比如 F-x 图像中面积就是功，I-t 图像中面积是电量 q，在特殊情况下，甚至可以通过数学推导构建出特殊的函数式，其面积就有了具体的物理含义，如例 2。

例 2　老鼠离开洞穴后沿直线运动，测得它距洞口不同距离 S 的速度 v 如表。分析表中数据可知，老鼠的速度 v 与它距洞口的距离 S 的关系是 $v=$________；它从距洞口 1m 处的 A 点运动到距洞口 2m 处的 B 点所用的时间是________s。

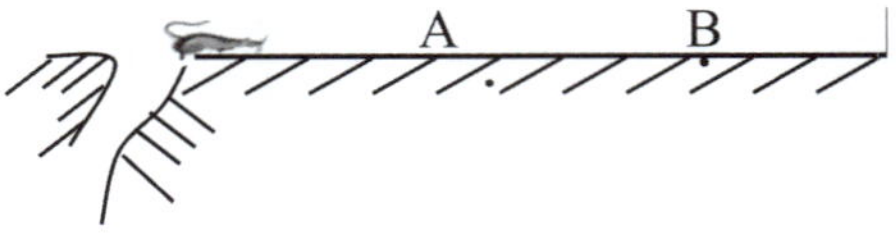

S/(m)	0.5	1.0	1.5	2.0	2.5	3.0
v/(m/s)	4.00	2.00	1.33	1.00	0.80	0.67

分析与解：老鼠的运动为变加速运动，无法用匀变速运动公式求解，而时间一般都是通过位移与速度的比值来求得的，通过数学思维方式转化除法为乘法，让时间 t 变成 S 与 $\frac{1}{v}$ 的乘积，巧妙构建了函数 $S-\frac{1}{v}$ 是一条线性图线，然后通过求面积的方法得到了时间 t。由图像可得

$v\propto\frac{1}{S}$，且 $k=v_0S_0=2$，所以得到 $v=\frac{2}{S}$

接下来作 $S-\frac{1}{v}$ 的图像为一条直线，其中阴影部分面积即为所求的时间 t。

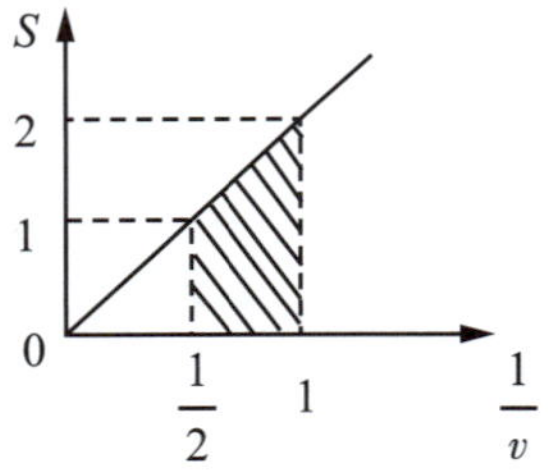

$$t=\frac{1}{2}(1+2)\times\frac{1}{2}=0.75\text{s}$$

总结：通过数学积分思想转换概念，在对函数中面积含义充分理解的基础上才能形成如此巧妙的转换。

（四）向量知识是物理概念学习无法摆脱的影子

高一年级的物理学习涉及了大量的向量知识，向量知识渗透在力学概念和规律教学中。向量在物理学中被称为矢量，是指既有大小又有方向的量。物理学的概念中绝大多数都是矢量，如位移、速度、加速度、力、动量和冲量。虽然功属于标量，但是功的定义式来自力和位移的数量积。矢量运算需要几何和代数共同参与，而标量的运算仅需代数运算，前者无疑难度更大。如在学习加速度概念时，首先需要确定速度变化量 $\Delta\vec{v}$，然后在平行四边形或矢量三角形找到表示速度变化量的边，再根据三角形几何知识得到数值。

向量的加减法是解决运动的合成与分解、相对运动、矢量变化等问题的运算法则。虽然在高一物理中，习惯用分解的方式将向量计算转化为代数运算，但是分解法不能解决一切问题。比如在向心加速度的推导过程中，学生往往将 $\Delta\vec{v}$ 理解成数量差，究其原因是没有矢量概念，无法在头脑中形成研究这一过程需要的坐标或三角形等几何图形。再如在理解平抛运动是一种匀变速曲线运动，而匀速圆周运动是变加速曲线运动时，学生多数是从标量—速度大小变化的角度来看待问题，这就是导致学生经常分不清这两种曲线运动性质的原因。

向量的乘法规则是理解某些物理规律的捷径。比如在学习牛顿第二定律 $F=ma$ 时，牛顿第二定律的矢量性，即物体加速度的方向与合外力的方向一致，其中便包含着向量乘法运算中向量与数量的乘法法则的内容。在后续电场知识的学习中，电场强度的方向与正电荷在电场中受力方向相同，与负电荷在该点的受力方向相反，也是向量的乘(除)法法则的体现。在学习功的定义时，向量的数量积是计算功的法则，由于初中物理强调功等于力和力的方向上位移的乘积，所以学生在学习功的概念时更善于用分解法，通过分解力或者位移来计算出功的大小，但是如果能够结合向量的数量积公式，对力和位移的夹角余弦值的变化范围进行讨论，更容易让学生理解零功和负功的情况。而恰恰因为学习功的概念时，学生尚未学过 0°、90°、180°等的余弦值，所以学生在理解零功、负功时产生不易克服的障碍。

根据组块式学习理论，组块化理论可以改善记忆效果。只需要将事物划分成若干小项，然后再记忆这些小项，那么问题就迎刃而解了，这种技巧在任何领域都是一个极为有效的策略。把需解决的物理问题分成若干个小项目，然后依次完成这些小项目，这样每次只需很少的投入就能完成一个小项目，而当所有小项目都完成后，整个任务也就完成了。组块化理论可以减少人脑的记忆空间，只有在需要时才把记忆空间调入工作空间，平时存储在记忆中仅是一个个小的知识点，例如把做功这个知识分解成向量和标量、向量的数量积、数量积乘法规则、余弦函数在 0°到 180°之间的值域、做功的力、力的作用点的位移等若干知识组块，当需要求做功时就把这几个知识点调入，就能求出所做的功。

在缺乏数学知识背景时，教师的教学方式和学生的学习方式都要改变。例如，在学习两个互成角度的力的合力时，对于合力大小的变化范围，因为学生缺乏三角函数等知识，而只能借助图表等具体直观的图像，并采用分情况讨论的方式进行求解，导致学生不能以某一种统一规律来理解。讨论的情况分类越多，需要记忆的直观图形越多，学生的记忆负担就越多，对学生掌握规律越不利。

（五）弧度制是学生理解圆周运动的关键

圆周运动一章中，角度的表示法从角度制过渡到弧度制，习惯了一圈用 360°来表示，当出现弧度 2π 这个无理数时，学生会难以接受这种数学方式的转变。而作为圆周运动核心概念的角速度必须以弧度制表示，只有跨越了弧度制这个鸿沟才能到达胜利的彼岸，不能迅速掌握弧度制概念无疑会对学生的学习产生巨大影响。

总之，只有当数学知识在学生脑海中形成体系并与物理学习紧密结合时，对概念或者规律的理解才会变得自然顺畅，不需要任何思考而成为一种条件反射。

三、数学知识对物理概念规律学习的负面影响

数学知识对物理概念和规律学习而言是一把双刃剑，数学形式并不一定能够反映物理学的本质。在用比值定义法学习物理概念时，将定义式与决定式混淆，如密度、电阻率等表示物质根本属性的物理量；将定义式与控制变量法混淆，等等。用数学解得方程的多解必须经过物理学的检验，数学形式是物理学不可分割的知识，但是单纯用数学而忽略物理学本质必定会造成对物理概念规律的错误理解。

四、结语

尽管本文主要以高中教师的视角，探讨了数学知识和方法在物理学习中的工具性应用，但必须强调，数学的意义远超越其作为物理学的辅助工具。费曼曾言“数学是一种语言”，这是一种专业的、精确的表达方式。当我们试图脱离数学，用非专业的方式解释物理现象时，往往会感到困惑，因为语言中的复杂性和模糊性无法准确捕捉物理世界的精髓。数学不仅能帮助我们清晰地表达问题，更是一种独特的思维方式，通过它，我们可以培养物理观念、科学思维等物理核心素养。

事实上，众多物理规律的发现都源于物理学家运用数学思维进行深入的探索和推理，如牛顿发现万有引力定律。因此，在物理教学中，我们不仅应关注如何利用数学知识解决实际问题，更应深入挖掘数学在揭示物理现象背后规律中的价值。这样，学生才能真正理解和感受到数学与物理之间的紧密联系，从而更好地掌握物理学的核心知识和思维方法。

数学基础对高中物理力学教学的影响研究

杨小知

（上海市延安中学）

在物理学的发展历程中，数学作为物理学家最重要的语言，成为物理研究必不可少的研究工具，物理学理论的建立离不开数学演算和推理，物理概念和规律的表达离不开数学公式和图像。在高中物理教学的过程中，数学在物理概念建立、观念形成、科学探究等环节起到重要作用。高中生普遍感觉物理难学，其主要原因往往是数学基础和运算能力不足。

高中物理核心素养包括物理观念、科学思维、科学探究、科学态度与责任。其中的科学思维，包括模型建构、科学推理、科学论证、质疑创新等要素。高中数学核心素养包括数学抽象、逻辑推理、数学建模、直观想象、数学运算、数据分析。两门学科的核心素养有共通之处，物理学习也对数学逻辑推理、数学运算及数据分析等维度的核心素养有促进作用。

物理概念和规律是中学物理基础知识中最重要、最基本的内容，物理概念和规律的教学是落实核心素养的有效手段。使学生形成清晰的物理概念，掌握准确的物理规律，并使核心素养得到充分发展，是中学物理教学的核心问题。其中，力学贯穿高中三年的物理学习，教学过程中所用到的数学知识和方法对概念的形成和规律的建立至关重要。

本文通过数据分析探究高中三年数学和物理成绩的相关性，通过课标和教材的梳理，整理出高中力学部分用到的数学知识和方法，梳理两门学科衔接的矛盾，最后通过案例说明数学对力学教学的迁移作用。本文中的“力学”主要包括2020版沪科版普通高中物理教材中的必修一、必修二的全部内容及选择性必修一的动量、机械振动和机械波三个章节的内容。

一、高中生数学和物理成绩的相关性分析

笔者通过Excel软件对学校刚毕业的2022届学生的物理成绩和语数外三门学科成绩标准分进行了相关性分析。首先，选择高一第二学期期末考试，用散点图直观展示物理和语数外三门成绩标准分的离散情况。

图1为2022届高一第二学期期末考试中物理标准分与语数英标准分的相关性，散点图

纵坐标为物理标准分，横坐标分别为语文、数学和英语标准分，样本数为 299。散点越靠近趋势线，相关性越强。散点离散度越高，相关性越差。本次考试中，物理与数学成绩的相关性最好，这与下文的统计结果相吻合。

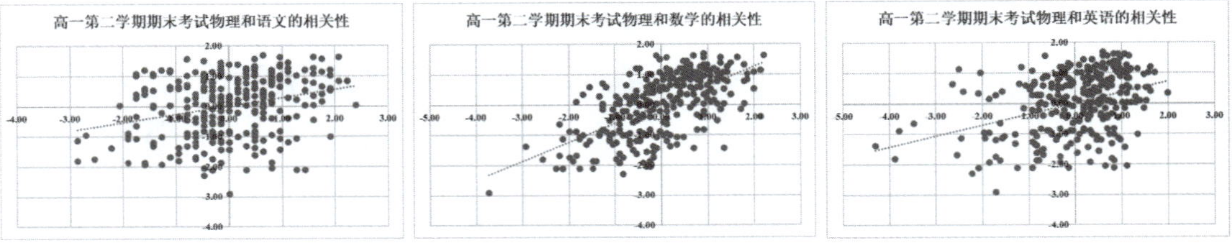

图 1

其次，通过 pearson 函数计算物理标准分分别和语数英标准分的相关系数 r。相关系数 r 可以用来衡量两个变量间的线性关系。当 $r>0$ 时，两变量正相关；$r<0$ 时，两变量为负相关；$r=0$ 时，两变量无线性相关关系。$|r|$ 越接近于 1，表示两变量间线性关系越密切，$|r|=1$ 时，表示两变量完全线性相关，$|r|$ 越接近于 0，表示两变量的线性关系越弱。按照 $|r|$ 值的不同，一般可划分为三级：$|r|<0.4$ 为低度线性相关，$0.4\leqslant|r|<0.7$ 为显著性相关，$0.7\leqslant|r|<1$ 为高度线性相关。

如表 1 所示，分析选用了六次大考的数据，每学期一次，时间间隔为半年左右。前两次数据是按加试选科分班前，物理学科为所有学生的必修科目。从高二年级开始，我校按照加试选科进行重新分班，高二的两次考试中选取了参加物理等级考学生的数据。其中，物理成绩均为原始成绩，没有进行等级分的折算。因为数学高考和物理等级考的赋分方式不同，故没有选择高考、等级考成绩进行分析。

表 1

考试	样本数	语文相关系数	数学相关系数	英语相关系数
高一第一学期期中考试（2019 年 11 月）	298	0.151324442	0.563760827	0.311207801
高一第二学期期末考试（2020 年 6 月）	299	0.273355144	0.626158805	0.35827864
高二第一学期期中考试（2020 年 11 月）	197	0.379621111	0.600251671	0.408018669
高二第二学期期末考试（2021 年 6 月）	197	0.349051792	0.509232212	0.483013794
高三第一学期区一模考（2021 年 12 月）	195	0.357567452	0.556995131	0.467655594
高三第二学期区二模考（2021 年 6 月）	189	0.300960743	0.50151686	0.358638725

散点图和 r 值统计都直观地说明，物理和数学的相关度相较其他两科明显更高。另外，高二分班后，由于选物理的学生在群体中综合能力较强，故高二高三的四次考试中，物理与数学的相关度依然最高，同时与另两门的相关度也明显提升。数学成绩和物理成绩显著性相关，数学知识和能力对高中物理学习有着至关重要的作用。

二、数学知识和方法在高中力学教学中的应用

笔者根据《普通高中物理课程标准(2017 年版)》，结合上海科学技术出版社 2020 年版普通高中物理必修一、必修二、选择性必修一三本教材中的力学部分内容，对其中涉及的数学知识和方法进行初步归纳和整理(表 2)。

表 2　高中力学涉及的数学知识和方法

模块	章节		数学知识	数学方法
必修一	运动的描述	质点　物理模型	数学建模	极限法 函数法 图像法 比例法 类比法 列表法
		位置的变化　位移	数轴、坐标系、向量、一次函数	
		位置变化的快慢速度	一次函数、斜率、极限	
		速度变化的快慢加速度	一次函数、斜率、向量及其运算	
	匀变速直线运动	伽利略对落体运动的研究	数学推理	图像法 解析法 极限法 比例法 演绎法 推理法
		自由落体运动的规律	一次函数、斜率、微积分、极限、比例	
		匀变速直线运动的规律	向量、方程、一次函数、二次函数、斜率、比例	
	相互作用力与平衡	生活中常见的力	一次函数、二次函数	作图法 矢量法 解析法 分类讨论法
		力的合成	向量、三角函数、三角形、平行四边形	
		力的分解		
		共点力的平衡	方程、平面几何、向量、三角函数	
	牛顿运动定律	牛顿第一定律	数学推理	函数法 解析法 图像法
		牛顿第二定律	一次函数、反比例函数、图像	
		力学单位制	单位换算	
		牛顿第三定律	向量、数学推理	
		牛顿定律的应用	方程、平面几何、向量、三角函数	

（续　表）

模块	章节		数学知识	数学方法
必修二	曲线运动	曲线运动	向量及其运算	极限法 图像法 函数法 解析法 几何法
		平抛运动	一次函数、二次函数、抛物线	
		圆周运动	圆、弧度制	
		向心力 向心加速度	向量、相似三角形、圆	
		圆周运动的应用	方程、平面几何、向量、三角函数	
	万有引力定律	行星的运动	椭圆、比例	类比法 近似法 函数法 极限法 几何法
		万有引力定律	数学推导、函数	
		万有引力定律的应用	方程、函数	
	机械能守恒定律	功	向量的数量积、微积分	函数法 极限法 图像法 微元法
		功率	函数	
		动能 动能定理	数学推导、方程	
		重力势能	数学推导、函数、方程	
		机械能守恒定律	数学推导、函数	
	牛顿力学的局限性和相对论初步	牛顿力学的局限性	数据分析	解析法
		相对论初步	坐标系、数学推导	
		宇宙的起源与演化	数据分析	
选择性必修一	动量	相互作用中的守恒量　动量	向量	图像法 归纳法
		物体动量变化的原因 动量定理	向量、数学推导	
		动量守恒定律	向量、函数、方程	
	机械振动	机械振动　简谐运动	三角函数及其图像、数列	极限法 图像法 近似法
		简谐运动的回复力和能量	三角函数及其图像	
		单摆	数学近似、三角函数图像	
		受迫振动 共振	数学推导、数据分析	
	机械波	机械波的形成和传播	三角函数图像	函数法 图像法
		机械波的描述	三角函数图像、数列	
		机械波的反射和折射	数学推导	
		机械波的干涉和衍射	向量及其运算	
		多普勒效应	数学运算	

可以发现，数学知识和方法是建立物理概念、掌握物理规律不可替代的手段，在力学的教学中起着至关重要的作用。表 2 中的部分数学知识学生在初中已有储备，如出现频率较高的一次函数、三角形等，或是在物理学到这部分内容时已有相应的高中数学基础。然而，数学基础的不完备会影响到教学效果，这个问题在必修一、必修二教学中体现得最为明显。

三、数学知识与高中力学教学的衔接矛盾及应对策略

对照《义务教育数学课程标准（2022 年版）》《普通高中数学课程标准（2017 年版）》及教材、《普通高中物理课程标准（2017 年版）》及教材，我们发现，高中物理教学也面临与学生的数学基础不匹配的问题，尤其是力学部分，课标和教材的改革并没有从根本上解决学科衔接的矛盾。物理教师不仅要了解学生的物理知识储备，更要了解学生的数学基础，避免物理教学因为数学知识滞后或学科要求不同而效果不佳。

（一）数学知识有滞后

1. 向量与矢量

用数学中的向量表示具体的物理量就是矢量。矢量是高中物理教学的基础，从运动学开始贯穿始终，高中阶段的基本矢量大多数都出现在力学部分，如位移、速度、加速度、力、冲量、动量等，角速度的矢量特性在高中阶段被弱化处理。矢量的描述必须用大小和方向两个维度，矢量运算遵循几何法则。

《义务教育数学课程标准（2022 年版）》中删除了向量知识，而上海教育出版社普通高中数学教科书将平面向量一章安排在必修二。也就是说，学生在高一下学期才会学习向量的概念及运算，而高中物理第一章中就引入矢量及其基本运算。

物理教师可以从学生熟悉的情境出发，让学生明白，初末位置相同的不同路径位置变化相同，位置的变化一定有大小也有方向，就此建立起矢量的概念。速度变化量是个矢量差，在这一章的学习中，教师通过计算和作图两种方法，告知学生一条直线上矢量变化量的求解方法，待将来学习平行四边形定则后再前后统一起来。

2. 斜率与物理图像

《义务教育数学课程标准（2022 年版）》有如下表述："会根据一次函数的图像和表达式 $y=kx+b(k\neq 0)$，探索并理解 k 值的变化对函数图像的影响"。然而高中物理第一章第三节就提出了匀速直线运动的 x-t 图像的斜率表示速度。实际上，斜率概念在高二数学解析几何部分才提出。随着教学的深入，一旦把斜率的正负和矢量的方向联系起来，学生就搞不清了。

讲授 x-t 图像时，教师应关注图像的形成，引导学生将物理图像和运动图景建立关联。此外，要注重概念的外延，物理图像的斜率表示一个物理量，是有单位的；由于横纵坐标表征不同的物理量，可以选取不同标度，因此，物理图像的斜率不一定等于倾角的正切值。这与

学生认知当中的 k 是不同的。

（二）学科要求有不同

1．三角函数与力的分解

高中物理必修一第三章的教学中，通过力的分解找分力与合力的关系也是个教学难点。学生对三角函数的运用并不熟练，很容易错用函数或是颠倒乘除关系，无法找到矢量三角形与几何图形的边角关系，或是无法判断几个力构成怎样的三角关系……即使上述问题都解决了，还可能出现计算错误。

对照 2022 年版初中数学课程标准不难找出现象背后的原因。课标中对直角三角形三角函数运算的要求表述有“利用相似的直角三角形，探索并认识锐角三角函数，知道 30°、45°、60°角的三角函数值”“能用锐角三角函数解直角三角形，能用相关知识解决一些简单的实际问题”。虽然学生都已经学过三角函数，但是从纯数学角度进行学习，从三角形的边角运算跨越到矢量大小关系运算，学生总会觉得不适应，很难主动、自然地把已有数学知识运用到陌生的物理情境中。

三角函数作为高中数学的重要内容，被放在了必修二，与物理必修一“完美错过”。作为物理教师，应该在帮助学生复习直角三角形中的边角关系的基础上，引导学生把直角三角形的边长关系与矢量三角形中力的大小关系对应起来，课堂上应注意规范作图，尤其是力的分解示意图中的箭头、虚线等细节。做好数学推导，写成两个力之比等于三角函数的形式，更加容易让学生接受，引导学生通过模仿和训练，增加熟练度，进而发现可能的几何三角形和矢量三角形的相似关系。

2．弧度与角速度

学生很容易理解角速度的定义，但受困于角度必须用弧度制计算。按照教材的编排和正常教学进度，高中数学必修二“三角”一章首先给出了弧度的概念，看似和高中物理必修二圆周运动部分衔接顺畅，但为什么学生还是算不好角速度呢？

在和一位资深数学教师的谈话中，笔者了解到，“弧度”的难点在于打破了学生的固有认知，已经有角度了，为什么还要引入弧度？π 的意义到底是什么？含 π 的才是弧度吗？为什么弧度也可以是个数字？学生接受弧度制需要一个过程。圆周运动这一节中，直接让学生用弧度来计算角速度，本来角度弧度的转换就不熟练，还要叠加物理量和圆周运动的模型，学生出现上述困难确实可以理解。必修二只在“拓展视野”板块说明了角度和弧度的换算，教师更应把重点放在物理量定义这一物理问题上。

四、数学基础对高中力学教学的双向迁移作用

所谓迁移，指的是先前的学习经验对新的学习产生影响。如果已有知识对当前学习产生影响，或是已有问题的解决影响新问题的解决，迁移就发生了。如果原有经验对当前学习起到积极的促进作用，叫作正迁移，反之起到消极的阻碍作用的就称为负迁移。高中物理教

学中，学生已有的数学知识和方法发挥着正负双向迁移作用，教师要善于扬长避短，用好数学工具进行物理教学。

（一）数和量的双向迁移

测量、数学运算和推导、科学计数、线性拟合等数学方法广泛应用在物理实验和探究的过程中。教师要规范物理课堂中的数学语言、逻辑和表达，用数学的严谨、简洁促物理课的科学、规范。

例如，在学生已有的数学认知中，正数一定大于负数。高中力学物理量的正负有不同的意义。如位移、速度、加速度都是矢量，规定了正方向后，负值表示该矢量的方向与正方向相反，因此矢量只比大小，正负号不参与比较。标量的正负在高中阶段有几种不表示大小的情况，如功的正负表示动力做功或是阻力做功，确切地说，反映了能量转化的“方向”，高度差（电势差）的正负表示初末位置高度（电势）的高低关系，电磁学中电荷的正负则反映了电性的种类，等等。在匀变速直线运动规律的学习中，学生很容易混淆运动学公式本身的加减号和矢量的正负号，静电场部分的公式哪些要代入正负号，哪些只代入绝对值计算也是难点。可见，高中物理中的正负号比其在数学中的含义丰富得多。

数学中 0 表示没有，物理上 0 可表示不同的特殊意义。数学中等号就表示相等且等号两边可逆，物理上的等号除了用来连接等量的两式，同时也可以用来表示某种因果逻辑关系，从这个意义上来讲，两边是不能交换的。

数学计算结果必须精确，物理计算结果一般以小数形式呈现。数学中未知数设为 x、y、z，物理上则用未知物理量的符号来表示……

教师应重视在教授物理概念和规律的过程中对每个物理量物理意义的说明，帮助学生建立起物理中数和量的法则，避免将物理表达纯数学化。

（二）函数和方程的双向迁移

位移、速度、加速度的定义，动能定理、动量定理的推导，探究加速度和力、质量的关系等离不开函数，用共点力的平衡和牛顿运动定律解决实际问题则离不开方程。找函数关系，列、解方程，是物理学习的必备能力。

高中力学中的很多物理量都是用比值法定义的，比如利用位置变化量与时间的比值定义速度，这种数学方法可以推广到加速度、功率，甚至是电磁学中的磁通量变化率的定义口。然而用比值法定义出来的物理量与定义它的物理量没有正、反比关系，而是反映了物体的某种属性或特征，这和数学的比例关系是不同的。

教师应带领学生探寻物理本质，深究物理规律的成立条件，避免将物理关系纯数学化。

（三）图形和图像的双向迁移

运动示意图、受力分析图、物理图像可以把抽象的力学过程变得直观。比如在匀变速直线运动规律的教学中，教师经常用 v-t 图像中的截距、面积、面积差及其中包含的全等和相似关系进行运动学公式的推导，旨在引导学生通过识图、读图、用图，领会数形结合的思想。

但是，物理图像的斜率和倾角正切值是否相等，与坐标轴包围的面积有正、负等问题，和数学图像有明显不同，本质上来自物理量的标度选择和其标矢性。教师应引导学生区别物理图像和数学图像，避免将物理图像纯数学化。

（四）思想方法的双向迁移

在解决复杂力学问题时，建模、类比、极限、转化等数学思想方法能起到简化问题的作用。

极限法是从有限推知无限、从近似逼近精确的一种思想方法。微积分是极限法的应用，虽然高中数学中没有涉及，但在必修一“自由落体运动”一节中，教材利用 v-t 图像和时间轴包围的面积表示位移，以及必修二中类比而得到的示功图面积的意义等，都用到了上述思想方法。

然而，机械地运用数学思想来解决物理问题，有时会犯错误。比如物体在粗糙曲面上运动的摩擦力做功问题，如果简单地把粗糙曲面无限细分成无数段很短的粗糙斜面，则摩擦力做功和物体的速度无关。实际上在这个问题中，物体曲线运动的速度会影响向心力大小，进而对弹力、正压力、摩擦力的大小产生影响。

教师必须告诉学生，分析复杂的力学问题时要两条腿走路，将物理分析和数学方法相结合，避免物理方法的纯数学化。

五、数学在高中力学教学中的迁移应用案例

（一）用好数学方法的正向迁移，通过数形结合建构物理概念

以必修一第一章“位置变化的快慢——速度”一节为例，为了讲清瞬时速度这个概念，教师借助实验手段，改用不同宽度的遮光片，通过 DIS 通用软件研究平均速度的变化趋势，认识无限逼近的思想，再用位移传感器，通过 DIS 专用软件绘制 x-t 图像，在图线上选择区域后用连线的斜率表示平均速度，把研究过程朝一个端点靠近，通过直观的连线斜率向切线斜率逼近的趋势，深化对无限逼近思想的认识。把抽象的数学极限思维用数据点的逼近和图线斜率的变化直观地展现出来，化静为动，变抽象为形象，有效突破难点。

DIS 实验 1：

用光电门传感器测不同宽度挡光片通过光电门的平均速度，借助通用软件绘制 $\overline{v}$-t 离散点，体会平均速度向瞬时速度的逼近过程。

如图 2 所示，在小车上固定挡光片，挡光片的前端朝向车头。改变挡光片宽度 d，将小车从轨道上同一位置 P 由静止释放，测挡光时间 t。图 3 纵坐标为 d/t，即挡光片通过光电门的平均速度 $\overline{v}$，横坐标为挡光时间 t。数据点的分布直观展示出了平均速度的变化趋势，随着 d 变小，平均速度的大小向某一个值趋近。教师还可以引导学有余力的学生思考为什么几个点分布在一条直线上，斜率和纵轴上截距的意义是什么。

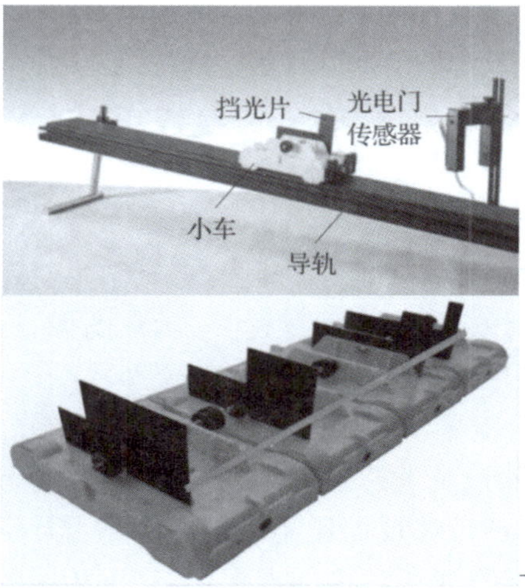

图 2

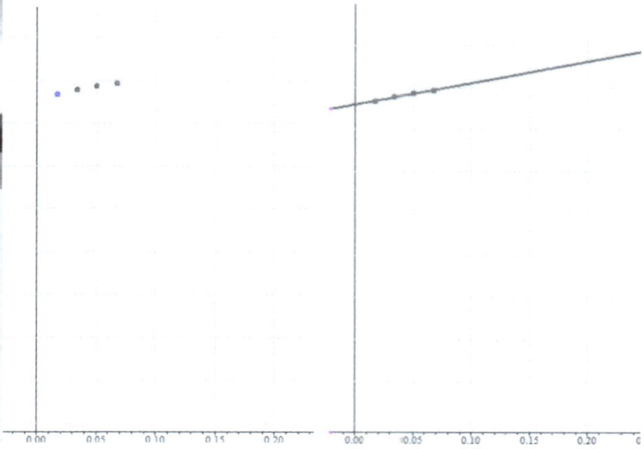

图 3

DIS 实验 2：

如图 4，用分体式位移传感器研究加速运动位移时间关系，用专用软件得到 x-t 图像，深化对无限逼近思想的认识，感悟 x-t 图像连线斜率向切线斜率的逼近。

图 4

如图 5，在实验得到的 x-t 图像中选择区域，保持初位置一定，使末位置越来越靠近初位置，学生可以直观地看出，过 A 点的连线越来越接近过 A 点的切线，物体经过 t_1 时刻的瞬时速度的大小在数值上等于过 A 点的切线的斜率。x-t 图像上两点连线的斜率表示该段时间(或位移)的平均速度，某点切线的斜率表示该时刻(或位置)的瞬时速度。

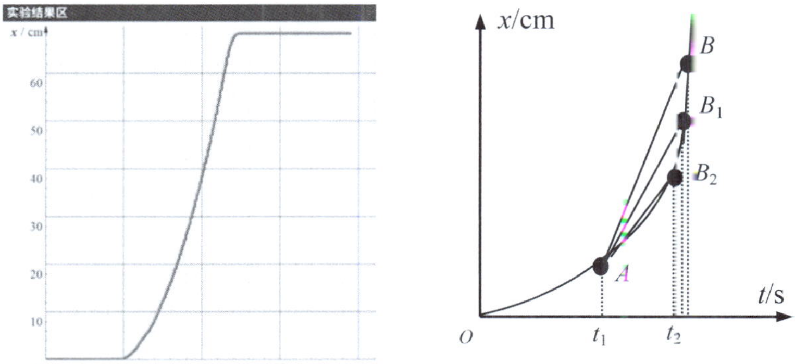

图 5

（二）削弱定式思维的负向迁移，联系物理情境理解物理规律

在必修一第二章“匀变速直线运动的规律”一节的教学中，教师展示了这样一道例题：

汽车以 72km/h 的速度行驶，刹车后加速度的大小为 $5m/s^2$，则刹车后 2s 内与刹车后 5s 内汽车通过的位移之比是多少？

这道例题看似普通，着重考查匀变速直线运动的位移—时间关系，同时考查学生对运动过程的分析能力，涉及的数学知识和方法有单位换算、矢量方向、数学运算、函数图像、比例等。教师应善于挖掘，以小见大，发挥习题在物理教学中的导向作用。

教师可以直接代入题中所给时间得出错误答案后引导学生质疑，或者让学生试错并进行自我反思。错误答案是由于机械地进行数学运算，而没有考虑到刹车后 5s 内实际的运动情况。教师可以再追问学生，为什么直接代入 5s 解得的位移反而比制动距离小？引导学生思考 4～5s 这段时间内车的实际状态（静止），和代数运算时所认为的理想状态（以相同的加速度反向做匀加速直线运动）进行对比，这种反差会让学生深刻理解物理过程分析的必要性，从而克服数学思维的定式。

此外，教师还可以引导学生画出 v-t 图像，形象直观地感受代入 5s 算出的是什么“位移”，强化过程分析的重要性，并鼓励学生尝试用比例法、逆向法、平均速度法等方法来解题。

六、结语

为了让物理课堂更有吸引力，物理教师必须增强对教学中数学知识重要性的认识，发挥正向迁移的作用，克服负向迁移的弊端。物理教师需要梳理高中物理教学中用到的数学知识，了解学生对这些知识的掌握情况，用数学方法更好地支撑物理课堂。物理教师还要实践在不同课型中渗透数学思想，培养学生物理思维的严谨性、灵活性和创新性。

研究孵化的成果

1. 发表论文

（1）唐玲琪，涂泓. 物理基本概念：场与实物比较研究[J]. 物理通报，2021(5)：86—89.

（2）涂泓. 回归电路分析杜绝死记二级结论：赏析 2021 年上海市高三物理竞赛一道电路试题[J]. 物理通报，2022(8)：98—101＋104.

（3）涂泓，冯承天. 对偶空间、转置映射与一般线性群下的逆变向量和协变向量[J]. 上海师范大学学报（自然科学版），2022，51(4)：397—400.

2. 其他

（1）杨小知老师承担 2020 年秋季高中物理学科上海市“空中课堂”在线教育视频课物理高三第一学期第五单元，共 5 课时的教学任务。

统编教材背景下中学生历史学科能力培养对策研究

2017年，教育部统一组织编写的初中历史教材开始在全国使用，同时出台了《普通高中历史课程标准(2017年版)》，明确了新时期中学历史课程的性质与基本理念，提出了历史学科的五大核心素养要求。2019年秋，上海等地开始使用统编高中历史教材，2020年又对《普通高中历史课程标准(2017年版)》进行了修订。统编高中历史教材以发展学生历史核心素养为目标，而“学科核心素养是学科育人价值的集中体现，是学生通过学科学习而逐步形成的正确价值观、必备品格和关键能力”。2022年教育部新颁布的《义务教育历史课程标准(2022年版)》也提出了与高中相衔接的唯物史观、时空观念、史料实证、历史解释等方面的关键能力要求。因此，在当前我国中学历史课改的背景下，与核心素养有关的中学生历史学科能力培养依旧是历史教师必须考虑的一个重要方面，关系历史新课改的实施成效。但在教学中，一些教师对历史学科能力目标理解上的欠缺，以及统编高中历史教材开始全面投入使用时间有限等主客观因素，导致课堂上对学生能力培养的成效还有待提升。UGS联合研究实践课题“统编教材背景下中学生历史学科能力培养对策研究”从研究背景、研究的主要内容与方法等方面，呈现了中学历史教学的实践研究案例，希望能为相关问题的解决带来一些启迪和帮助。

适应变化，落实"双新"

——统编教材运用中的历史学科能力培养研究课题概述

王正瀚

（上海师范大学）

一、研究背景

（一）中学历史学科强调能力培养的重要意义

1. 人的可持续发展的需要

如今的科学技术迅猛发展，世界各国综合国力竞争日趋激烈，而综合国力竞争的实质之一就是人才的竞争。21世纪我国需要什么样的人才呢？答案是"最能体现时代要求、最为紧迫的一个基本点是创造性、会学习和可持续发展的人"。学科教育的根本问题是培养什么样的人的问题，历史教育在造就可持续发展的人才队伍方面承担着非常重要的责任。人的可持续发展要求历史教育以培养学生能力为目标，重点培养学生的创新能力，即判断鉴别能力、材料处理能力、综合分析能力和评价能力。

2. 有效教学的需要

各学科教学是否有成效，关键在于能否让学生形成各种学科能力。以往一些历史教师偏重于传授知识，对能力培养缺乏应有的重视，把学生获得知识的多少作为衡量教育成败的主要标准。但近年来，历史教育学界在教学成效问题上已渐渐达成共识，教学观念发生了相应的变化，如从只注重学生识记知识转变为学生掌握知识和运用方法并重，将学生被动接受的过程转变为促进学生主动参与、主动学习的过程等。而这些"教"与"学"上的转变都离不开学生能力发展这一宗旨。

（二）21世纪以来我国中学历史课程标准中能力目标的演变与发展

1. 21世纪初我国历史课程标准中的能力目标

国家课程标准是国家对基础教育课程的基本规范和质量要求。它是教材编写、教学、评估和考试命题的依据，也是国家管理和评价课程的基础。20世纪末，我国启动了新一轮的课程教材改革，在此背景下，教育部分别于2001年和2003年颁布了《全日制义务教育历史课程标准(实验稿)》和《普通高中历史课程标准(实验)》，并都在课程目标中提出了知识与能力、过程与方法、情感态度与价值观三个方面的具体目标，同时分别对初、高中历史课程的能力目标作了明确的规定。

《全日制义务教育历史课程标准(实验稿)》中的能力目标为：在掌握基本历史知识的过程中，逐步形成正确的历史时空概念，掌握正确计算历史年代、识别和使用历史图表等基本技能，初步具备阅读、理解和通过多种途径获取并处理历史信息的能力，形成用口头和书面语言，以及图表等形式陈述历史问题的表达能力。形成丰富的历史想象力和知识迁移能力，逐步了解一定的归纳、分析和判断的逻辑方法，初步形成在独立思考的基础上得出结论的能力；初步了解人类社会是从低级向高级不断发展的、历史发展是有规律的等科学的历史观，学习客观地认识和评价历史人物、历史事件和历史现象。

《普通高中历史课程标准(实验)》中的能力目标则是：在掌握基本历史知识的过程中，进一步提高阅读和通过多种途径获取历史信息的能力；通过对历史事实的分析、综合、比较、归纳、概括等认知活动，培养历史思维和解决问题的能力。

2011年教育部正式制定、颁布的《义务教育历史课程标准(2011年版)》提出的能力要求比之前更具体、明确：了解历史的时序，初步学会在具体的时空条件下对历史事物进行考察，从历史发展的进程中认识历史人物、历史事件的地位和作用。了解多种历史呈现方式，包括文献资料、图片、图表、实物、遗址、遗迹、影像、口述以及历史文学作品等，提高历史的阅读能力和观察能力，形成符合当时历史条件的一定的历史情境想象。初步学会从多种渠道获取历史信息，了解以历史材料为依据来解释历史的重要性；初步形成重证据的历史意识和处理历史信息的能力，逐步提高对历史的理解能力，初步学会分析和解决历史问题。学会用口头、书面等方式陈述历史，提高表达与交流的能力。

2. 我国现行中学历史课程标准中的能力目标

为适应历史课程教材改革发展的需要，教育部又先后制定、出台了《普通高中历史课程标准(2017年版)》《普通高中历史课程标准(2017年版2020年修订)》和《义务教育历史课程标准(2022年版)》。它们都在“课程目标”部分中指出了初、高中历史课程的能力目标要求。

《普通高中历史课程标准(2017年版2020年修订)》提出的历史学科五大核心素养中，时空观念、史料实证、历史解释都与能力问题相关，是历史学习中的关键能力，其在课程目标中分别阐述了这三项素养的具体要求：能够按照时间顺序和空间要素，构建历史事件、历史人物、历史现象之间的相互关联；能够在不同的时空框架下对史事作出合理解释；在认识现实社会时，能够将认识的对象置于具体的时空条件下进行考察。知道史料是通向历史认识的桥梁，了解史料的多种类型，掌握搜集史料的途径与方法；能够通过对史料的辨析和对史料作者意图的认知，判断史料的真伪和价值，并在此过程中增强实证意识；能够从史料中提取有效信息，作为历史叙述的可靠证据，并据此提出自己的历史认识；能够以实证精神对待历史与现实问题。区分历史叙述中的史实与解释，知道对同一历史事物会有不同解释，并能对各种历史解释加以辨析和价值判断；能够客观论述历史事件、历史人物和历史现象，有理有据地表达自己的看法；能够认识历史解释的重要性，学会从历史表象中发现问题，对历史事物之间的因果关系作出解释；能够客观评判现实社会生活中的问题。

最新颁布的《义务教育历史课程标准（2022 年版）》同样提出了与高中阶段相衔接的这几方面的核心素养目标要求：初步学会在唯物史观的指导下看待历史，学会在具体的时空条件下考察历史，初步学会依靠可信史料了解和认识历史，初步学会有理有据地表达自己对历史的看法，等等。

由此可知，21 世纪以来，我国中学历史课程标准提出的能力目标处在不断发展的过程中，现行初、高中历史课程标准中的能力目标较之前的要求更加全面，内涵也更丰富，不仅关注学生学习的结果，还注重学习的过程。

二、相关研究现状

（一）关于中学历史学科能力问题的相关研究

能力培养是学科教学研究中的一个探讨热点。自学生能力发展被作为历史教育目标中的一项任务而提出以来，中学历史教育的能力培养问题研究围绕不同层面，经历了几个主要的发展阶段，取得了一系列成果。

1. 关于历史学科能力体系的研究

自 20 世纪 90 年代以来，围绕历史学科能力体系问题，研究者们提出了各自的见解。

杜继红[①]认为历史学科能力体系分为三个层次：第一个层次是基础知识的掌握，分为三级：基本史实记忆、基本概念形成、基本线索整理。第二个层次是基础知识的运用，分为三级：历史现象分析、历史现象综合、历史现象比较。第三个层次是历史思维的扩展，分为三级：历史问题辩证思维、学术问题争鸣、历史问题的质疑问难。

赵恒烈[②]认为中学历史教学要在历史唯物主义的指导下，培养学生如下五项能力：一是历史事实的再认、再现能力；二是历史材料的搜集、鉴别能力；三是历史材料的领会、诠释能力；四是历史问题的分析、评价能力；五是历史知识的知往、鉴来能力。

聂幼犁[③]提出了历史四级能力目标为识记鉴别能力、领会诠释能力、分析综合能力、评价辩证能力。刘芃[④]认为，历史学科的能力结构由三方面构成：一是历史思维，包括从历史发展的具体事物中建立历史时空的结构体系；从人类历史发展的特点出发构筑认识社会自身运动的内部机制的科学的本体论思维体系（主要有注重历史基本事实的调查和了解、概括性思维、间接性思维、逻辑性思维、目的性思维、生产性思维）。二是材料辨析，包括辨别材料的真伪、归纳材料的类别、辨析材料的价值、提取材料的有效信息。三是语言，包括语言内容的组

① 杜继红. 历史教学中能力层次问题初探[J]. 课程・教材・教法，1992(10)：48—50.

② 赵恒烈. 中学历史学科能力培养中的几点看法[J]. 历史教学，1995(11)：36—38.

③ 聂幼犁. 关于历史学科高考能力目标问题[J]. 历史教学，1992(1)：38—43.

④ 张保华. 中学历史教学研究[M]. 北京：高等教育出版社，2001.

织(逻辑要求、史实和理论的结合);语言文字的表述特点(严谨、准确、充实);历史语言(当代历史语言的形成和运用、对历史上的历史语言的理解和阐释)。

赵亚夫[5]等认为,历史能力分为基本能力,如阅读、表达、写作和观察等;关键能力,如历史思维能力中的了解、理解、信息获取与处理、分析、评价、综合和运用,以及用于解决现实问题的能力、历史思辨能力和批判性思考能力。此外,刘立新[6]把历史学科能力培养系统分为学习技能和认识能力两大类。学习技能包括阅读能力、笔记能力、识别和制作图表的能力、编写提纲的能力、检索参考资料、使用工具书的能力、表达能力;认识能力有形成和掌握概念的能力、分析和解决问题的能力。桂芳[7]则认为,可以把历史学科的综合能力培养目标体系划分为三个层次,即学科基本技能、历史思维能力、创新意识和社会实践能力。

梁琼珍、梁小贺[8]对历史学科能力目标总体要求进行了分层,将其分为三个层次:一是指认识历史的方法;二是指历史学科的学习能力;三是理论、立场、观点的掌握和运用。鉴于学生年龄、心理、认识能力等因素,这些具体的能力培养可分三个阶段进行:第一阶段是初一、初二阶段,第二阶段是初三、高一阶段,第三阶段是高二、高三年级。

以上观点主要结合历史学科的特质和教育学、心理学等相关领域对历史学科能力的范畴提出了见解,虽出于不同角度,但从中可见历史思维和历史知识的运用是他们的共识。

2. 关于历史学科能力培养的研究

进入 21 世纪,中学历史课程标准提出了知识与能力、过程与方法、情感态度与价值观的三维目标,历史学科的能力培养问题又进一步引起了学者、教师的研究,出现不少成果。如王雄[9]指出,“在中学历史课堂教学中,通过改变教学模式,设计以能力为核心的教学目标,注重培养学生的概括能力与自我监控能力,是提高中学生历史学科能力的有效途径”。刘军[10]认为历史学科能力的培养,可以采用探讨发现法、引导谈话法或范例法等培养学生的表达能力、组织能力、观察能力、想象能力和历史思维能力等。郭栋梁[11]强调在历史教学中培养学生能力要做到几个重视:第一,不仅要重视历史知识的故事性,而且要重视其内在规律性;第二,重视对历史知识掌握和分析的全面性、客观性、准确性;第三,重视历史训练题型的转型与变换。杨晓林[12]认为,历史学科的能力培养必须建立在科学的认识方法基础上,历史学科最终要培养的能力是认识现实的能力,所以教给学生三个方面的认识方法。第一,历史最基本的方法是论从史出,这个原则要贯彻到底;第二,关于具体历史事件的活动应该体现出人的活动和作用;第三,分析历史事件应该体现一些基本的社会科学方法,而不应该用高端的理论“一套了之”。金岁华[13]指出,在历史教学中培养学生的思维能力要注重在教学中培养学

⑤ 赵亚夫. 国外历史教育透视[M]. 北京:高等教育出版社,2003.
⑥ 刘立新. 中学历史科能力培养的立体构架[J]. 西华师范大学学报(哲学社会科学版),1994(3):42—46.
⑦ 桂芳. 试论历史教学中学生综合能力的培养[J]. 教育与职业,2007(9):90—91.
⑧ 梁琼珍,梁小贺. 中学历史学科能力的培养[J]. 广西教育,2002(6):39—40.
⑨ 王雄. 历史地理教学心理学[M]. 北京:北京教育出版社,2001.
⑩ 刘军. 历史教学的新视野[M]. 北京:高等教育出版社,2003.
⑪ 郭栋梁. 融会贯通才是真——对历史教学中能力培养的思考[J]. 中学历史教学参考,2003(9):50.
⑫ 杨晓林. 中学历史学科要培养学生什么样的能力[J]. 中学历史教学参考,2005(10):42—44.
⑬ 金岁华. 中学历史教学与学生能力培养刍探[J]. 科教文汇(下半月),2006(03):93.

生的学习兴趣，在教学中帮助学生掌握基础知识，在教学中教会学生思维方法。

3. 关于历史学科能力目标测评的研究

关于历史学科能力目标的测评，也进入了研究者们的视野。例如，赵亚夫⑭提出制定历史学科能力测试目标的依据：第一，根据所学习的课程，将能力目标具体化、细节化；第二，能力发展程度与学力是正比关系，教师的学习指导水平及其本人的基本素质对学生能力发展有影响；第三，能力测试的功能之一，是检验个性和发现学习上的特优者和障碍者；第四，能力测试要鼓励创造性发现，并将想象、理解、态度、性格、表现、技能、论理、批判等创造性因素切实地融入测试试题中。

童和刚⑮认为历史学科应用能力所要测试的主体能力有分析能力、比较能力、综合能力和评价能力。王雄⑯指出历史学科能力测验应强调结构性原则、客观性原则和测验结果评价的个性化原则。白幼蒂⑰提出历史认知能力的测评（每学期一至两次，占学业测试总成绩的10％～20％）的主要内容和方法有两个：一是对某一个或某一类历史事物的认识；二是对历史事物纵横联系的理解。思维能力的测评（每学期期中期末两次，占学业测评总成绩的60％），命题特别需要注意思维方式的多样性，思维维度的宽广性，思维内容的启发性，试题和评分标准的弹性。创造能力的测评（一学年或一学期进行一次，占学业测评成绩的30％～20％），采取对学生"作品"进行定性分析和等级评定的方法。

姚燕珠⑱则介绍了一个自行设计的评价学生历史思维能力的课堂评价表（见表1）。

表1　历史思维能力课堂评价表

项　目	评　价			
	优　秀	良　好	一　般	较　差
思维的广阔性				
思维的评判性				
思维的深刻性				
思维的灵活性				
思维的敏捷性				
思维的创造性				

⑭ 赵亚夫. 历史学科能力测定的概念、种类及其一般原理[J]. 首都师范大学学报：社会科学版，1998(5)：111－117.

⑮ 童和刚. 谈历史学科应用能力的测试目标[J]. 沈阳大学学报：社会科学版，2002，4(3)：75－77.

⑯ 王雄. 历史地理教学心理学[M]. 北京：北京教育出版社，2001.

⑰ 白幼蒂. 历史学科的开放性学业评价[J]. 中小学教材教学，2004(14)：2－7.

⑱ 姚燕珠. 如何评价高中阶段学生的历史思维能力[J]. 当代教育论坛：学科教育研究，2006(8)：2

她同时指出，这个历史思维能力课堂评价表主要是根据思维品质的分类来设计的。教师可以根据其他标准进行设计，比如可以把评价项目换为分析能力、概括能力、评价能力、比较能力等。

4. 关于中学历史各类能力培养的方法研究

与此同时，中学历史各类能力培养的具体方法也越来越为历史教育学界重视并有所论及，研究生以此为选题的论文更是多有所现。如邵建春的《初中历史人文学科阅读能力培养初探》（华东师范大学 2006 年硕士论文）、郑宇明的《历史学科自主探究学习能力培养》（南京师范大学 2007 硕士论文）、纪凤的《高中生历史学科思维能力的培养》（南京师范大学 2011 年硕士论文）、刘治军的《中学生历史学科自主学习能力的培养》（湖南师范大学 2014 年硕士论文），等等，这些论述主要围绕历史教育在某一方面的能力培养问题而展开。

综上所述，对于中学历史学科能力问题的研究，已有相当的进展，但现有的关于能力目标的范围、测评等方面的研究成果，多属"各自为战"，没有形成系统、完整的理论体系。研究方法上，有的虽然重视了个人教学经验的积累和反思，但缺少与教材的结合，没有从教材变化特点的视角来论述历史学科能力培养的要求和方法。

（二）关于统编中学历史教材的研究

从 2012 年起，教育部统一组织编写义务教育道德与法治、语文、历史三科教材，历时 5 年完成编审工作，于 2017 年 9 月秋季学期开始在全国中小学起始年级投入使用。目前有相关论文对于统编初、高中历史教材的编写和使用等问题进行了探讨，较具代表性的如徐蓝所作《统编普通高中历史教科书的新气象》[19]、张海鹏的《统编高中历史教科书的学科体系和学术体系——适应和掌握统编高中历史教材〈中外历史纲要〉（上）的意见》[20]、方颖的《理解导向　把握特点　优化课堂——部编本初中历史教材使用建议》[21]、王海东的《浅析统编版初中历史教科书课文辅助系统运用策略》[22]等文，还有一些统编中学历史教材配套的教学设计案例集出版，如姬秉新等主编的《历史教学：从"设计"到"实施"（中国历史）》[23]（高等教育出版社 2020 年版）、许斌主编的《统编初中历史教科书教学设计与指导》[24]（华东师范大学出版社 2020 年版）、《统编高中历史教科书教学设计与指导》[25]系列丛书（华东师范大学出版社 2020 年版）等。但总体而言，由于投入使用时间有限，关于统编中学历史教材的研究还有不少问题尚待深入，关于在新教材使用背景下如何加强培养中学生历史学科能力方面的专门研究则更为缺乏。

---

⑲ 徐蓝. 统编普通高中历史教科书的新气象[J]. 基础教育课程，2019(17)：57—63.

⑳ 张海鹏. 统编高中历史教科书的学科体系和学术体系——适应和掌握统编高中历史教材《中外历史纲要》(上)的意见[J]. 课程·教材·教法，2019(9)：13.

㉑ 方颖. 理解导向　把握特点　优化课堂——部编本初中历史教材使用建议[J]. 福建基础教育研究，2017(7)：12—14.

㉒ 王海东. 浅析统编版初中历史教科书课文辅助系统运用策略[J]. 中学历史教学参考，2021，000(6)：36—37.

㉓ 姬秉新. 历史教学：从"设计"到"实施"(中国历史)[M]. 北京：高等教育出版社，2020.

㉔ 许斌. 统编初中历史教科书教学设计与指导[M]. 上海：华东师范大学出版社，2020.

㉕ 许斌. 统编高中历史教科书教学设计与指导[M]. 上海：华东师范大学出版社，2020.

三、研究的主要内容、重点及难点

统编初、高中历史新教材均是按照“点”和“线”相结合的方式编排内容。“点”是具体生动的重大历史事实,“线”是社会发展演变的基本规律、历史发展的基本线索,通过历史学习培养学生唯物史观,了解和热爱祖国的历史和文化,增强爱国主义情感,坚定社会主义信念。教材内容具体呈现为单元—课—目结构。每课以正文为主体,辅以功能性栏目,拓宽学生视野,培养学生学科能力与学科素养。统编初中历史教材内容凸显中华优秀传统文化教育、革命传统教育、民族团结教育、国家主权和海洋意识教育、国际理解教育。统编高中历史教材与初中历史教材相衔接,使相关知识进一步拓展和深化,使学生能够从更新、更多的角度学习历史和认识历史。其在前述初中历史教材强调“五育”的基础上,还突出了社会主义核心价值观教育、法治教育、生态文明教育等内容。统编中学历史教材的这些变化是教师在教学时所要面对的,也向他们培养学生历史学科能力提出了新的要求。

本课题主要基于我国中学历史课改中能力目标的内涵和统编初、高中历史教材的编写特点,探讨使用统编中学历史新教材时,促进学生在历史学科能力的两个层面——学习能力和运用能力上发展的有效方式和策略。

当前中学历史课改提出了哪些需要我们在历史教学中关注的历史学科能力?新形势下我们在培养学生能力的过程中要注意哪些问题?在前人研究的基础上,通过分析新课标的要求和统编中学历史教材的变化、特点,结合教学设计和实践,探索新教材使用背景下重点能力培养的良法,以及学生一些较薄弱能力发展突破的路径,分别是本课题研究的重点和难点。

四、主要研究思路与方法

依据研究课题的特点,本课题基本研究思路为理论与实践相结合,由高校专业研究者与中学一线教师、教研员合作,从历史课标、教材、教法等入手,分析历史学科能力目标的内涵和要求,并将研究对象聚焦于学生运用唯物史观探究历史问题、文本阅读、历史解释等方面的能力,因为这些能力既是学习和运用历史的一些关键能力,也是当前所强调的历史学科核心素养。通过教学设计案例探讨培养方法和策略,对于实现统编中学历史新教材的学习主旨和渗透的学科能力、学科素养目标是很好的切入点。研究过程中将主要采用以下方法:

(1)文献法:课题开展过程中,将对相关历史教育文献资料和已有理论成果进行收集、整理、比较、研究和运用。

(2)观察法:依据研究目的在课堂观摩中获取学生相关能力表现方面的信息。

(3)案例法:通过初、高中历史课堂教学设计案例,分析问题成因及解决问题的对策。

如前所述,鉴于目前在统编新教材使用背景下,关于中学历史学科能力培养对策方面尚缺乏系统、深入的研究,使得本研究具有一定的价值。

五、主要研究成果

通过本课题的实践研究，能够表明：

理解新教材编写的变化和渗透的能力目标是实施历史学科能力培养策略或方法的前提，统编历史教材中的有些内容本身也可作为培养学生历史学习和运用能力的良好素材。

无论是史料实证，还是历史解释、史实，即历史学中的证据都是历史学习不可或缺的要素，证据意识的养成是诸多历史学科能力培养的关键。

当前历史学习中所强调的时空观念等素养及文化史、科技史等内容，对学生从历史与其他学科方法整合的跨学科角度去分析思考历史问题提出了要求，自主学习探究能力、历史学习和运用综合能力是历史学科能力发展的趋势。

科学培养唯物史观,激发自主探究能力

苏菁

(上海市钟山初级中学)

一、唯物史观在当前中学历史教育中的地位

2013年,教育部启动了普通高中课程方案和各学科标准修订工作,初中课改也紧随其后。根据党的十八大、十九大关于学校教育要落实立德树人根本任务的要求,以及《教育部关于全面深化课程改革 落实立德树人根本任务的意见》等要求,一些育人理念更加明晰,如以历史唯物主义为指导,吸收人类优秀文明成果,弘扬爱国主义精神。

(一)基于《中国学生发展核心素养》的历史学科育人目标

2016年9月,《中国学生发展核心素养》总体框架正式确立。中国学生发展核心素养以培养全面发展的人为核心,分为文化基础、自主发展、社会参与三个方面,综合表现为人文底蕴、科学精神、学会学习、健康生活、责任担当、实践创新六个素养。这些素养相互联系、互相补充、相互促进,是中国学生应该具备的适应终身发展、社会发展需要的必备品格和关键能力。

《普通高中历史课程标准(2017年版)》提出了历史学科的五个核心素养:唯物史观、时空观念、史料实证、历史解释和家国情怀。这五个历史核心素养是关于学生知识、技能、情感、态度、价值观等多方面要求的综合表现。

初中学段是高中学段的基础。2022年4月,《义务教育历史课程标准(2022年版)》正式落地,对于如何整合中国学生发展核心素养与历史核心素养,如何更好地实现初高中历史教学,尤其是在培养学生学科核心素养方面的有机衔接,在统编教材课程实施中不断实践探索,具有很强的指导意义。

(二)唯物史观在中学历史课程标准中的要求

唯物史观即历史唯物主义,是马克思主义哲学的有机组成部分,包括对历史过程的本质、历史发展结构,以及具体人物和历史问题的认识。

对于中学历史教学而言，历史观反映的是中学历史教育的价值取向，决定着我们要培养什么样的人的问题。人类对历史的认识经历了一个由表及里、从感性到理性的过程，要透过纷繁复杂的历史表象认识历史的本质，科学的历史观和方法论尤为重要。唯物史观是学习和研究历史的世界观和方法论。

《义务教育历史课程标准(2022 年版)》明确指出，义务教育阶段历史课程是学生在马克思主义唯物史观指导下，了解中外历史发展进程、传承人类文明、提高人文素养的课程。课标明确了历史学科的课程性质、课程目标、教学建议等都要坚持以唯物史观为指针。

《普通高中历史课程标准(2017 年版 2020 年修订)》重申了唯物史观使历史学成为一门科学。只有运用唯物史观的立场、观点和方法，才能对历史有全面、客观的认识。唯物史观作为历史学科能力培养的灵魂，是实现学生发展核心素养的基本要素，是学习和探究历史的核心理论和指导思想，是实现历史学科价值目标的指针。

中学历史课程基于唯物史观的立场、观点、方法，以人类发展历程的重要史实，以及人们对历史的认识为学习内容，在帮助和促进学生追寻文明足迹、知晓前人得失、体验历史发展、感受史学进步的过程中，习得了解、解释与评价历史的基本方法，汲取历史经验，增强民族精神，开阔国际视野，陶冶道德情操，成为有历史意识和社会责任的公民。

综上所述，唯物史观作为历史学科能力培养的灵魂，是实现学生发展核心素养的基本要求和目标。唯物史观指引下的历史课程，在彰显爱国主义为核心的民族精神、改革创新为特征的时代精神，提升社会主义公民的人格素养和思维品质，树立健康向上的理想信念等立德树人方面有着不可或缺的作用。

二、唯物史观在中学历史教材中的基本观点及教学方法

《普通高中历史课程标准(2017 年版 2020 年修订)》对五大核心素养分别按照四个水平等级进行了划分。为了实现初高中教材的有效衔接，现行初中历史教学基本按照水平 1 为参照，对于唯物史观的落实基本要求大体为：了解唯物史观的基本观点和方法，包括人类社会形态从低级到高级的发展、生产力和生产关系之间的辩证关系、经济基础和上层建筑之间的相互作用、人民群众在社会发展中的重要作用等，理解唯物史观是科学的历史观。

为了有效整合，呈现历史学科的特点，以中国学生发展核心素养为起点，以《普通高中历史课程标准(2017 年版 2020 年修订)》附录 1“历史学科核心素养水平划分”中的水平 1 为基点，结合《义务教育历史课程标准(2022 年版)》，笔者将唯物史观在中学教材中的基本观点及教学方法进行了总结归纳。

（一）唯物史观在中学教材中的基本观点

唯物史观的基本观点依据不同的标准有多种分类。根据中学阶段历史教学的内容和目标要求，统编高、初中历史教材主要涉及以下基本观点。

1. 生产力决定生产关系

以统编初中教材《中国历史(第一册)》第 6 课“动荡的春秋时期”为例。通过学习让学生

理解这一时期的突出表象是:王室衰微,诸侯并起,争霸战争连绵不断,国家剧烈动荡。深层的变化则是:随着铁器和牛耕出现,生产力显著提高,社会关系的变化导致西周制度逐渐瓦解,宗法制内破坏,诸侯崛起与大夫专权,分封制瓦解。教师可引导学生认知,当生产关系不适合生产力发展而变成它的桎梏时,新的生产力与旧的生产关系发生尖锐冲突,其结果必然要求生产关系发生根本变化,社会发展就由量变转化为质变,社会革命就到来了。可见,生产力和生产关系的矛盾是社会变革的物质根源。

2. 经济基础决定上层建筑

以统编高中教材《中外历史纲要(上)》第2课"诸侯纷争与变法运动"为例。通过学习让学生理解:生产力的发展必然引发生产关系的变化,分封制逐步瓦解,周王室失去制约各诸侯国的手段和能力。当旧的生产方式瓦解之后,旧的、奴隶制的上层建筑再也无法维持下去了。在新兴地主阶级的推动下,改革、变法成为不可抗拒的历史潮流,最终在战国时期建立了地主阶级专政。在这一过程中,代表不同阶级、阶层的思想家提出了各自的哲学思想和政治思想,形成了战国时期的"百家争鸣"的局面。秦国的经济、军事实力提高得最快,具备了统一六国的基本条件。教师可利用教材引导学生认识、理解并运用唯物史观去分析历史问题,从物质生产活动中寻找"一切社会变迁和政治变革的终极原因",透过纷繁复杂的历史现象和事件,看到物质基础与上层建筑之间的关系。

3. 社会形态从低级阶段到高级阶段发展

以统编高中教材《中外历史纲要(下)》第11课"马克思主义的诞生与传播"为例,通过学习让学生理解《共产党宣言》第一次全面系统地阐述了马克思主义的基本原理,阐明了社会发展的客观规律。随着无产阶级的成熟,资本主义矛盾的暴露,马克思和恩格斯从社会现实出发,站在无产阶级立场上为无产阶级革命提供了理论武器,指明了方向。这是时代的要求,又推动了历史的前进。教师在授课过程中适时地指出,唯物史观主张历史是不断由低级向高级发展的,这个发展过程同时也是一个进步的过程,可以用历史的、发展的观点来研究这些历史发展规律。

4. 人民群众是历史的创造者

以统编初中教材《世界历史(第二册)》第3课"美国内战"为例,通过学习让学生把握人民群众与杰出人物的关系:一方面认识到人民群众的历史决定性,感知人民群众是实践的主体,是历史的创造者,是变革社会制度、推动历史前进的决定力量。另一方面了解到人民的创造受到历史条件的制约,还需要杰出人物的引领。林肯政府颁布的《宅地法》和《解放黑人奴隶宣言》使分散的人民群众的力量得到了汇聚,调动了美国农民和黑奴的战斗热情。生产活动的决定性力量来自人民大众,从而加速了历史的变革。唯物史观的群众观点清晰地告诉我们:一定要深刻理解并真正融入人民之中,为了人民、为了社会进步,才会有真正的大作为。

(二)践行唯物史观的基本教学方法

践行唯物史观的教学方法也是多样化的。根据中学阶段历史教学的内容和目标要求,列举几个基本教学方法。

1. 辩证分析法

在历史教学中，教师要引导学生能够从联系的、发展的辩证关系中，理解人类历史的曲折变化；能够全面、辩证地看待历史人物和历史事件；能够史论结合、实事求是地论述历史发展的基本规律。

2. 一分为二分析法

在历史教学中，教师要培养学生一分为二看待、分析历史事件的意识与能力。从联系与区别等方面，多视角分析、综合、比较、归纳历史问题这一过程与方法，对培养学生的历史思维能力具有重要作用。

3. 整体分析法

在历史教学中，教师要引导学生能够从物质生产历史的纵向、人类交往的横向联系，理解人类历史的基本过程和基本规律；能够史论结合、实事求是地论述人类社会整体发展的基本规律。

4. 培育史学思想方法

在沪上中学历史教学实践中，笔者经过近几年的探索，遵循“史由证来、证史一致，论从史出、史论结合”的原则，将史学思想方法分为集证辨据和诠释评价两类。这两类史学思想方法可以视作中学历史学习的核心能力。对于史学思想方法的每一个具体目标，学生要在教师示范的基础上，能够理解其达成的路径、方法等，即建模；在教师的指导下，学生在相同或类似的学习情境中模仿，取得实效；最终达到教师点拨，学生迁移运用，举一反三，触类旁通。

综上所述，用唯物史观透过历史事件、人物与现象，能看到历史发展的规律与本质，对历史有全面、客观的认识。帮助学生树立认识世界的正确观点，掌握客观辩证的思想方法，对达到立德树人的要求具有独特的积极意义，也有助于学生的全面发展。

三、历史教学中渗透唯物史观的案例举隅

（一）案例背景

文化是凝结在物质之中又游离于物质之外的，能够被传承的国家或民族的历史、地理、风土人情、传统习俗、生活方式、文学艺术、行为规范、思维方式、价值观念等，是人类之间进行交流的普遍认可的一种能够传承的意识形态。一定的思想文化是一定社会的政治和经济的反映，又影响和作用于一定社会的政治和经济。也就是说，有了什么样的社会，才有什么样的文化。

唯物辩证的观点是马克思主义哲学首要的、最基本的观点。一方面，社会历史在本质上是一种“自然历史过程”，具有一定的客观规律，有其辩证性；另一方面，社会历史又是人的活动过程，人在活动过程中具有一定能动性和选择性。

在执教统编初中教材《中国历史（第三册）》第八单元第 26 课“教育文化事业的发展”时，

笔者试图依托区域内的红色场馆资源，通过对近代进步文学艺术家所取得的辉煌成就进行分析，向学生渗透唯物史观的这一辩证观点。同时，从校史出发，通过与学生共同设计环游区域内红色场馆资源的路线，润物无声地进行党史教育；通过感受杰出人物的爱国情怀，坚定理想信念，培养学生爱国主义思想和民族精神、积极进取的人生态度，增强学生的社会责任感；通过乡土史的浸润，学会寻找历史痕迹，并加以印证史实，同时激发学生自主探究的意识及能力，进一步培养学习历史的兴趣。

（二）教学实录（节选）

环节1：导入——实业救国（第一站“澄衷蒙学堂”）

师：老师给同学们讲一个小故事，这个故事要回溯到整整120年前。故事的主人公是一个年近花甲的老人叶澄衷……他决定在自己的有生之年捐资创办一所学堂，让寒门子弟也能上学读书，形成良好的品行，做一个对社会有用之人。

遗憾的是，交代完创办学堂的心愿后，第二年他就过世了。1901年4月16日，他的家人、董事等完成了他的遗愿，在上海创建了第一所由中国人自己出资创办的班级授课制的新式学校——澄衷蒙学堂。这是我们的第一站，位于虹口的唐山路公平路。今天就让我们以此为起点共同了解近代的教育文化艺术事业。

澄衷蒙学堂的校名由清末状元、著名实业家张謇题写。除此以外，正厅悬挂着光绪帝御笔亲书“启蒙种德”匾额，给当时的澄衷师生带来莫大的荣耀与鼓舞。

甲午战争后，张謇等一批实业家主动放弃高官厚禄，还有如叶澄衷这样的商业巨擘，走上怎样的救国道路？

生：实业救国！

师：学校首任校长刘树屏，翰林出身，聘请了著名教育家蔡元培作为总教习……有一件事值得关注，蔡元培在辞职之后，依然从事《澄衷蒙学堂字课图说》编纂工作。全书共4卷8册，图文并茂，选字3000余个，有黑白插图762幅。胡适、竺可桢都曾经是澄衷学堂的学生。

中国自有学校以来，第一部教科书，就是《澄衷蒙学堂字课图说》。这一部读本在中国教育史上，有着历史性的价值。著名作家茅盾晚年回忆说，他的母亲就是用澄衷蒙学堂的识字课本教他识字的。

1910年，著名学者及思想家严复还参与了商务印书馆的《初等小学堂习字帖》的编纂。晚清名臣张之洞亲自编纂了以《学堂歌》《中国大地形势歌》《军歌》为主要内容的说唱教科书《张相国新撰唱歌教科书》。

这些质朴童趣的教材广受欢迎。当时的大学者为什么要来为小学生编写教材呢？（回顾）甲午战争惨败，给中华人民带来亡国灭种之危机。

生：教科书被赋予了救亡图存、复兴民族的刻不容缓的伟大使命。

环节2：教育事业的发展——教育启智

师：科举制度的废除是社会发展的必然趋势，兴办学堂成为发展教育事业的核心。近代教育事业的发展经历了建学堂、废科举、立学制的重大变革。科举制从隋朝建立、唐朝完善、宋朝发展、明朝鼎盛（僵化）到清朝衰落，晚清政府迫于压力与形势，终于在1905年宣布废除存在了1300年的科举制。

(出示近代学堂及所授学科PPT)从这些图表中我们可以看出什么?

生:清政府兴办学堂,颁布各级学堂章程,统一全国学制。

师:是的,从中我们可以看出——中国近代新式教育逐渐发展起来。近代教育的开端就是兴办新式学堂,清政府迈出了近代中国教育改革的重要一步。而《澄衷学堂章程》被誉为中国近代教育史上基础教育学校最早最完备的办学章程。

环节3:新闻出版业的发展——文化兴邦

师:鸦片战争后,外国人在上海、香港等地创办了许多供在华外国人阅读的外文报刊。1872年在上海创刊的《申报》是近代中国发行时间最久、具有很大社会影响力的报纸,也是中国现代报纸开端的标志,被人称为研究中国近现代史的"百科全书"。

与此同时,天津的《大公报》、上海的《新闻报》、延安的《解放日报》都是民国时期的著名报纸。上海的《东方杂志》、陈独秀创办的《新青年》、邹韬奋主办的《生活》周刊是民国时期影响较大的刊物。

这些新式报刊报道了各地发生的重大事件,分析了国内外时局。其报道及时,覆盖面广。报刊对人们的日常生活产生了什么样的影响呢?

生1:这些新式报刊成为当时人们理解中国和世界的重要窗口,也成了针砭时政的喉舌,深刻影响着当时人们的日常生活。

生2:开阔了当时人们的视野,培育了一批拥有新知的人才群体,在很大程度上促进了中国社会化的转型。

师:报刊的日益增多,又促进了出版机构的发展。

让我们来到第二站——静安区天通庵路的商务印书馆第五印刷所,它在1932年的日军轰炸中得以幸存,目前已经修复揭牌。1897年在上海创办的商务印书馆是近代中国人创办的第一个,也是规模最大的文化出版机构。在我国近代史上,有两座机构被称为近代文化的"双子星",一个是著名的北京大学,另一个是商务印书馆。商务印书馆之所以能取得这样大的成就,有一个人不得不提,他就是张元济。

当时张元济是这么说的:"中国四万万人口,只有四十万人受过教育,受过教育的人也就是学过几句八股文,对于应有的知识几乎都没有学到。"

在那个年代,只有张元济一个人选择了出版业这条救国之路,没多久,就打响了名号。在科举制度废除后,各地新学兴起,张元济认为教科书关系一代乃至几代中国人的知识结构、思维方式的改变,就费尽心血编纂教科书。在晚清时期,商务印书馆教科书的发行总量占全国的4/5。商务印书馆一步步做大做强,验证了它"昌明教育 开启明智"的目标。抗日战争爆发后,张元济的新学被日军炸毁。面对日军的诱降,他宁愿卖字为生也坚守气节。

此后,又出现了一批有影响力的出版机构,比如解放区的出版机构成为发行进步书刊的重要阵地。这些出版机构在当时有哪些重要作用呢?

生1:起到了传播西方先进思想和科学文化的作用。

生2:保存了大量的中国文化。

生3:促进了近代教育事业的发展,特别是在知识文化的普及方面发挥了作用。

师：是的。这些出版机构传播先进理念，指引有志之人走向救国道路，加速了中国近代化的步伐。

环节 4：文学的发展——文学凝心

师：晚清到民国，在新文化运动及五四运动的号召之下，文学艺术方面也有了一定的发展。20 世纪初期以后，中国文艺创作空前繁荣，成就突出，涌现出一批优秀作品。有一个伟人，他是中国新文化运动的主将，在文化上具有伟大的建树，为中华民族新民主主义文化开辟了正确的方向和道路，他用笔杆当枪杆，横眉冷对千夫指。他在人生的最后 9 年来到上海，成立了左翼作家联盟，他是谁呢？

生：伟大的思想家、革命家、教育家鲁迅。

师：我们该如何追寻他的足迹了解那一段历史呢？

生：要了解他的思想及革命之路，我们可以走访位于虹口区的鲁迅纪念馆（第三站）、鲁迅故居（第四站）和多伦路文化名人街（第五站）。

生：鲁迅的文学作品极大地唤醒了当时的民众意识，激发了当时人们的民族抗争意识。

师：是的，在抗日救亡运动中，像鲁迅这样的文学艺术家在其作品中讴歌了民族独立，反对外来入侵，成为中国近代文学艺术的主旋律。

环节 5：艺术的发展——艺术聚魂

（出示 PPT）

材料一：蒋介石 50 岁生日时，国民党政府内政部次长请徐悲鸿为蒋画像。他毅然回绝道："我对给蒋介石画像不感兴趣！……至于我的兴趣，则在抗日救国 假如抗日民众要我为之画像，我将不胜荣幸！"

材料二：人不可有傲气，但不可无傲骨。——徐悲鸿

材料三：徐悲鸿画作《愚公移山》，创作于 1940 年（图片）。

师：综合以上材料，结合徐悲鸿创作的背景，谈谈你对徐悲鸿作品的认识，以及其作品所要表达的意义。

生 1：画面为开山凿石场面。愚公白发长须，拄锄而立；开山者，体魄健壮，挥锄掘石，坚韧卓绝精神跃然纸上。

生 2：时值抗战艰苦年代，以激励中国人民艰苦奋战的斗志和必胜的信念。

师：除了美术作品能够渲染时代氛围，音乐作品亦能达到这样的效果。请同学们一起来听一段音乐（播放《黄河大合唱》），请大家交流一下欣赏后的感触。

生 1：《黄河大合唱》气势磅礴，表现出中华民族的伟大、独立、坚强。

生 2：体现了中华民族的勇敢、顽强和百折不挠的拼搏精神。

师：一个时代有一个时代的歌曲，一个时代有一个时代的音乐旋律。《黄河大合唱》的曲作者冼星海和国歌《义勇军进行曲》的曲作者聂耳都曾在虹口北外滩居住。作为左翼文化的重要成员，他们在虹口留下了珍贵的历史足迹，也就是我们的第六站——聂耳旧居。近代，一大批文学、艺术家用各自作品反映了当时的社会和时代主题。这是那个时代最强音的能动反映，是中国人民矢志战胜天灾人祸、外族侵略，发愤图强、自力更生地建设中华民族的心曲与战歌。

环节 6:总结思考

师:通过今天的学习,请同学们思考:为什么在晚清、民国、近代的教育文化艺术发展中,有诸多重要的史事和上海息息相关?

(讨论略)

总结:上海是西学东渐的辐射地、新文化的发散地、洋务运动的开启地、近代工业的集中地,上海是民国时期中西文化交融并存的场所,是连接国内与国外的桥梁。五四运动以后,新民主主义革命的中心转移到了上海。上海的运动为全国所关注,聚集了各大运动的骨干力量。中国共产党的一大、二大、四大都是在上海召开的。

(三)案例反思

1. 教学设计中的亮点——关于"文化"在历史教材中的作用的认识

文化是历史的反映,历史是因革命形势演进的,因此文化才呈现出激动人心、波澜壮阔的特点。历史学科讲文化,讲的是文化与时代的关系,也体现出经济基础与上层建筑之间辩证统一的关系。历史课讲文化,是让学生了解文学作品变成革命文学、进步文学的历史进程。本节课通过学生熟悉的家门口的红色场馆资源的游览线路设计,激发学生自主探究的意识及能力,润物无声地将党史教育渗透到学生的学习、生活中,使其进一步感受文化的魅力,厚植爱国主义情怀。

2. 案例的实践意义——关于唯物史观在本课中的渗透

在准确把握教材内容的前提下对教学环节进行设计。在本节课的教学过程中,注重将文化的历史设计为一种情境,和学生的成长联系在一起。在整个教学环节中,教师虽一句话都没有主动提及"一定的思想文化是一定社会的政治和经济的反映",但是通过层层相扣的知识点突破,结论则水到渠成。

3. 案例的现实价值——唯物史观对单元教学前后联系的影响

本课前一课内容为"经济和社会生活的变化"。在备课时,结合"伴随外来文化的冲击和社会政局的更替,西方的文化、器物大量涌入,深刻改变着中国人的生产方式和生活方式"内容进行教学环节的设计,进一步加深学生对唯物史观经济基础与上层建筑观点的理解,助推教学效果的达成。

4. 学生综合素养的提升——基于新课标的后续教学思考

结合新课标关于"跨学科主题学习"的课程内容,在历史教学中进一步发展学生核心素养,促进学生历史学习方式的转变,引导学生围绕研究主题,将所学历史课程与其他课程的知识、技能、方法及课题研究等结合起来,开展深入探究、解决问题的实践活动。依据课标参考示例中"探寻红色文化的历史基因"的启示,在未来的学科教学中,笔者将进一步通过课堂教学设计的铺陈,引导学生利用本地红色文化资源,开展红色文化之旅,通过体认革命精神,弘扬革命传统,传承红色基因。

培养文本阅读能力　提高史料实证素养

叶朝良

（上海市杨浦区教育学院）

史料实证素养是中学历史核心素养的五大方面之一，是历史学科不同于其他学科的特征之一。在教学中，教师要注重培养学生的实证意识，使学生能够收集与历史有关的各类材料，并对史料进行辨析，判断史料的价值；掌握研习史料的方法，能够从史料中提取有效信息；形成历史的实证意识，在论述历史时能够将有价值的史料作为证据。

一、对教材文本的处理

对历史教材文本即课本文字的处理主要可以采取两种方式。

一是把课本作为文本阅读的材料，师生共读，得出结论，从而提高学生的史料阅读能力和归纳能力。例如可以阅读高中历史教材选择性必修 3 第 10 课“近代以来的世界贸易与文化交流的扩展”第一目的文字，同时联系高中历史教材选择性必修 2 第 8 课、第 9 课及《中外历史纲要》的相关内容，制作表格（表 1）。

表 1　全球贸易网的形成

阶段	贸易概况	原因（生产力和国家政策）	世界市场态势
15 世纪至 18 世纪中期	各洲之间的贸易扩展，国际流通中的商品种类与数量大大增加	资本主义工场手工业有所发展；新航路开辟和西欧各国的殖民扩张	世界市场初步形成
工业革命后	形成西欧、北美各国与其余国家的生产和贸易分工，世界贸易额增长迅速	两次工业革命（工业生产能力增强，蒸汽机车、轮船等使世界各地联系更为便捷）；欧美殖民扩张力度增大（商品输出、资本输出、瓜分世界）	世界市场最终形成
第二次世界大战后	世界贸易从有所发展到突飞猛进	第二次世界大战后科学技术的新发展；《关税与贸易总协定》、中国改革开放、冷战结束、世界贸易组织成立	逐渐走向经济全球化高潮

学生通过对已经学习过的历史知识进行回顾，加强巩固。以选择性必修 2 和选择性必修 3 教材相关部分为阅读文本，通过预设的表格，引导学生在阅读文本的基础上，归纳相关内容，填入表格，培养学生的阅读和总结概括的能力。同时，通过填表格的过程，引导学生从生产力、主导国等方面去思考全球贸易网的形成过程及其原因。

二是将教材文字浓缩，改编成一段文字，让学生阅读，然后根据要求回答问题。

如将高中历史教材选择性必修 3 第 1 课“中华文化优秀传统文化的内涵与特点”第 1 目“中华文化的发展历程”的内容，改编成以下一段文字：

先秦之后，中华文化继续发展。为巩固大一统的局面，汉武帝接受董仲舒的建议，尊崇儒术，确立了儒学的正统地位。随着佛教的传入和道教的兴起，中华文化呈现出儒、佛、道交汇融通的景象。到了宋代，吸收佛、道思想阐释儒学的新学派理学形成。明末清初社会的剧烈动荡，促进了思想界的活跃，黄宗羲等人批判理学，抨击君主专制，倡导经世致用。1840 年鸦片战争爆发后，向西方学习以救亡图存逐渐成为中华文化的潮流。20 世纪初期兴起的新文化运动，抨击封建思想，科学与民主成为中华民族追求的价值目标。五四运动以后，马克思主义与中国实际结合，推动了中华文化的进步。

在阅读文本的基础上，教师提出问题：促使中华文化不断发展的因素有哪些？

在学生充分思考的基础上，教师和学生共同得出结论：促使中华文化不断发展的因素有时代的变迁，学者的探索和创新，统治者的推动，吸收、融合先进外来文化，商品经济或资本主义经济的发展等。

通过这两种方式，能够利用教材文本的价值，在常规的课堂上培育学生的史料阅读素养，具有比较强的可操作性。

除了前面所说的两种形式，还可以利用教材中的各个栏目，如“学习聚焦”“历史纵横”“学思之窗”等，将教材中呈现的原始史料、编写者的观点等，作为阅读的文本，以充分挖掘教材文本的价值，推进高中历史教学。

二、阅读、解析文献材料片段

在中学历史教学中，教师在课堂上呈现某些文献材料片段，学生通过阅读、解析史料，能够增进对所学历史事件或历史人物的理解。

例如，讲到美国南北战争中关于林肯的思想和对林肯的评价，可以呈现不同的史料让学生进行辨析：

教师首先呈现一段 1858 年林肯与道格拉斯为竞选代表伊利诺伊州的国会议员，进行公开辩论时发表的辩论词：

我不打算使白种人和黑种人在政治和社会上平等。两个人种有体质上的差别，依我看，这种差别也许将永远不允许他们在完全平等的基础上一起生活……但我认为，尽管这样，也绝对没有理由去说黑人没有资格去享有《独立宣言》中列举的各种天赋权利——生命、自由和追求幸福的权利。……黑人在许多方面和我不一样——肤色当然不一样，道德和天资方面恐怕也不能相比。但是在吃以自己双手挣来的面包而不用任何人批准的权利方面，他和我，和道格拉斯，以及每一个活着的人是一样的。

教师提问：这段话体现了林肯对黑人和奴隶制怎么看？

教师和学生共同探讨，得出结论：虽林肯认为黑人的道德、天资等不如白人，但他反对奴隶制，认为黑人同样有天赋的权利，应该获得自由。

教师进一步追问：本段话所展现的林肯形象与林肯在后世中的形象有一定差异，你如何理解他的这段话？

教师和学生共同探讨，得出结论：林肯作为政治人物，要在竞选演说中抓住听众的心以赢得大选，所以会说一些我们现在看来不一定那么符合林肯后世形象的话来迎合听众的需要。这只是一种政治竞选策略。而这段话中，林肯反对奴隶制、主张解放黑人奴隶的意思是明确的。

通过上面的学习，使学生尽量能够达到史料实证核心素养的第四层水平：能够在辨别史料作者意图的基础上利用史料。

然后，教师出示新的史料，来佐证以上的结论：

1831年做船工，漂流到新奥尔良的经历，给林肯留下了深刻印象。他的朋友赫恩登回忆说："在新奥尔良，林肯第一次目睹了奴隶制的残酷。……一天早上，他们在城里闲逛时，碰到一桩奴隶买卖。被拍卖的是一个健康漂亮的混血姑娘，来挑选的人在她身上捏来捏去，掐她，让她像匹马一样在屋里来回跑。……这丑陋的一幕令林肯感到怒不可遏，他赶紧拉着同伴离开了拍卖场，边走边说：'向上帝发誓，伙计们，我们得快点离开这儿。要是我将来有机会打击这种行为(指奴隶制)，我一定不会手软。'这件事是1865年约翰·汉克斯告诉我的。我也听林肯先生亲口讲过。"

以上这段文字表明林肯在年轻时就有了废除奴隶制的想法，可以佐证他的竞选演说。通过这样的教学实践，对学生的史料实证核心素养的培养达到第三层水平：能够利用不同类型的史料，对所探究的问题进行互证，形成对该问题更全面、更丰富的解释。

当然，在课堂上关于一件事或一个历史人物，不可能呈现太多的史料，可以鼓励学有余力的学生课后再去查询相关的材料。但课堂上呈现的史料应该类型丰富，如上述的竞选演说、朋友的回忆录，或是林肯的文章、照片等，让学生体会到史料实证的某些原则，如孤证不立、互证原则、辨别史料作者的意图等。

三、长文本阅读

长文本阅读是现在高中语文学科极力主张推进的阅读方法，在历史学科中，同样适用。但与语文学科不同的是，历史长文本的主要应用场景为选修课。通过长文本阅读，可以更好地理解历史的复杂性，以及历史著作者的真实意图。

在长文本的阅读中，可以先拟定阅读提纲的格式。

如师生可以共同阅读《近代中国社会的新陈代谢》一书，并做阅读提纲，以加深对中国近代史的理解，以及把握该书作者写作风格和写作意图。以本书第7章"近代化的一小步"为例，在领读小组同学的带动下，全体同学和教师共同讨论以后，完成了阅读提纲(表2)。

表 2　阅读提纲

<table>
<tr><td>(1) 找出章节中作者使用的关键字，透过它们与作者达成共识</td><td colspan="2">近代化，一小步，自强，求富，中体西用，“公论”</td></tr>
<tr><td>(2) 将章节中的最重要的句子圈出来，找出其中的作者的重要主旨</td><td colspan="2">① 比起西方各国资产阶级革命完成之后实现的产业革命，洋务运动像是在缺乏产业革命的条件下出现的产业革命迹象。它因模仿一部分西方器物而异于传统，又因主事者以新卫旧的本来意愿而难于挣脱传统……中国社会从中世纪到近代的最初一小步在这样的情况下开始
② 布新除旧是洋务运动的特点
③ 洋务运动中的民用工业，移来了资本主义的生产过程和生产关系，其本身的资本主义性质已为今日时论所公认……它带来的垄断性抑制了资本主义自由竞争，又造成了民族资本主义萌芽和发展的困难
④ 从某种意义上来说，洋务运动汲取的西方知识对中国传统社会的冲击，比十次旧式农民战争更大……这一点，洋务的倡导者是始料未及的
⑤ 就其本来意义而言，“中体”应是对于“西用”的限制，但“西用”既借“中体”为入门之阶，便会按照自身的要求而发生影响，人们虽然想把它限制在既定的范围内，实际却很难如愿
⑥ 复杂的问题在于，守卫祖宗之法常常同民族主义、爱国之情联系在一起，不合理的东西被合理的东西掩盖着，于是能成为清议，成为“公论”</td></tr>
<tr><td>(3) 找出作者的论述，重新架构这些论述的前因后果，以明白作者的主张，从相关文句的关联中，设法架构出一章节的基本论述</td><td colspan="2">作者用了时人的奏折、日记、报纸杂志，后人的评论等史料，从辩证的角度分析，评价了洋务运动，展示了历史的复杂性和矛盾性</td></tr>
<tr><td>(4) 找出作者的答案，确定作者已解决了哪些问题，还有哪些是未解决的；在未解决的问题中，确定哪些是作者认为自己无法解决的</td><td colspan="2">洋务运动是近代化的一小步</td></tr>
<tr><td rowspan="3">(5) 概述作者说理论证的过程（论题、结论、理由）</td><td>① 本章节的论题和结论是什么</td><td>洋务运动是近代化的一小步</td></tr>
<tr><td>② 理由是什么（如果有分论点，请填写③）</td><td></td></tr>
<tr><td>③ 分论点及论证</td><td>分论 1:洋务运动带来中国政治（洋务衙门）、经济、教育事业、思想文化的进步
分论 2:洋务运动具有局限性（政治制度不变，经济上垄断，教育上不触及科举制，思想文化上坚持三纲五常）
分论 3:洋务运动的失败原因在于本身的矛盾性（中体西用）和历史的复杂性（顽固思想以民族主义面目出现）</td></tr>
</table>

（续 表）

（5）概述作者说理论证的过程（论题、结论、理由）	④ 哪些词语意思不明确	无
	⑤ 推理过程有没有谬误	无
	⑥ 证据的效力如何	有效
	⑦ 能够得出哪些合理的结论	从洋务派无法把西用控制在中本之中，可以看出，历史的发展是不以人的意志为转移的；历史发展的矛盾性和复杂性：无法简单地用先进和落后去定义历史人物，后发国家的近代化（现代化）面临更加复杂的社会状况；近代先进分子的探索是中国不断进步的动力，我们对他们的筚路蓝缕表示敬佩，从当时历史的背景去看他们的作为
（6）通过查证史料的有效、可靠性，检验思维逻辑的合理性，反思认识与解决问题过程的正确性和准确性	史料准确、有效，有官方的和民间的，有时人的和后人的，有事实性的和评论性的等不同的类型	
（7）反思是否认同作者的观点（批判性思维可借助几方面的信息加以判断：证明作者的知识不足；证明作者的知识错误；证明作者不合逻辑；证明作者的分析与理由是不完整的）	基本都赞同作者的观点，但有一处与教材所述不同，可以探讨：洋务运动中的民用工业是资本主义性质吗？教材认为民用工业仅带有资本主义色彩，本质上是洋务官僚办的封建性质的企业。关于这一点，书中没有展开论述，只是说这是“公认”的，此处应该有论述，或者注释，列举哪些论著持这一观点	
（8）阅读其他史料后，利用批判性思维来评估自己的观点和理由，试着辩证地看待自己的最初看法	暂无	

阅读提纲的拟定和完成，为学生初步阅读、理解长文本提供了可操作性的框架，学生可以进行模仿、迁移，去进行更多的长文本阅读。

这样的阅读提纲虽然还是很初步的，但的确可以为学生的长文本阅读提供帮助。与阅读教材一样，学生在做阅读提纲的时候，是把长文本作为阅读资料的，这样的实践让学生在探究特定的历史问题时，能够对史料进行整理和辨析。

长文本阅读可以深化对教材内容的理解。学生把长文本作为历史史料，可以丰富对教材结论的理解，从而培养史料实证素养水平4“在对历史和现实问题进行独立探究的过程中，能够恰当地运用史料对所探究的问题进行论述”。

以《共产党宣言》的阅读为例，教育部高中历史必修《中外历史纲要（下）》“马克思主义的诞生和传播”一课“马克思主义的诞生”一目中，用了一段的文字篇幅来介绍《共产党宣言》。限于教材的体例，本段文字基本上只有简单的结论，如“《共产党宣言》肯定了阶级斗争在阶级社会中推动历史发展的重要作用，宣告了无产阶级作为资本主义掘墓人和共产主义建设者的伟大使命，阐明了共产党的性质、目的和策略原则”。

在常规的必修课教学中，只能引用简短的史料，如“至今一切社会的历史都是阶级斗争的历史……到目前为止的一切社会的历史都是在阶级对立中运动的”，来阐述教材中的结论性文字。如教材中讲“《共产党宣言》肯定了资本主义的历史进步作用”，在常规教学中，基本上都是在课堂上呈现、出现在教材中的文字：“资产阶级在它不到100年的阶级统治中，所创造的生产力，比过去一切时代创造的全部生产力还要多，还要大。”最多再引用一句话：“资产阶级在历史上曾经起过非常革命性的作用。”大多数的题目也是如此呈现的。

但《共产党宣言》长文本的阅读，可以让学生清楚地看到马克思、恩格斯的论证过程，知道他们从资产阶级对封建关系的破坏、对职业和及家庭关系的金钱化、对生产工具等不断进行的革命、对世界市场的开拓等方面，详细论证了资本主义和资产阶级起过的“历史进步作用”。这不仅能加深学生对教材文字的理解，而且能够学习史料论证的方法，即史料实证素养水平2“在对史事和现实问题进行论证的过程中，能够尝试运用史料作为证据论证自己的观点”。

总之，在必修课、选修课等各类课程的教学中，通过对教材文本、片段文献和长文本的利用，可以培养和提高学生的史料实证素养。这一研究目前还只是初步的实践，还需要在今后的教学中进一步深化教学的目标和手段，拓展文本阅读的范畴，以更有效地推动中学历史史料实证教学的实践。

优化历史情境，提升历史解释能力

王慧婷
（上海市曹杨第二中学）

作为历史核心素养之一，历史解释是对历史思维与表达能力的集中要求，是指以史料为依据，对历史事务进行理性分析和客观评判的态度、能力与方法。如何提升学生的历史解释能力，《普通高中历史课程标准（2017 年版 2020 年修订）》指出，教师在设计教学的过程中，需重视历史情境的创设。“历史是过去的事情，学生要了解和认识历史，需要了解、感受、体会历史的真实境况和当时人们所面临的实际问题，进而才能理解历史和解释历史。”优化历史情境，引领学生在情境中展开学习活动，能够增强历史课堂的趣味性，激发学生的情感体验和理性思考，促进历史解释素养的内化提升。本文拟从优化情境创设的角度，结合教学案例，对提升学生历史解释能力谈些思考，以期抛砖引玉，求教于方家。

一、叙史见人，加深历史理解

人教版高中历史必修《中外历史纲要》内容丰富，知识点众多，表述高度浓缩。在课堂教学内容多而课时紧的情况下，当下对于如何开展统编教材的教学有一种误解，认为主要应从大处着眼，强调阶段特征和历史大势，而具体的人物和事件在历史课堂中往往是无法顾及的。因此，“人”在课堂中逐渐消失了。然而，人是历史活动的主体，也是认识历史的主体，通过历史人物的活动展现历史发展的进程，有助于帮助学生感悟历史人物的活动、个性、影响等，进而理解历史的复杂性与丰富性。在统编教材课堂教学容量大的情况下，如何精选历史人物，创设以历史人物为主体的学习情境，就成为了对教师的一大考验。

以《中外历史纲要》中的第 13 课“从明朝建立到清军入关”一课为例，本课主要包含“明朝政治的变化”“海上交通与沿海形势”“内陆边疆与明清易代”3 个子目，时间跨度长，空间范围广，涉及条线多。依据课程标准，本课内容要求为“通过了解明朝封建制度的发展、世界的变化对中国的影响，认识中国社会面临的危机”。课标要求从中国史的横向视野和世界史的纵向视野，加深对明朝历史的理解。通过对教材和课标的分析，笔者以京师朝堂、东南沿海、内陆边疆 3 个空间舞台架设本课主体教学环节，并分别选取了与特定空间相对应的典型历史人物创设情境。

在“京师朝堂”环节，教师首先讲述万历前期一代首辅张居正权倾朝野的情况，设疑激趣，引入明朝中央政治制度的巨大变化，即明初废丞相和内阁的产生。接着教师出示张居正死后被万历皇帝抄家清算的材料，使学生理解张居正生前的权势源于当时特殊的政治形势、万历皇帝的充分信任和个人非凡的政治才能，是特例而非常态。而张居正死后家破人亡的结局，让学生体会到内阁的权力并非制度赋予，实质仍是皇权的附庸。此外，教师出示张居正在司礼监太监冯保协助下得以独揽大权的材料，学生了解了在明朝中央政府的权力运作中，宦官趁机攫取了更多的权力，明朝宦官专权的现象十分严重。张居正死后，冯保被万历皇帝轻易罢免，放逐至南京的史实，揭示了宦官权力也不过是皇权的延伸。这一环节，以张居正为典型人物，通过其与明神宗万历皇帝、司礼监太监冯保的相关史实，加深学生对明朝专制主义发展的理解。

在“东南沿海”环节，教师以利玛窦来华及其在中国的经历为切入点，创设情境。首先，教师概述利玛窦到达北京向万历皇帝进贡，万历皇帝不见利玛窦却允许其在北京定居传教的情况，为后续教学内容铺垫理解前提。其次，教师出示利玛窦绘制的《坤舆万国全图》，引导学生思考利玛窦为什么把明朝画在地图中心位置？学生不难理解利玛窦是为了迎合明朝君臣天朝上国的心态。此外，学生思考这幅地图绘制的五大洲、四大洋等地理信息，反映出当时的世界正在经历怎样的“剧变”。学生认识到新航路的开辟使世界海陆轮廓日渐清晰，世界逐渐连为一体，欧洲走出中世纪，开始进入资本主义社会。接着将万历皇帝对《坤舆万国全图》的“忽视”和对《耕织图》的“重视”进行对比，借万历皇帝的喜好，思考当时中国社会重视和轻视的事物。学生理解明朝统治者以农为本，重视农耕，然而对新航路开辟后世界大势和西方殖民者东来的危机尚未察觉，扼杀了中国跟上世界潮流的机会，埋下了近代中国落后挨打的伏笔。

在“内陆边疆”环节，教师以万历年间努尔哈赤从效忠到反明的个人经历，折射明朝后期国力由盛而衰、边疆危机日趋严重的问题，并由此引出后续清朝建立、明清对峙、农民起义与明朝灭亡、清军入关及统一南北等一系列史实。通过出示材料，引导学生分析明朝灭亡的原因，体会明清易代之际的事件联系，理解历史的复杂性，感悟历史进程中偶然性与必然性的统一。最后，教师出示从明朝建立到清军入关这一时期，中西大事对比时间轴。学生思考全球大变局下，中国为何没有走出改朝换代的历史循环。学生初步掌握运用政治形态、经济状况、文化传统的视角，解释世界形势变化对中国的影响有限，以及中国故步自封、循环往复的原因，从中国史的横向视野和世界史的纵向视野，加深对明朝历史的理解。

人，既是历史的创造者，也受制于时代。统编教材教学，须选好历史中的人，讲好人的历史和人与时代的互动关系。唯此，历史内容才能鲜活，历史理解才有温情，历史解释才能客观辩证。

二、以点带面，拓宽解释路径

统编高中历史选择性必修教材采用专题史的形式，时间跨度长、头绪纷繁、专业性强，如何在有限的课堂教学时间内寻找好的切入点，以点带面呢？通过创设具有典型意义的教学情境，从“小切口”讲述“大历史”，引导学生在具体历史问题的解决过程中，习得方法、增强体验、升华情感，不失为一种有效的教学策略。

以选择性必修2《经济与社会生活》第二课“新航路开辟后的食物物种交流”为例，本课涉及交流的物种很多，面面俱到讲述的话，一是时间不允许，二是最终会导致“面面不到”。那么，选择若干物种重点展开教学，适当兼顾其他物种的交流，就能在详略有序的基础上，达到课堂教学既深刻又丰富的效果。通过反复阅读教材、教参和相关书籍，笔者选取了玉米、甘蔗、马铃薯三种典型作物，并以“玉米的环球旅行”“甘蔗的苦涩味道”“马铃薯的华丽转身”为小标题来设计教学环节，多视角分析新航路开辟后食物物种交流对人类历史产生的影响。

“玉米的环球旅行”环节，意在以玉米在欧亚大陆的传播为典型，探究物种的传播路线、变化及影响。教师首先引导学生归纳玉米在欧洲传播的阶段，展现美洲物种外传过程中，由观赏植物变为食用作物的特点。接着将明代《本草纲目》所附玉米图和清代吴其濬绘制的玉米图进行对比解读，结合相关文献材料，揭示玉米等高产作物在明代引入中国，清代推广种植，逐渐被国人熟知的过程。最后，引导学生汲取和整理方志文献、学者著作、图表数据中的有效信息，以玉米对明清中国的影响为例，从人文地理、自然环境的视角认识新航路开辟后食物物种交流的影响。

“甘蔗的苦涩味道”环节，意在以甘蔗引入美洲为代表，透视物种传播背后的权力属性和时代特征。教师以甘蔗原本主要在欧亚大陆种植，但现今世界上最大的种植区在美洲为切入口，讲述新航路开辟后欧洲人为了生产更多的蔗糖，在美洲大量建立种植园，奴役黑人进行劳动，奴隶贸易和蔗糖生产紧密联系。甘甜的蔗糖背后，是黑奴的辛酸和苦涩。教师引导学生思考新航路开辟后的食物物种交流由谁主导，又产生了怎样的历史影响。通过甘蔗种植这样一个“小切口”，从世界格局的视角，揭示物种交流进程背后欧洲国家主导的特点，理解世界知识和权力长期性向西方倾斜，并反思殖民扩张、奴隶贸易的恶果。

“马铃薯的华丽转身”环节，意在以纵向看马铃薯的传播演变为例，理解食物物种交流与人类社会发展的互动关系。教师讲述，一开始马铃薯传入欧洲时，欧洲人充满怀疑，甚至抵制，但后来重新认识并广泛接受，成为餐桌上最为常见的一道美食。通过史料研读与问题思考，学生认识到食物物种交流对人类历史产生了深远影响，但过程中起主导作用的是人。人会根据自身需要，对食物物种进行选择、引进、改造和推广。接着，透过当今世界美式薯片、薯条的流行，揭示经济全球化的趋势，以及食物风靡背后所体现的饮食文化、国家实力，从经济状况、社会生活等视角认识食物物种交流的影响。

以点带面，“点”的选择应是教学内容中的重点和典型，“点”的情境创设应体现对课程内容的主旨和核心素养目标的一体化思考。相应地，课堂教学中环节标题的设计，是对一体化思考的外在呈现，本课借助三种典型物种，精心设计了三个环节标题，意在引导学生从空间、时间和物种与人类社会交互等多个维度，理解新航路开辟后食物物种交流的历史内涵和现实意义，拓宽历史解释路径，深刻领悟人与自然、现实与历史等的内在关系。

三、具象生动，促进内涵贯通

通过教材文本对比不难发现，不仅《中外历史纲要》中增添了大量文化史的知识内容，而且人教版高中历史选择性必修3《文化的传播与交流》主要讲述了中外历史中与文化相关的内容。但文化史长期是中学历史教学的薄弱环节，存在着专业名词多、抽象概念学生不易理解等问题。一些课堂的文化史教学，或简单罗列文化知识和现象，或出示表格让学生填写，从而错失了帮助学生理解文化现象背后的历史内涵、提升历史解释能力的机会。借助具象生动的历史情境，引导学生提取信息、探究问题，突破教学难点，理解抽象概念，促进内涵贯通，是基于学情特征、提升历史解释能力的重要途径。

以《文化的传播与交流》第九课"古代的商路、贸易与文化交流"为例，课程标准对本课所属单元的规定是："了解不同时代、不同类型商路的开辟；通过了解商品所体现的特色文化，理解贸易活动在文化交流中所扮演的重要角色。"具体到本课，教材主要叙述了古代陆上丝绸之路和海上丝绸之路的开辟，以及在这些商路上物质和文化交流的史实。根据课标要求和教材分析，"理解贸易活动在文化交流中所扮演的重要角色"这一内容比较抽象，如果仅是依照课本讲述文化交流相关史实，多是蜻蜓点水，讲而不透，学生浮光掠影，难以理解其内涵。为了突破难点，首先要明确内理路径，将"贸易活动在文化交流中所扮演的重要角色"具体化为"贸易活动中的商品交换和人员往来促进了文化传播和交流"。一方面，不同地域的商品，体现着不同地域的知识、信仰、道德、艺术和习俗，通过商品交换，不同的文化也随之扩散和交流。另一方面，商业贸易背后是人员往来，不同地域人群、社会的风俗习惯、宗教信仰、价值观念在贸易活动中会发生交流碰撞。明确路径后，选取合适的情境空间——泉州，通过泉州因外国商人聚集而形成的多元文化遗迹和泉州向外销售瓷器的考古遗址、实物，将贸易活动中人员往来和商品交换带来的文化交流具象化、生动化。

教师首先讲述"Zayton"之谜，设置悬念，激发学生兴趣。大航海时代西方传说东方有一个美丽的海港叫 Zayton，意大利人马可·波罗称它为"光明之城"，但学术界对这座城市所在地一直争论不休。接着出示墓碑石材料，讲述 Zayton 被历史学家重新发现是泉州的过程，并聚焦到几代生活在泉州的阿拉伯人艾哈玛德家族，揭示贸易活动背后不同国家、地域间的人员往来。然后通过展示泉州古城涂门街附近景点的照片，即清净寺(伊斯兰教建筑)、关帝庙(道教建筑)、文庙(儒学建筑)、开元寺(佛教建筑)，以及开元寺中的印度教图案等，配合教师讲述，让学生宛如徜徉于古城街巷中，身临其境地感受泉州古城的魅力。学生由此知晓了当年外国商人大量聚居泉州。不同国家、地域间的人员往来，使得泉州变成多元宗教文化的聚集地。借助泉州古城文化遗迹，创设鲜活的生活情境，从宗教信仰、风俗习惯等层面，促进学生对"贸易活动在文化交流中扮演着重要角色"这一内涵的理解贯通。

接着以"泉州对外贸易的情况如何"为过渡，教师介绍从泉州出发驶向海外的南宋沉船——"南海一号"。学生通过观察"南海一号"上的瓷器带有明显的异域风格，理解商品消费地的审美观念和文化需求影响了生产地的制作加工。此外，对比观察中国瓷器与西亚、北非仿制瓷器的器型、色彩和图案，透视瓷器这一商品所体现的文化也在向外传播，从而理解商品交换在物质、技术、文化交流中起到的重要作用。接着出示材料"东非肯尼亚曼布鲁伊遗址墓柱"，展现在商品贸易的过程中，瓷器本身作为食具的实用功能大大减弱，更多的是作为墓柱的装饰，实现财富炫耀功能。上述教学环节，生动显示出商品贸易中的文化交流具有双向性，且包含物质文化、技术文化、精神文化等多层面。而商品跨文化间的贸易，会与当地的文化环境碰撞互动，在异质文化地完成本土化的过程。通过瓷器这一商品考古发掘的遗址和实物，不仅能够加深学生对中外文化交流相关史实的记忆，还有助于学生深入理解贸易活动中文化交流的双向特点和丰富内涵。

文化史的教学应该由浅入深，由形象至抽象。教师要善于在有形的文化表征与无形的文化内涵，尤其是文化的历史内涵之间架设桥梁，借助具象生动的情境，从有形的文化进入，通过对文化本身，以及文化产生、发展、变化等的背景探究，帮助学生理解文化内涵、领悟文化变迁与历史发展之间的内在贯通。

优化历史情境，能够还原历史现场、激发学生兴趣、优化学生体验，从而达到提升关键能力、涵育学科核心素养的目标。在“双新”背景下，“人”的还原是为了更好地凸显时代特征，“点”的挖掘是为了进一步彰显“面”的宽度，“具象”的创设是为理解无形的历史内涵提供观察“标本”。以上探索，不免存在主观性较强，尚不完善的弊端，仍须进一步摸索实践。

基于时空观念培养的初中历史教学实践

——以“中国共产党诞生”为例

钱佳萍[1]，李亚南[2]

（1. 上海市西林中学；2. 上海市金山区教育学院）

时空观念是在特定的时间联系和空间联系中对事物进行观察、分析的意识和思维方式。任何历史事件都是在特定的、具体的时间和空间条件下发生的，只有在特定的时空框架中，才可能对史事有准确的理解。因此，时空观念是诸素养中学科本质的体现，是初中学生在系统学习历史课程伊始便须培养的必要思维方式，亦是学生在初中阶段涵养、发展历史解释等其他素养所需的重要学科能力。《义务教育历史课程标准(2022 年版)》要求学生在义务教育阶段学会在具体的时空条件下考察历史。那么，教学过程中如何发展初中学生的“时空观念”素养呢？笔者以“中国共产党诞生”的设计为例，谈谈个人对统编教材教学实践中落实学科核心素养、发展学科能力的一些看法，以求“引玉”。

一、把握内容主旨，明确素养目标

课程内容是落实学科核心素养的基本载体。教师要借助教材文本解读，梳理“单元—单元”“单元—课—目”的结构关联，准确把握内容主旨，明确其中蕴含的学科核心素养目标。

《中国历史(第三册)》第四单元“新民主主义革命的开始”主旨可定位于：面对内忧外患的危局，先进的中国人继续探索救国道路。新文化运动推动思想文化革新。五四运动后诞生的中国共产党，给中国人民带来了光明和希望，指明了中国革命的方向。据此可知，“中国共产党诞生”当是本单元的核心内容。

“中国共产党诞生”一课由“马克思主义的传播”“中国共产党的成立”“全国工人运动的高涨”三目构成，涵盖了李大钊等先进知识分子选择马克思主义救中国，到践行马克思主义救中国、成立中国共产党、提出彻底的反帝反封建民主革命纲领，全国掀起第一次工人运动高潮的全过程。这一时期，重要人物的所思所为，重大历史事件的前因后果，都须置于特定的时空框架当中，即当时国内形势、世界局势，须站在“长时段”的历史视角下进行思考与感悟。据此，本课主旨可定位于：俄国十月革命的胜利与五四运动的发展推动了李大钊等先进知识分子走上了马克思主义救中国的道路。在科学理论与革命实践相结合的进程中，中国共产党诞生。这是近代历史选择的必然结果。自此，中国革命的面貌焕然一新。根据以上文本解读,本课可以选择“基于时代背景视角,认识、理解历史人物与事件”作为教学设计的主线及目标,以培养学生的时空观念素养。

时空观念素养的落实不能一蹴而就,需要教师根据教材内容,将其进行分解与细化,在课堂教学中循序渐进、由浅入深地引导学生掌握。在“中国共产党诞生”一课的教学中,笔者将“时代背景”分解为国内形势、世界局势两个角度,以“李大钊用马克思主义救中国的道路选择”作为切入点,引导学生基于时代背景视角认识、理解李大钊的道路选择;再以李大钊“个体”引出“群像”,从时代背景视角,认识、理解一批先进知识分子选择马克思主义道路的背景原因;最后以群体选择联系当时的国内、国际形势,引导学生认识到中国共产党的诞生是近代历史选择的必然结果。

二、基于素养目标,创设历史情境

历史是过去的事情,为了促进学生了解、感受、体会历史的真实境况和当时人们面临的实际问题,须拉近学生与历史之间的距离。学生的核心素养便是在解决问题的过程中发展的。因此,在教学过程中创设情境,引导学生在历史情境中学习探究,是落实时空观念素养的重要途径。

在上“中国共产党诞生”一课前,笔者布置学习任务单,一部分学生围绕“李大钊与马克思主义”主题,搜集文献、图像等不同类型的相关材料,编制历史人物年表;另一部分学生则负责梳理“近代中国逐步沦为半殖民地半封建社会的历程”“近代以来中国社会各阶层探索救国道路的历程”,以时间轴、表格、结构示意图等形式呈现成果。

在此基础上,教师带领学生共同构建历史情境。首先,师生共同回忆中国近代以来逐步沦为半殖民地半封建社会的过程,以及中国近代以来的救国道路探索历程,并选用时间轴动态呈现相关信息,定位史事的时代背景,凸显“长时段”视角。其次,借助历史人物年表,由学生补充李大钊个人成长及投身救国道路探索的经历,充盈历史情境的细节,立足时代,引导学生初步从当时国内发展形势视角,认识李大钊等先进知识分子探寻救国道路的背景。

三、围绕主旨目标,选材设疑

初中历史教学须借助材料和问题,而材料的选择和问题的设计要彰显内容主旨,渗透方法目标。这是激活学科素养培育的重要条件。

以本课为例,笔者节选了《布尔什维主义的胜利》部分内容。李大钊在本文中高度赞扬了马克思主义和俄国十月革命,从中可以感受到李大钊对世界无产阶级革命浪潮的期冀,是研究李大钊为何选择马克思主义的重要史料。根据这段材料,教师设计了“李大钊等先进知识分子为什么选择以马克思主义救中国”等一系列递进问题,引导学生从当时世界局势、国内形势的视角,认识、理解历史人物。以下是两个相关的教学片段。

【片段一】

教师:俄国列宁领导的十月革命是人类历史上第一次胜利的社会主义革命,推动了国际无产阶级革命运动，鼓舞了殖民地半殖民地人民的解放斗争。随之，欧美多个国家相继爆发了大规模的工人罢工运动和武装斗争。1918 年，李大钊先后发表了《庶民的胜利》《布尔什维主义的胜利》等文章。

出示材料：在这世界的群众运动的中间，历史上残余的东西，什么皇帝咧，贵族咧，军阀咧，官僚咧，军国主义咧，资本主义咧——凡可以障阻这新运动的进路的，必挟雷霆万钧的力量摧拉他们。他们遇见这种不可当的潮流，都象枯黄的树叶遇见凛冽的秋风一般，一个一个的飞落在地。

——李大钊《布尔什维主义的胜利》

教师：李大钊是怎么形容十月革命胜利后欧美当时多个国家工人运动和武装斗争的形势的？

学生：他认为这已经成为一种不可挡的潮流。

教师：对于无产阶级革命这样一种不可挡的潮流，他又持怎样的态度呢？你是怎么看出来的？

学生：热烈赞扬。李大钊把无产阶级革命比作秋风扫落叶，扫除了皇帝、贵族等。

教师：李大钊为什么要多次写文章介绍、讴歌十月革命，赞扬工人运动、无产阶级革命潮流呢？这跟中国有关系吗？

学生 1：我认为李大钊是希望这股潮流来到中国的，通过介绍、宣传，就会有更多中国人了解到无产阶级革命的思想。

学生 2：我觉得李大钊应该会希望中国学习俄国的十月革命。在他看来，工人运动的力量可以打倒皇帝、贵族、军阀、官僚、军国主义和资本主义，而中国就有军阀、帝国主义列强。

学生 3：中国已经从学技术到学制度，再到学思想文化“民主”与“科学”，但是当时的中国还是深陷半殖民地半封建社会的深渊，既有军阀、又有帝国主义列强。而十月革命的胜利鼓舞了李大钊。

教师：大家说得非常好。十月革命的指导思想是马克思主义。我们联系了当时的国情，再加上世界局势的影响——俄国十月革命的胜利及其掀起的“潮流”，让李大钊评价马克思主义是黑暗中国的“一线曙光”。因此，李大钊在中华大地上第一次高高举起了马克思主义的旗帜。

上述教学片段中，教师引导学生抓取材料关键词，如“不可当的潮流”“飞落在地”等，引导学生理解文献材料的表层信息，发掘深层信息。借助“李大钊为什么要多次写文章介绍、讴歌十月革命，赞扬工人运动、世界无产阶级革命的潮流呢？这跟中国有关系吗？”的设问，联系世界发展形势与李大钊个人选择，以及史事间的逻辑关系，使相关史事能够呈现结构化效果，从而以时代背景（世界局势）的视角，认识、理解李大钊以马克思主义救中国的道路选择。

【片段二】

教师：其实五四运动前中国知道马克思主义的人也有，但较少。五四运动后，李大钊发表了《我的马克思主义观》，对马克思主义作了较为系统的介绍，他是中国第一个传播马克思主义并主张向俄国十月革命学习的先进分子。走十月革命的道路，就必须像俄国那样，建立一个无产阶级政党，来组织、领导革命。当时的中国，是否具备了建立无产阶级政党的条件呢？我们把视线放到当时的中国无产阶级身上（出示“五四运动前中国产业工人数量变化表”，见表 1）。

表 1　五四运动前中国产业工人数量变化表

时间	19 世纪中叶—1894 年	1914 年	1919 年 五四运动前夕
中国产业工人数量	约 10 万人	100 万人以上	200 万人以上

——整理自《中国共产党历史　第一卷(1921—1949)　上册》

教师:观察表格,我们可以发现什么?

学生:19 世纪中叶到五四运动前夕,中国工人阶级的队伍不断壮大。

教师:中国的工人阶级甲午战争前后就有了,为什么五四运动后,李大钊开始系统介绍马克思主义?作为北大教授兼图书馆主任的李大钊在北京参与领导了五四运动。他在运动中看到了什么,促使他从"民主"与"科学"转变为研究、宣传马克思主义?

学生 1:作为亲历者,李大钊应该是切切实实看到了工人阶级的强大力量。工人阶级是五四运动的主力,全国很多城市进行了大罢工,联合罢课和罢市,最终释放被捕学生,罢免曹、章、陆,拒签"巴黎和约"的要求才能够实现。

学生 2:我来补充。北洋政府本不愿意得罪列强,是因为工人阶级力量非常强大,掀起了反帝浪潮,五四运动的直接目标才能得以实现。五四运动让李大钊对学习俄国革命、用马克思主义救中国有了信心。

学生 3:本来就有了世界局势的影响,国内的五四运动又进一步促使李大钊作出用马克思主义救中国的选择。不过,我认为五四运动的影响更大。

教师:分析得很到位。五四运动的胜利发展,一方面打破了当时国人对帝国主义列强的幻想,使得李大钊这样的爱国知识分子充分认识到北洋政府无法承担起救亡图存的时代重任。另一方面,李大钊等爱国知识分子从中看到了中国工人阶级拥有的伟大力量。五四运动后,李大钊成为中国第一个传播马克思主义并主张向俄国十月革命学习的先进知识分子,很多先进知识分子也在五四运动后转向了马克思主义的研究。随后,全国出现了许多研究和宣传马克思主义的文章和团体。

上述问题设计关涉学生认知基础,如从"对于这样的工人运动和武装斗争,他又是怎样的看法呢?"等浅处设问,"李大钊在北京参与领导了五四运动,他在运动中看到了什么,可能会促使他从'民主'与'科学'转变为研究、宣传马克思主义?"等有意设疑,通过设置一系列由浅入深、由表及里的问题,帮助学生搭建学习"脚手架",落实从时代背景(国内形势)视角,认识、理解李大钊以马克思主义救中国的道路选择。

四、落实"示范—模仿—迁移",巩固素养习得

时空观念素养的落实,不仅要教师教,还要学生学。在课堂教学中,教师对目标方法的"示范",学生通过学习活动进行的"模仿""迁移",都是达成素养目标必要且有效的手段。以本课为例,笔者通过示范,引导学生从时代背景(世界局势、国内形势)视角探究李大钊的"个体"选择,帮助学生架构"从时代背景视角,认识、理解历史人物"的路径;继而指导学生模仿

该视角，认识、理解一批先进知识分子以马克思主义救中国的道路选择。具体设计如下：

【片段三】

观看中国共产党第一次全国代表大会召开的纪录片片段。

教师：从视频中我们能感受到当时情况的危险。代表们的平均年龄只有28岁，接受过良好教育，正在从事或者将来会从事比较好的工作。工人、农民、社会底层百姓的艰难困苦与他们似乎没有直接关联，那么他们为什么要冒着被捕的危险，坚持完成中共一大的召开，坚持成立无产阶级政党、领导工人运动、从事革命活动呢？

学生1：他们想救国救民。

学生2：他们相信马克思主义可以救中国。

教师：探索救国道路是当时的时代主题，爱国者前仆后继、不懈探索。当时涌入国内的革命思想和观念其实有很多，不单单是马克思主义。孙中山也依然在坚持革命。但中共一大50多位党员与李大钊一样，都选择了马克思主义。你认为促使他们认同、选择马克思主义的因素有哪些？

学生3：五四运动让爱国的中国人看到了工人阶级力量的强大，看到了用马克思主义救中国的可能。

学生4：还有来自当时世界局势的影响，十月革命的胜利鼓舞了世界各地的工人运动，包括这些爱国的中国人。国内外形势的发展给予他们用马克思主义救中国的信心，促使他们走上了这条救国道路。

学生5：我认为五四运动的影响很重要。我根据资料了解到中共一大代表中有人就有参加五四运动的经历。另外，我觉得应该还跟李大钊、陈独秀等人传播马克思主义有关。李大钊、陈独秀等先进知识分子传播马克思主义对共产党早期组织的相继建立发挥了重大作用。

教师：大家从当时时代背景的视角进行分析，论述观点，都很到位。也的确如同学的判断，中共一大代表毛泽东在五四前后，先后拜访过李大钊和陈独秀，受他们启发影响，于1920年夏天成为马克思主义者。董必武加入过同盟会，参加了辛亥革命、反袁斗争、五四运动，后来在陈独秀、李汉俊等人的影响下接触并接受了马克思主义。关键人物的所思所为也会对历史发展产生重要影响，李大钊等先进知识分子传播马克思主义、建立共产党早期组织等一系列作为推动了当时国内革命形势的发展。

上述教学片段中，教师介绍了当时革命艰险、思想主义众多的国内形势，以“促使他们认同、选择马克思主义的因素有哪些”等问题，启发学生模仿前述环节中从时代背景视角认识、理解个体选择的路径，并定位于这一特定时空框架，透视一批先进分子选择马克思主义救中国的历史选择。学生在“个体”到“群像”解读的过程中，通过对细节的思考、内涵的挖掘，进而认识和体悟伟大建党精神。

经过自七年级以来的历史学习，这一阶段大部分学生已具备立足时代背景观察、认识历史的意识，但多数学生立足“长时段”视角分析史事，关联史事内在逻辑的素养与能力仍有待提升。因此，在“模仿”环节之后，笔者又设计活动，引导学生将“从时代背景视角，认识、理解历史人物”的路径，迁移至“从时代背景视角，认识、理解历史事件”，认识、理解中国共产党诞生的背景原因。具体而言，在中国共产党诞生的伟大历史意义这一教学环节中，首先要求学生找出教科书中的相关表述，如“中国共产党的诞生，是中国历史上开天辟地的大事变”“自从有了中国共产党，中国革命的面貌就焕然一新了”等。其次布置小组讨论任务，要求学生或谈谈对教科书结论的认识，或自选一个视角，阐释自己的观点。讨论前，教师会再次出示学生课前完成的学习任务单，引导学生结合近代中国逐步沦为半殖民地半封建社会的过程，以及社会各阶层探索救国道路的历程，立足国内形势、世界局势，认识到中国共产党的诞生是近代历史选择的必然结果。

综上所述，在当下初中历史课堂教学中，基于主旨的把握，明确具体的素养目标；基于素养目标，通过创设历史情境、选材设疑，引导学生借由“示范”“模仿”进而“迁移”以达成目标，是提高教学实效，落实学科素养培养、发展学科能力的有效途径。自然，在初中阶段落实时空观念素养的方法不止这些，还须进一步探索，积累更多的实践经验。

研究孵化的成果

1. 立项课题

(1) 付建勇. 唯物史观下的全球视野在初中历史教学中的应用路径研究，2021 年虹口区青年教师项目。

(2) 叶朝良. 素养导向下统编教材中的文献史料研读研究，2021 年杨浦区课题。

(3) 苏菁. 基于“时空观念”的初中历史跨学科主题学习教学实践研究，2022 年虹口区重点课题。

(4) 叶朝良. 高中历史“教-学-评一致性”实践探究，2023 年杨浦区课题。

(5) 钱佳萍. 基于情境教学策略的初中学生历史解释素养培育研究，2023 年金山区规划项目。

2. 发表论文

(1) 王正瀚. 形成性评价在小论文写作中的运用——基于英国历史教师实践案例的探讨[J]. 现代基础教育研究，2019，33(1)：6.

(2) 王慧婷. 在历史人物教学中培养历史解释素养的路径初探——以《新文化运动与马克思主义的传播》一课为例[J]. 中学历史教学，2019(11)：3.

(3) 叶朝良. 道阻且长 行则将至——我与高中历史名著课程同进步[J]. 中学历史教学参考，2019(19)：2.

(4) 苏菁. 新课改背景下建构初中历史高效课堂的有效策略[J]. 新课程教学，2022(12)：17.

3. 获奖情况

(1) 王慧婷老师执教的“从明朝建立到清军入关”一课入选上海市中小学学科德育精品课(2020 年 12 月)。

(2) 苏菁老师执教的“红色文化之旗——左联与中国左翼文化运动”一课，被上海市青少年学生校外活动联系会议办公室、上海市师资培训中心、上海市学生德育发展中心评为上海市“红色一课”馆校合作优秀课程征集及展示活动一等奖(2021 年 10 月)。

(3) 钱佳萍老师领衔的团队参加 2021 学年金山区中学学科单元教学设计优秀案例征集评选，获初中历史学科三等奖。

基于虚拟地理环境的中学地理信息化教学设计

一方面，信息技术的发展给地理学提供了新的数据来源与表达形式；另一方面，信息化环境已经深刻改变了中学地理的学习方式，《普通高中地理课程标准（2017 年版 2020 年修订）》明确提出要“深化信息技术应用”，建议更多地开展信息化教学。这要求中学地理教师要尝试运用现代信息技术，探索中学地理信息化教学新形式。

通过梳理当前中学地理信息化教学的研究现状，尤其是通过归纳基于各种软硬件的中学地理信息化教学方式，发现当前尚未有人对基于虚拟地理环境（VGE）的中学地理信息化教学进行深入研究，而且存在概念不清，将虚拟地理环境等同于虚拟现实的现象。虚拟地理环境作为地理学空间表述的新形式，是虚拟现实技术与地理学相结合的产物，将其应用于中学地理教学，能够借助多源时空数据，展现出超越真实体验、打破时空限制等优势。此外，它有助于推动中学地理信息化教学发展，弥补无法开展野外实践教学的缺憾，达到培养学生地理实践力的目的。

基于以上分析，在当前使用地理新课标、新教材的背景下，在地理学空间表述方法和认知与学习理论的指导下，首先，选择中学地理新教材“地貌的观察”教学内容，通过对教学现状、课标、教材、学情等进行详细分析，制定了教学目标；其次，以游戏化的探究活动为核心，基于 VGE 进行信息化教学设计；最后，通过教学应用与评价，验证基于 VGE 的中学地理信息化教学方式的可行性与有效性。

基于虚拟地理环境的中学地理信息化教学可行性分析

芮建勋[1]，黎挺[2]

（1. 上海师范大学；2. 上海市七宝中学）

一、研究背景及意义

（一）研究背景

信息化时代，互联网、大数据、云服务等新技术及新产业快速发展，带来了海量的知识与信息，信息传播的速度大大加快。随着信息技术的发展，各种新技术不断应用于地理教学，给传统的地理教学注入了新的活力，同时也带来了许多挑战，迫使教师思考地理教学的新模式。

中学地理教学作为基础教育的重要组成部分，担负着提升国民地理素养的重要使命。2014 年，教育部颁布了《关于全面深化课程改革　落实立德树人根本任务的意见》。在这一意见指导下，教育部颁布了修订的《普通高中地理课程标准（2017 年版）》，2020 年再次作了修订，并颁布《普通高中地理课程标准（2017 年版 2020 年修订）》（以下简称地理新课标）。地理新课标“从地理教育的角度落实立德树人根本任务，体现了新时代的教育发展观念，关注信息化环境下的教学改革”。

信息化环境下，当代信息技术已经深刻改变了中学生地理学习的方式。借助地理信息技术，可以营造直观、动态的地理教学环境，加强学生对世界的认知与理解，还可以发挥数字化的优势，辅助地理野外学习，开展虚拟野外考察等。但是目前国内中学地理教学中，关于地理信息技术的应用，大多还处于“纸上谈兵”阶段。因此，地理新课标明确提出“深化信息技术应用”，建议更多地开展信息技术支持下的教学，比如与虚拟现实技术相结合，为学生提供近似真实的环境。

（二）研究意义

随着虚拟现实技术、增强现实技术等新技术的不断优化发展，以此为代表的交互式多媒体逐渐进入教学领域，并有日益流行的趋势。本研究的顺利开展可推动中学地理信息化教学发展。本研究旨在运用 QGIS(一套开源的跨平台地理信息系统)等信息技术手段,基于虚拟地理环境(VGE)实现沉浸式学习状态,促进地理知识表达和共享,培养学生的区域认知与综合思维,探索地理学习新模式。

此外,本研究提倡使用多源时空数据,开源地理信息技术,比如 QGIS,为中学地理教学服务,有利于免去使用地理信息技术软件的高昂成本,弥补传统教学方式的不足。本研究也可为虚拟野外实践教学的开展提供技术支撑,对弥补野外实践教学的缺憾,培养学生的地理实践力,具有独特的现实意义。

二、研究方法

本文主要采用以下研究方法:

历史研究法。充分利用图书馆、网络期刊等文献资料,围绕"虚拟地理环境""VGE""中学地理信息化教学""中学地貌教学"等关键词,进行文献检索,分析国内外相关研究动态,撰写文献综述,界定核心概念,奠定理论基础。

调查研究法。一是通过野外调查,实地察看本研究中涉及的区域,确定地貌观察的区域范围,并检验地理数据的精度和 VGE 的仿真性;二是通过对现实教学情况分析,为教学实验方案设计奠定基础。

实验研究法。首先,前期准备,需借助 QGIS 制作 VGE,设计实验方案。其次,进行预实验,检验 VGE 教学课件的实用性,并进行优化。最后,设置实验班与对照班,进行对比实验,得出实验结果。

观察法与访谈法。本研究在评价时,通过作业测量,对实验结果进行分析;通过观察授课录像,对教学活动进行分析;通过访谈授课教师与学生,对个别问题进行深入剖析。

本文的技术路线图如图 1 所示。

三、研究现状

(一) VGE 研究现状

人类从文明诞生开始,就一直探索、了解地理环境。在这一过程中,用于表达、描述地理环境和交流、传递地理信息的地理学语言随着人类科技的进步也在不断进化,从文字表述到传统地图,再到地理信息系统(GIS)与遥感技术,人类对地理环境的表达越来越接近真实环境,对地理知识的理解也越来越全面。尤其是随着互联网、大数据等的发展,人们对地理表现方式的逼真程度有了更高的要求。作为新一代地理语言,VGE 是由地图与地理信息技术演化而来的新一代地理分析工具,可以提供最接近人类自然的交流与表达方式,支持地学工作者共享地理过程、空间现象,进行数据的三维可视化表达、多用户协同的虚拟环境系统,也可用于解决复杂地理问题,在信息技术时代促进地理数据与知识的共享。

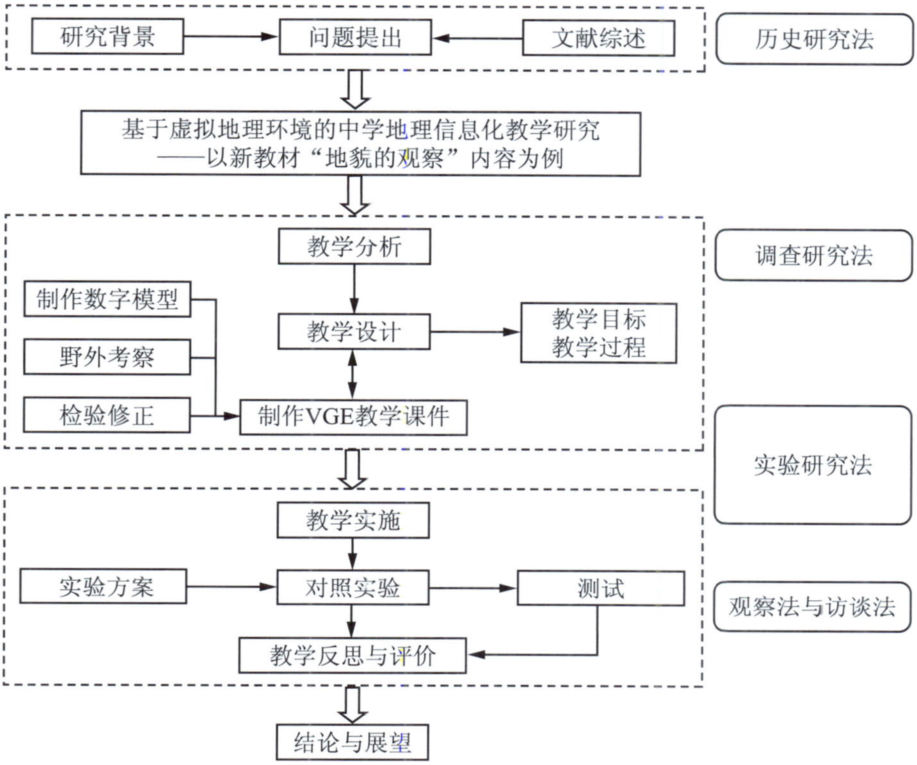

图 1　技术路线图

1. VGE 的提出

自 20 世纪 60 年代初期以来，以地图数据库（空间数据库）为特征的 GIS 引领了地理信息分析与服务的发展。但是，随着大数据时代的来临，仅仅依靠基于地图数据库的 GIS 显然无法满足地理学家对于地理过程模拟的需求，更无法应对许多大型工程对于不同方案后果的模拟评估。VGE 正是在这一背景下提出的。

2. VGE 的应用

20 年来，众多学者从 VGE 的概念与特征、组成结构与功能、相关实现技术、应用领域与具体案例等多方面展开了研究。这里着重介绍相关应用研究，尤其是在三维可视化领域的一些案例，主要体现在三维 GIS 与虚拟现实技术的集成上。VGE 除了具有三维 GIS 的特性外，也有自身的特色，如更加注重逼真的可视化环境、丰富的交互方式、人与环境协同等。

在国外，早期的应用以多媒体及超媒体电子地图的形式为主，如 Mircrosoft Encarta、The New Grolier Multimedia Encyclopedia 等，以地理信息系统为基础，将地图、图像、音频等数据高度集成；以维也纳技术大学为代表的基于 UMTS（Universal Mobile Transmission System）环境的 LBS 原型系统 LOL，允许用户通过互联网获取维也纳市的多媒体信息。

在国内，VGE 的应用研究是围绕“数字地球”展开的，将 VGE 的构建融入“数字地球”技术框架。如,李鹤元等[①]基于 MultiGen 与 Vega 设计了全方位观察的 VGE 原型系统,能较为真实地表达地理环境,同时提供了多种演示手段,用户可以 DRIVE 方式、UFO 方式、FLY 方式融入 VGE,也可借助传感设备,如智能手套与 VGE 进行交互;谷风云等[②]研究基于线、面的地理对象时态信息表达方法,给出了在 VGE 中三角洲海岸线变化与地形地貌动态显示方法;杜蔚等[③]将流媒体与 VGE 相结合,设计了基于流媒体的 VGE 系统,解决了协同角色无法真实可视化、交流信息延迟等问题;孔云峰[④]设计了一个基于视频服务的地理信息系统,能够完成视频与地图同步播放与交互检索;尹勇等[⑤]开发了船舶操作模拟系统;李玉娟[⑥]研究了用数据库与数字图像处理相结合的方法建立地理模型,利用三维交互及计算机绘图软件,通过点选线路进行道路建模,设计了三维虚拟地理场景;蒋元等[⑦]基于 Unity3D 建立 VGE,给出了地形模型优化方法;林天鹏等[⑧]探索了基于 VGE 平台的地理设计的技术途径与实现方法。

此外,林珲等[⑨]指出了运用 VGE 的独特优势——"VGE 如同构建在网络空间里的虚拟'沙盘'",基于 VGE 开展相关研究活动,能够极大地减小时间和空间的限制。

3. VGE 在地理教学中的应用

诸多关于 VGE 及其应用的研究,才使 VGE 应用于地理教学有了可能,在这方面,一些高校走在了前列。

在国外,几乎没有高校开设 VGE 课程。一些高校依托地理信息科学课程,将地理数据可视化内容作为其中的一部分进行讲解,比如明尼苏达大学地理系开设了高级地理信息科学课程(Advanced Geography Information Science),该课程的主要内容除了包含 GIS 的空间分析、设计、制图传统内容外,还包括地理空间数据可视化技术;另一些高校依托应用研究中心开展地学可视化科学、技术与应用的研究,比如美国宾夕法尼亚大学开发了"协同式地学虚拟环境"[⑩],美国山麓学院和加利福尼亚大学伯克利分校联合开发了加州地貌虚拟实习系统[⑪]。

在国内,一些高校在开展 VGE 的研究过程中,相继建立了 VGE 实验室及研究团队。比如,北京大学的地球科学虚拟仿真实验教学中心、武汉大学的虚拟现实实验室、中科院遥感

① 李鹤元,王轩,谢鹏. 虚拟三维地理环境系统的设计与实现[J]. 测绘通报, 2002(8):4.

② 谷风云,崔希民,谢传节,等. 虚拟地理环境中时态信息可视化表达方法研究[J]. 现代测绘, 2004, 27(1):11—13.

③ 杜蔚,龚建华,丁刚毅,等. 基于流媒体的虚拟地理环境研究[J]. 计算机仿真, 2005, 22(1):4.

④ 孔云峰. 一个公路视频 GIS 的设计与实现[J]. 公路, 2007(1):118—121.

⑤ 尹勇,任鸿翔,金一丞,等. V. Dragon 2000 分布式航海仿真系统中的图形技术[J]. 系统仿真学报, 2002, 14(5):617—619+625.

⑥ 李玉娟. 三维虚拟地理场景的设计与实现[D]. 郑州:郑州大学,2013.

⑦ 蒋元,蔡胜军,何绍勇,等. 基于 Unity3D 的虚拟地理环境构建[J]. 现代计算机(专业版),2014(33):52—55.

⑧ 林天鹏,林珲,胡明远,等. 基于虚拟地理环境平台的地理设计研究[J]. 中国园林,2014,30(10):18—21.

⑨ 林珲,胡明远,陈旻. 虚拟地理环境研究与展望[J]. 测绘科学技术学报,2013,30(4):361—368.

⑩ MacEachren, Sharmar. Enabling collaborative geoinformation access and decision-making through a natural, multimodal interface[J]. International Journal of Geographical Information Science, 2005, 19(3):293—317.

⑪ Meezan, Cuffey. Virtual Field Trips for Introductory Geoscience Classes[J]. The California Geographer, 2012 (52):71—88.

所创新团队、南京师范大学设立的虚拟地理环境教育部重点实验室。得益于这些优势，国内高校进行了虚拟地理实习方面的教学尝试，类似的系统使人们跨越时间和空间的限制，足不出户就可以在互联网上领略各地的名胜古迹和风物地貌。

武汉大学结合武大南极科考的成果研制完成了“空中游南极”虚拟系统[12]；南京大学以巢湖野外实习基地为对象，探索了虚拟实习在提高实践教学效率方面的作用[13]；北京师范大学的“中国地理”课程设计了虚拟野外实习[14]，“乡土地理教学辅助系统”中“虚拟实习”设计了网络虚拟情况下的乡土地理实习[15]，从而为学生提供更为开放、多元的学习方式。南京师范大学借助虚拟地理环境教育部重点实验室，将数字庐山和虚拟环境平台用于自然地理实验[16]；吉林大学采用计算机图形、图像和多媒体技术设计开发了虚拟野外地质实习系统(VFGTS)，具有三维野外地质场景显示、多媒体、虚拟记录本、直观地质过程模拟、飞行漫游、GPS、罗盘和学习效果测验等功能，并应用于野外地质实践教学改革[17]。

总之，受制于虚拟现实技术发展和普及的局限性，基于 VGE 的地理教学还没有普及开来。但是，作为信息化教学的新模式，基于 VGE 进行基础地理信息查询、地理三维模型展示、地理过程分析与模拟等教学成果已经涌现出来，这为引入中学地理教学提供了良好的研究基础和案例参考。

（二）国内中学地理信息化教学现状

传统的中学地理地貌观察教学多采用生活化的形象比喻、地貌景观的图片展示等方式进行教学。目前，有一些教师采用新手段，试图增加学生对真实地貌景观的感知，主要有两种教学方式。

一种是采用地理模型进行展示或者开展探究活动，比如蒋海燕[18]运用黏土制作模型的方式，开展了“绘制山体模型的等高线地形图”的探究活动。

另一种则是运用信息技术开展相关教学活动，比如苏炜瑶[19]分析的福建省地理优质课的案例中，分别利用 Google Earth 和奥维互动地图软件等的三维可视化优势，开展“地貌观察”教学，达到了良好的教学效果；秦肖肖等[20]通过运用 ArcGIS 软件及郑州市 Landsat8 遥感影

---

⑫ 余彬，杨凯军. 武大建成“空中游南极”虚拟系统[N]. 湖北日报，2004－5－28.

⑬ 陈骏，胡文瑄，李成. 地质学实践教学现状分析与对策[J]. 中国地质教育，2007(1)：133－139.

⑭ 王静爱，赵济，苏筠，等. 依托精品课程建设“中国地理”网络教学平台[J]. 呼伦贝尔学院学报，2006(4)：21－25＋31.

⑮ 周钰，何亚琼，苏筠. “乡土地理教学辅助系统”的设计与应用模式[J]. 贵州师范大学学报(自然科学版)，2008(4)：113－116.

⑯ 刘国飞. 浅议加强自然地理实验教学的几项举措[J]. 江苏教育学院学报(自然科学版)，2013，29(6)：13－16＋93.

⑰ 郭巍，薛林福. 虚拟野外地质实习系统(VFGTS)——野外地质实践教学平台[J]. 世界地质，2010，29(3)：522－526.

⑱ 蒋海燕. “等高线地形图的绘制与判读”教学设计[J]. 地理教学，2017(14)：28－30－64.

⑲ 苏炜瑶. 基于“同课异构”视角的地理核心素养培养的比较与分析——以“观察地貌”为例[J]. 地理教学，2020(20)：61－64.

⑳ 秦肖肖，于海龙. “地形图的阅读”项目式教学设计(人教版)[J]. 地理教育，2020(7)：18－20.

像和 DEM 数字高程地图进行了“地形图的阅读”项目式教学设计。

以上两种新的教学尝试，虽然较传统地理教学有所突破，但还是存在一些局限性。比如，在真实情景的表达上，第一种方式仍较为抽象，而且学生在学习过程中可能更多的是玩，而不是学，中学地理教学开展的效果有限；第二种方式虽然在真实情境表达上更加形象，发挥了地理信息技术在这方面的优势，但是技术的使用者主要是教师，而不是学生，而且 ArcGIS 软件涉及版权等问题，并不是人人都可以使用。

（三）VGE 与中学地理教学研究评述

VGE 经过 20 年的发展，研究成果已经涌现，为高校开展相关教学活动奠定了理论基础。一些高校地理教学发挥了信息技术优势，借助相关软件，如 ArcGIS、ENVI、Google Earth 等开发相关教学平台，实现数字化教学模型构建，为模拟野外实习活动服务，可以达到良好的效果。这表明 VGE 在高校地理教学中的应用已经成熟，这些研究可以为中学地理教学所借鉴，为当前中学地理教学服务。

同时，信息技术已经走进中学地理教学，教师运用相关软件制作的非常规课件，如利用 VR、GIS 等技术呈现的一些数字化模型、三维景观等改变了传统的教学方式，这些研究其实已经结合 VGE 开展，但是尚未有人专门将 VGE 介绍给广大同行。此外，借助商业地理信息技术软件，仍存在软件成本高、技术难度大、数据获取难、个性化不足等问题。

四、理论基础

（一）地理学空间表述方法

地理学家如何认识世界，怎样描述看到的世界？在信息化社会背景下，这意味着什么？这些问题的答案无论是对地理学，还是对社会都至关重要。地理学空间表述的方法涉及一系列空间概念，如区域、分布、尺度和变化等，这既制约也成就了地理学家表述观察到的世界，同时影响地理学家使用什么样的数据进行描述和如何进行描述。

“描述”亦有“解释”的含义，两者互相依存。描述的意思是将地理事物转换为符号，如语言符号、数字符号和制图符号，从而形成“文字表述”“数学表述”和“地图表述”，由此可以看出描述其实暗含解释，而解释亦需要描述。科学研究无止境，描述符号也随之不断变化，不同时代有不同的符号表述系统，因此，“在我们的视野之外，总是存在着另外一个等待我们去描述和解释的新世界，这是永远的挑战”。

1. 文字与数学表述

地理学(Geography)是由古希腊人创造的，这里的“geo”意指大地(earth)，“graphein”意指描述(describe)，所以词源上来讲，地理学本身就包含“大地之描述”的含义。文字表述与数学表述作为人类最早认识世界的手段，被人们广泛使用，并成为地理学空间表述的重要形式。

文字表述是指试图通过遣词造句对景观进行仔细描述，如通过居住区、商业区、工业区等描述了城市内部区域的主要功能,“上海市位于中国海岸线的中点、长江入海口……”表述了上海市在全国的位置,其通过文字描述的形式三言两语就勾画了地理事物的主要特征。

数学表述是指试图通过数字对某些地理特征进行精确描述,如高度、经纬度、范围等一般采用这种形式,在生活中这种“数”的描述使用起来十分方便。

2. 地图与数字表述

地理空间通过地图表述呈现,在人类认识世界的早期就已经存在,并随着时代的发展而不断变化。信息化时代,大数据冲击着传统地图表述形式的同时,也带来了新的表述形式——数字表述,如利用电脑制图等信息技术手段将地理数据数字化,制作数字地球等。由于地理信息系统和电脑制图的广泛使用,以及多媒体技术的快速发展,这种数字表述形式已成为当前地理学空间表述研究的焦点。

VGE 作为地理学空间表述的新形式,相较于地理信息系统,具备实时数据共享、地理过程模拟、多用户协同等优势,尤其在“数字表述”与“虚拟感知”等方面具有独特价值。VGE 对于地理教学的意义,就在于可以帮助学习者不身临其境即可建立与真实世界的联系。

上述空间表述形式因数字表述而日益紧密联系起来,用数字表达作为中介可以将一种表述形式转换为另一种形式,如将语言表述转换为直观的地图表述,或者基于地理脚本概念将文字、图像、动画等结合起来生成多媒体文件。信息化时代,地理教学中运用 VGE,便于呈现“真实的地理场景”,引导学生认识地理空间,并运用不同的空间表述方法描述地理事物。这个过程既是帮助学生建立与真实世界的联系的过程,也是帮助学生学会使用地理空间表述方法描述世界的过程。

(二)认知与学习理论

1. 皮亚杰的认知发展理论

皮亚杰认为认知是有结构基础的。人在发展的过程中,随着年龄的增长,机能的成熟,在环境的作用下,通过同化、顺应及平衡化作用,不断改造“图式”,完善认知结构。“图式”是指“一个有组织的、可重复的行为或思维模式”,在与环境交互的过程中,主体能够利用自身已有的图式把外部刺激整合到原有图式中,比如学习了地球的自转可以理解月球的自转,这个过程就可以称为“同化”;当不能解决面临的问题时,主体能够根据外部刺激改变原有“图式”,形成新的“图式”,比如学习了等高线,再学习等压线时发现冲突,学生根据原有等高线的认知方式,加以改变,(虽然两者都是闭合的等值线,但等压线并不是代表高度,而是代表压强)就可以理解等压线的含义。当已有认知结构能应对面临的挑战时,个体认知结构处于平衡状态;当已有认知结构不能应对面临的挑战时,个体认知结构处于不平衡状态,这个变化的过程就是平衡化作用。在平衡化作用下,认知结构不断得以完善。

皮亚杰根据个体在从出生到成熟的过程中,将认知结构分为四个阶段:0～2 岁处于感知运算阶段;2～7 岁处于前运算阶段;7～11 岁处于具体运算阶段;11 岁至成人处于形式运算阶段。本文研究的对象处于形式运算阶段,这个阶段主体的思维已经超越了对具体事物的直接感知依赖,能够进行多维度的抽象思维。但是,认知结构的发展是一个螺旋式上升的连续过程,前一认知阶段是后一认知阶段的基础。在教学中,按照认知结构发展的过程来呈现教学内容,如先借助 VGE 呈现真实地貌景观,再逐步抽象为等高线地形图,符合学生认知世界的进程,也有利于认知结构薄弱的学生巩固认知结构,促进学习。

2. 情境化教学理论

情境化教学理论是建构主义思想的一种。建构主义不是一个学习理论,而是众多理论观点的统称,其核心观点是知识是在主客体相互作用的活动之中建构起来的,当今的建构主义强调学习的主动建构性、情境性和社会互动性。

情境化教学理论正是基于这一思想提出的,是情境性学习思想在教学中的具体应用。首先,这种教学强调学习在接近现实的情景下发生,以解决学生在现实生活中遇到的问题为目标,因此学习内容应选择真实性任务;其次,这种教学的过程与现实中问题解决的过程类似,所需要的工具隐含在情境之中,教师并不需要提供处理后的内容给学生,而是在课堂展示与专家解决问题时遇到的场景;最后,这种教学不需要独立于教学的测验,在学习过程中学生解决问题时的表现就反映了学习的效果,或者采用与教学情境类似的情境化评估。

地理教学由于学科特性,很难不涉及区域问题,这给情境化教学提供了机会。目前这方面已有很多研究,尤其是利用多媒体技术、地理信息技术等辅助教学提供虚拟场景,以达到完成真实性任务的目的,本文基于 VGE 开展的中学地理信息化教学亦是如此。

3. 罗杰斯的人本主义学习理论

罗杰斯是 20 世纪著名的心理学家,也是人本主义心理学的奠基者,他强调“以学生为中心”的“有意义学习”。罗杰斯认为认知学习很大一部分对学习者来说是无意义的;以学习者的经验为中心开展的学习,充分调动了学习者的学习愿望,将学习兴趣与需要有机结合起来,是有意义的,有意义学习不是为了增长知识,而是学习人的身心参与其中,主动投入的学习,“当这样的学习发生时,对学习者有意义的元素会被融合到其全部经验之中”。因此,有意义学习的核心是让学生自由学习,但课堂上的自由学习不是一蹴而就的,需要教师参与其中。

课堂学习要想做到真正的有意义学习,首先需要教师成为学习促进者。作为学习促进者的教师,有责任发现学生的内在动机,设计对学生具有真实意义的问题;提供学习资源,包括但不限于传统的书籍、地图、影片等;设定体验式学习目标,关注的不是体验结果而是学习条件与体验式氛围,从而让课堂成为每个参与者的安全活动空间,形成教学连续体。

地理新课标背景下的地理教学强调的活动课、探究课与此不谋而合,活动不是目的,而在于促进学生的真实体验,帮助学生获得经验、提升学习的快乐感。本研究虽然基于 VGE 开展信息化教学,但不是想用技术束缚课堂,而是希望借助技术手段呈现真实场景,让学生实现沉浸式学习,重在体验的过程,在体验的过程中学习地理。

五、结论

基于以上分析,项目实施流程如下:首先,采用开源的地理信息技术工具 QGIS,搭建了数字地形处理与分析环境。其次，搜集研究区域的多源地理数据，包括数字高程模型、行政区划数据等，实现投影变换、等高线处理等操作，将地理数据转换成中学地理教学所用的虚拟地理环境，并编写了详细的教学用数据生产文档。最后，生成教学所用的课件，包括教案、PPT、学习活动单、教学所用电子地图（平面地图、三维地形）等。

项目研究所取得的 VGE 教学课件与电子地图等成果，能够直接用于中学地理"地貌的观察"章节的教学活动。基于 VGE 的中学地理信息化教学，将实现沉浸式教学，促进地理事物的信息化表达和共享，有利于培养学生的区域认知与综合思维等地理学科核心素养，探索地理学习新模式，推动中学地理教学信息化发展。

基于虚拟地理环境的“地貌的观察”教学设计

张欣伊

（上海理工大学附属初级中学）

“地貌的观察”是旧版教材中未出现过的新内容，这方面的教学研究不多，因此相关文献资料较少。本文通过梳理相关中学地貌教学文献，总结了中学地貌教学的现状，认为“地貌的观察”教学中，可以发挥 VGE 的优势，按照“真实地貌→虚拟地貌→虚实结合”的思路，分别呈现不同抽象程度的地理环境，方便学生进行地貌观察，认识区域地貌特征。本文的相关成果可为“地貌的观察”教学提供参考。

一、教学分析与教学目标

（一）教学分析

1. 课标分析

“地貌的观察”在课标中的要求为：“通过野外观察或运用视频、图像，识别 3～4 类地貌，描述其景观的主要特点。”

其中“通过野外观察或运用视频、图像”是行为条件，“识别”和“描述”属于行为动词，“3～4 类地貌”和“景观的主要特点”则是认知内容，可以确定本条标准的要求属于理解水平层次。此外，本条标准突出地理实践力要求，以学生的野外考察活动，尤其是地貌景观的观察等实践活动为核心。

结合信息技术手段，实际教学可以借助 VGE 教学课件，开展模拟野外地貌景观的探究活动，以此来加强学生的地理实践能力，突出对地貌的观察、识别与描述，然后结合实例说明地貌对人们生产生活的影响，从而培育学生的人地协调观。

2. 教材分析

“地貌的观察”一节在人教版地理必修一第四章第二节，本节内容强调在观察地貌时，应由宏观到微观，注意观察高度、坡度、坡向等地貌特征。整节教材结合初中地理涉及的地貌类型，如山地、平原、陡崖等，呈现地貌观察的基础知识与方法。

在整册书中，该章节是作为一个地理要素提出的，与大气、水、植被与土壤等并列，虽然地貌景观与上述地理要素存在千丝万缕的联系，但是书中并未详细阐述，这也体现了必修与选择性必修之间的差异。

人教版地理选择性必修一《自然地理基础》则不同，侧重于地貌知识本身的学习，尤其是地貌的成因和人类活动对地表形态的影响的分析，更具深度，要求也更高。

纵观人教版整套教材，本节内容看似十分简洁，却是后续学习的基础，不仅与选择性必修中的自然地理基础部分以及选修中的野外实习有关，也与人文地理部分中的"人口分布""区位因素"等有联系。

3. 学情分析

从学习水平来看，高一学生在初中地理的学习中，已经学习了"等高线地形图"等课程，对于"五种地形"也有初步了解，但这只是地貌类型划分的一种方式，学生对于从新角度划分地貌类型还是比较陌生的。而且，地貌观察活动本身存在难度，学生对于基础知识理解不足，不利于野外实践活动的开展。因此，在教学中应该在学习基本概念的基础上开展地貌的观察活动。

从教学条件来看，一方面，考虑到现实中开展野外教学的难度，教师可以发挥信息技术优势，运用 QGIS 制作 VGE 教学课件，开展模拟地貌观察的教学活动；另一方面，可利用学生玩 3D 游戏的体验，这些基本的游戏操作对使用 VGE 教学课件有帮助。通过游戏化的情景，学生运用鼠标和键盘进行操作，控制地貌场景的切换。这种学习方式，可以充分调动学生的学习兴趣。同时，这种基于 VGE 的信息化教学方式既节省了野外实习的费用，又培养了学生的学习态度和科学探索的乐趣。

4. 教学重难点

通过对课标、教材与学情的分析，确定了本节教学的重难点，重点是地貌观察的顺序与内容，难点是地貌的描述。其中的核心是通过 VGE 教学课件呈现不同抽象程度的地貌环境，比如二维或三维地貌、遥感影像、等高线地形图等。

（二）教学目标

运用 VGE 教学课件，结合"从天而降"探究活动，形成以下教学目标：

1. 在"快速下降"的过程中

（1）注意观察下方的景象，认识到地貌类型是复杂多样的，从而理解高度、坡度、坡向等具体概念。（综合思维）

（2）明白地貌观察的顺序及方法，识别"降落地点"的坡向（阴坡/阳坡，迎风坡/背风坡）。（区域认知、地理实践力）

2. 在"降落"后

（1）根据"降落区域"可见的景象，能够用文字简要描述区域地貌特征。（区域认知）

（2）对比"降落区域"周边的不同景象，认识到不同地貌环境下人们利用土地方式的不同，树立因地制宜开展生产生活的观念。（综合思维、人地协调观）

二、教学过程设计

基于上述分析，进行“地貌的观察”教学过程设计，如表1所示，“地貌的观察”学习活动单如图1所示。

表1 “地貌的观察”教学过程设计

环节	教师活动	学生活动	设计意图
情景导入	【游戏简介】 介绍“从天而降”游戏的背景设定：中国东部浙江省北部宁绍平原河姆渡遗址区域，发生紧急事件，需要支援力量，问题是，外界人员无法抵达；经指挥中心决定，将动用瞬移技术，将各位虚拟投放过去，先行查探，撰写侦察报告，请各位做好准备，随后启程 【介绍装备】 参考资料(教材)，可以提供基本的概念解释中国地形图、浙江省地形图等，可以查找小比例尺下的各地区地貌类型 河姆渡遗址区域VGE，任务的核心区域，帮助大家沉浸式体验，通过滚动鼠标、键盘操作可以对区域景观进行不同程度抽象显示，提供二维或三维场景下河姆渡遗址区域的各种景象，如二、三维的等高线地形、分层设色地形、遥感影像等 【发放任务手册】 河姆渡遗址区域侦察报告	【了解游戏】 听取教师对游戏背景设定的介绍 【检查装备】 打开背包，检查装备，并了解不同装备的用途和使用技巧，尤其是熟悉VGE不同场景的切换、不同角度的缩放等操作方法 【领取任务】 了解任务详情，准备进入游戏	利用游戏创设情境，激发学生学习兴趣 提示“装备”，帮助学生了解现有学习资料，重点掌握VGE教学课件的使用方法，为探究活动正常开展提供技术支撑 说明：VGE教学课件主要是教师制作，学生只要通过鼠标操作即可满足学习需要
课堂探究	【启动游戏】 教师下达指令，开启游戏 【发布任务】 让学生带好装备，准备进入虚拟空间，快速降落，注意观察下方的景象，提示学生运用参考资料了解高度、坡向等相关概念	【开始游戏】 听从指挥，按照任务手册指引，完成任务 【完成任务】 时间：20分钟 向前滚动鼠标，开始快速下降，并注意观察下方的地貌景观，仔细查找差异，并记录3次不同的高度数据 到达一定高度后，停止滚动鼠标，移动鼠标可水平悬移停止移动鼠标，可以悬停，通过观察不同视角、不同维度下的河姆渡遗址区域地貌景象，查看周围地貌环境，然后选择合适降落地点，并降落	通过游戏规则的束缚，培养学生良好的课堂纪律 通过虚拟体验，帮助学生感受高度、坡向变化，理解抽象的概念 借助河姆渡遗址区域VGE教学课件，实虚结合，逐步化直观的地貌环境为抽象的等高线地形图，帮助学生理解抽象的等高线，了解不同的地理学空间表述形式

（续　表）

环节	教师活动	学生活动	设计意图
课堂探究	【提示】 为什么降落区域有的地方是水田，有的地方是林地呢？可以查找宝藏，获取有用信息	【获得宝藏】 土地利用方式与地形有关，尤其是与坡度有关 坡度是划分坡的重要标准，坡度大小一般用坡度角表示 一般来说，0°～15°适宜开展农业生产；15°～25°以林地为主，部分为梯田；25°～35°主要为林牧用地；35°以上，则封山育林	通过虚拟景观差异，帮助学生认识到不同地貌环境下人们利用土地方式的不同，树立因地制宜开展生产生活的观念
	【提示】 侦察方法： 1. 寻找一个开阔的地方 2. 观察大的地貌类型，如山地、平原 3. 再观察次一级地貌，如山脊、山谷等 4. 最后描述河岸、山坡等更小一级地貌特征	【撰写侦察报告】 降落后，记录降落地点坐标，识别降落地点的坡向，描述刚才观察到的降落区域地貌特征	使用文字进行记录，帮助学生掌握最基本的地理学表述形式——文字描述
课堂总结	【总结】 1. 地貌的观察一般按照从宏观到微观，从面到点的顺序进行 2. 观察地貌时要注意高度、坡度、坡向等，还要注意地面的起伏状况和破碎程度 3. 地貌对人类生产和生活影响巨大	【重回现实】 跟着教师的总结，简要梳理本节学习内容，反思自己的掌握程度	将虚拟情景与知识性内容联系起来，巩固学习效果
课后实践		【课外实践】 围绕教材中“观察家乡的地貌”活动，以小组为单位查找资料，选定考察区域，并设计考察方案，开展实地考察，撰写观察报告，并展示交流	为学生提供实践检验的途径，进一步提升地理实践力

河姆渡遗址区域侦察报告

时间		地点		报告人		任务完成度	A____ B____ C____ D____

报告详情

1. 高度数据：第 1 次__________；第 2 次__________；第 3 次__________。
2. 降落地点坐标：经度__________，纬度__________。
3. 坡向识别情况及依据：____
4. 降落区域地貌特征：____

____

____

图 1　“地貌的观察”学习活动单

基于虚拟地理环境的“地貌的观察”教学实施与评价

张欣伊

（上海理工大学附属初级中学）

一、教学实施

教学实施是评价教学设计可行性的前提条件，本文主要通过模拟教学和教学实验两种方式对基于 VGE 的“地貌的观察”信息化教学设计进行应用，以此来研究教学设计的可行性与存在的问题。

（一）模拟教学

模拟教学在教学实验前进行，旨在初步检验教学设计的可行性，为后续教学实验服务。模拟教学使用 VGE 教学课件作为学习资料，教学对象是 8 位地理学专业的本科生和研究生，按教学需要共分为 4 个小组，每小组配置一台笔记本电脑，用于查看 VGE 教学课件。虽然教学对象不是高一学生，但教学方法、教学流程与正式教学无异。因此，模拟教学中出现的一些情况值得参考。

（二）教学实验

教学实验是在模拟教学反馈的基础上进行的，教学地点选在安徽省颍上县第二中学。为什么选择该所学校？因为该校已经使用了一年新的人教版教材，该校教师对于本节课的教学有一定的经验，这些经验对于教学实验具有较好的帮助作用。比如，该校教师认为真实的景观照片更有利于学生学习本节内容，因此建议在教学实验时，将景观图片作为一组学生的学习资料，以便对比学生的学习效果。

教学实验主要采用对照实验的方法检测 VGE 教学课件的优势与不足。课前，根据教学班级学生的地理学习成绩，将班级学生划分为 4 个小组，每个小组 13 人，均包含成绩优秀、成绩中等、成绩靠后的学生。课上，对各小组采取同样的教学方法、教学流程，使用同样的学习活动单，但使用的学习资料不一样：第一组学生使用景观图片，第二组学生使用平面地图（包含等高线地形图、分层设色地形图和遥感影像图），第三组学生使用 VGE 教学课件，第四组学生同时使用上述 3 组学生的全部学习资料，4 个小组互为对照，以此减少外界条件对教学实验的影响。课后，收集学生学习过程中完成的学习活动单，根据学生的填写情况，判断学生的学习效果，并结合访谈结果，作为教学评价的依据。

二、学习效果评价

学习效果评价是对学生学习是否有效进行的评价，主要是对学习活动单中“坡向识别情况及依据、降落区域地貌特征（为了便于表示，下文分别称作第 1 题、第 2 题）”两项任务的学生填写情况进行量化处理，并结合个案分析与访谈结果，反映基于 VGE 的信息化教学的优势与不足，以便后续修改完善。

为了直观体现学习效果，首先对每位学生的填写内容评定等级，等级评定标准如下：第 1 题：如果学生正确识别出两种坡向（阳坡/阴坡、迎风坡/背风坡）及理由，得 A；正确识别出两种坡向，但没有说出理由，得 B；正确识别出一种坡向，得 C；能识别出坡向，但不正确，得 D。第 2 题：如果学生完整准确表述区域的地貌特征，得 A；基本准确表述区域的地貌特征，得 B；大致表述区域的地貌特征，得 C；不能表述区域的地貌特征，得 D。

其次，根据等级评定情况，进行赋分，其中，A、B、C、D 对应的分值分别是 4、3、2、1，分值越高，说明学习效果越好。

最后，根据量化处理结果，进行分析。

（一）从学生感受来看

因为第 4 组学生运用了多种学习资料，因此第 4 组学生的感受具有较好的参考价值。第 4 组学生的调查结果如下：13 名学生中，有 2 名学生认为景观图片更能帮助其学习，因为它“便于真实地观察到当地四周情况，山脉真实可见”，而他们在两道题目中得了 1 个 B、2 个 C、1 个 D；有 2 名学生认为平面地图更能帮助其学习，因为它“有等高线数值，方便判断”，他们得了 1 个 C、3 个 D；还有 1 名学生认为平面地图和 VGE 教学课件各有优势，前者“有数值易判断”，后者“立体能旋转”可以帮助其更好地观察，这名学生得了 2 个 D；其余 8 名学生认为 VGE 教学课件更能帮助其学习，因为它“可以直观地表示出整个区域的地貌特征”，他们得了 4 个 B、7 个 C、5 个 D。

这说明学生对于 VGE 教学课件的接受度较高，占到 70%，而且使用其作为学习资料的学习效果并不比景观图片和平面地图差。因此，可以认为采用 VGE 教学课件作为学习资料，大部分学生是可以接受的，而且学习效果较好。

（二）从不同组别来看

第 1 题的学习效果对照如图 1 所示，第 2 组和第 4 组学习效果明显好于第 1 组和第 3 组，这说明识别坡向时，使用平面地图的学习效果好于使用景观图片、VGE 教学课件；而第 4 组又略好于第 2 组，说明使用多种学习资料会提高学习效果。针对上述结果，结合个案分析，发现：学生能够依据平面地图，尤其是等高线地形图中的等高线及其标注识别坡向，而真实的景观图片和虚拟地理环境由于缺乏相应的信息，则显得过于真实，让学生无从下手。这意味着，在识别坡向时，学生更为关注有用的信息，比如等高线的数值，而不是真实的景观。这间接说明学生的认知水平较高，可以接受抽象的地理信息。所以，学习资料并不是越真实越好，关键是能够呈现有价值的信息，一定程度的抽象反而有助于学生学习；如果能够将真实的景观与抽象的地理信息结合起来，则可以更好地帮助学生学习，达到更好的学习效果。

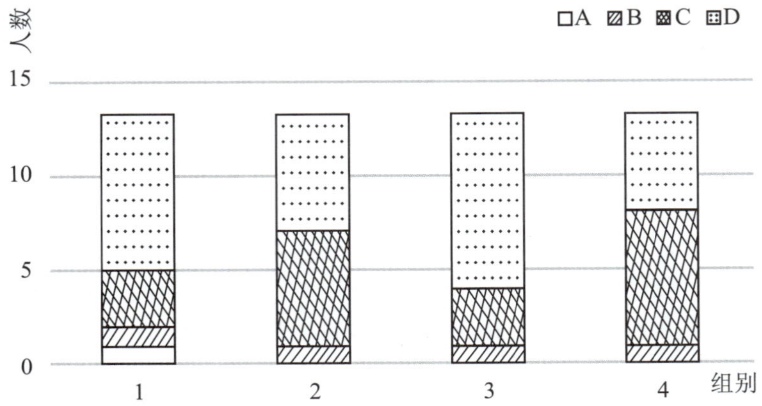

图 1　第 1 题学习效果对照图

第 2 题的学习效果对照如图 2 所示，总体来看，第 3 组和第 4 组学习效果明显好于第 2 组，这说明描述观察区域的地貌特征时，使用 VGE 教学课件的学习效果好于使用平面地图；第 1 组的学习效果也明显好于第 2 组，说明使用景观图片的学习效果也明显好于使用平面地图。具体来看，第 1 组与第 3 组相比，第 1 组得 B 的人数明显较多，得 C 的人数明显较少，得 D 的人数明显较多。为什么会出现这种结果呢？结合第 4 组的学习效果和访谈，发现：使用景观图片时，一部分学生能够很好地借助景观图片真实可见的优势，对其加以描述；另一部分学生由于语言概括能力较弱，则不能很好地加以描述，因此学习效果不理想。而使用 VGE 教学课件时，虽然整体学习效果有所提升，但是数据精度、局部景观的仿真效果不佳，

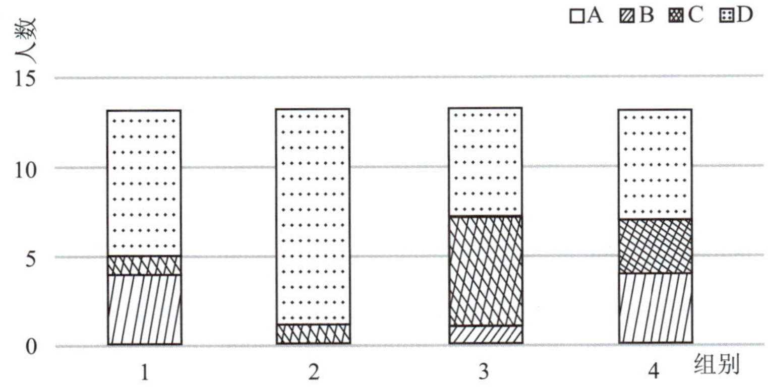

图 2　第 2 题学习效果对照图

影响了学生观察地貌特征的精细程度，因此，学习效果处于中间水平的学生较多，只能较为粗糙地描述。既使用景观图片又使用 VGE 教学课件时，得 B 的人数明显增加，得 C 的人数明显减少，这说明 VGE 教学课件与景观图片结合起来，能够将两者优势互补，提升学习效果；得 D 的人数没有明显变化，这说明学习资料不是影响学习效果的主要因素，而学生的语言概括能力影响了学习效果，全部组别均没有得 A 的学生，也说明了这一点。

综合第 1 题和第 2 题的学习效果，可以看出：VGE 教学课件确实对学生的学习有帮助，可以明显提高学习效果，尤其是在模拟户外地貌的观察时有独特优势，但仍有不足。一方面，受制于数据精度和技术条件，当前的 VGE 教学课件仍存在局部仿真效果真实度不佳的问题，还不能做到完全模拟真实的地理环境；另一方面，VGE 课件作为学习资料，也不是追求越真实越好，真实的不是最有用的，应该在 VGE 的基础上，适当添加抽象的地理信息，才能发挥它最大的价值。

（三）从成绩高低来看

总体来看，全班学生按成绩由高到低排列的学习效果如图 3 所示，无论是单个题目来看，还是综合来看，成绩优秀、成绩中等和成绩靠后的学生的学习效果均有好有差。这说明：学生成绩是否优秀与学习效果不存在明显差异，成绩优秀的学生的学习效果并不总是好于成绩中等和成绩靠后的学生的学习效果，成绩靠后的学生的学习效果也并不总是差于成绩优秀的学生的学习效果。通过分析学生的综合科目学习成绩，发现学习效果可能跟学生的语文成绩有一定关联，语文成绩好的学生语言概括能力较好，但是学生的语文成绩跟地理成绩并不总成正相关，只是对于本节教学内容而言，学生的概括能力好，对于区域地理特征的描述较有帮助，因此学习效果较好。此外，还有一些因素会影响学习效果。比如，学生的学习兴趣也会影响学习效果，由于本节课采用了开放性设计，学生的自由度较高，一部分学生较为喜欢，因此学习效果明显提高；新教师授课也可能影响了学生的学习效果，面对新教师，学生的兴奋度提升，学习的参与度明显提高。

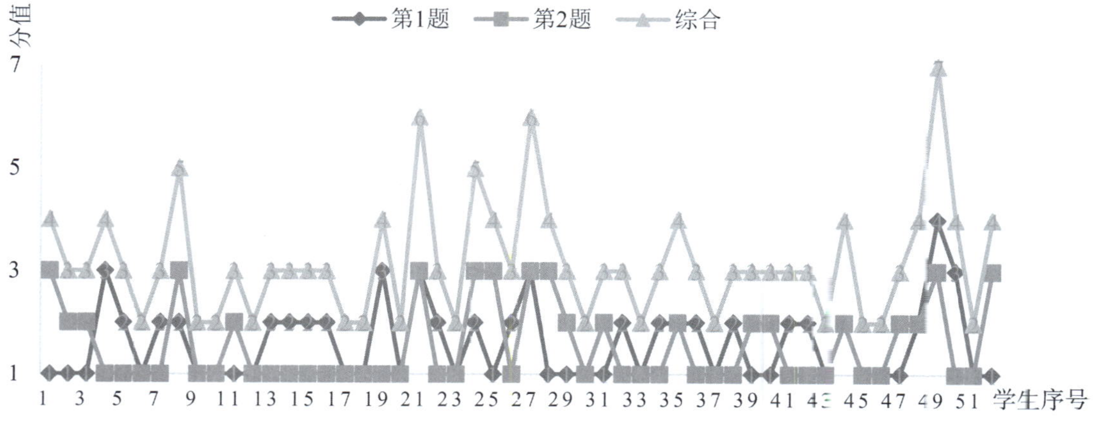

图 3　成绩由高到低排列的学生学习效果图

具体来看,第 1 组学生的学习效果如图 4 所示。第 1 题的学习效果不存在较大差异;第 2 题的学习效果,成绩中等的学生略好于成绩优秀和靠后学生;综合的学习效果较好的两位学生分别分布在成绩靠后和中等的学生群体中,其他学生差异不明显。这说明使用景观图片作为学习资料,对不同层次学生的学习效果没有显著影响,但个别学生使用其作为学习资料时能够达到较好的学习效果。因此,在教学时,应根据学生的特点和接受程度选择适当的学习资料,才能达到更好的学习效果。

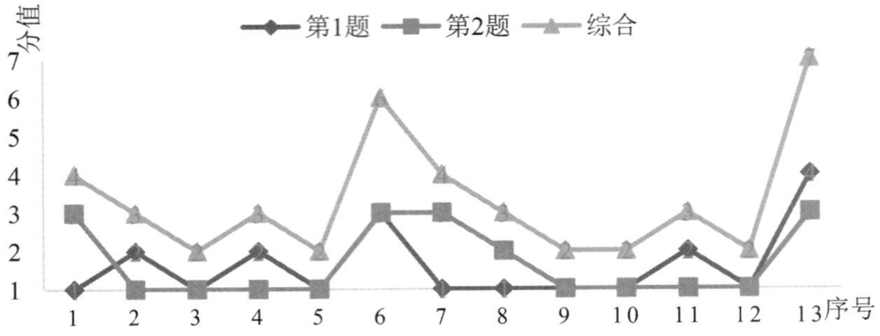

图 4　第 1 组学生的学习效果图

第 2 组学生的学习效果如图 5 所示,第 1 题、第 2 题和综合的学习效果较为稳定,不存在明显差异。这说明使用平面地图作为学习资料,对不同成绩的学生的学习效果没有显著影响。结合个案分析与访谈结果发现,由于学生的认知水平总体一致,均能够借助抽象的地理信息进行学习,因此依据同样的平面地图作为学习资料,学生的学习效果也较为一致。

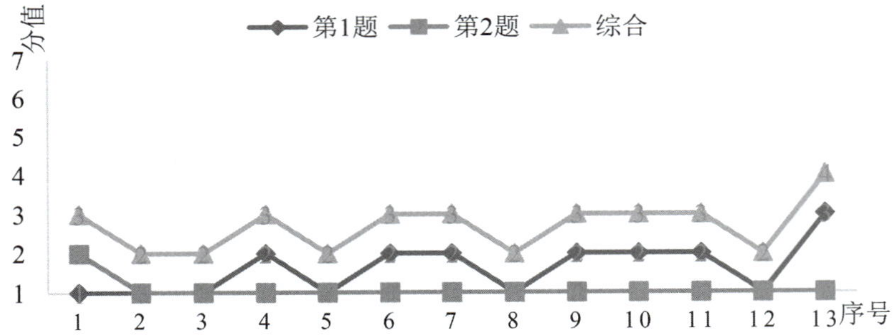

图 5　第 2 组学生的学习效果图

第 3 组学生的学习效果如图 6 所示。第 1 题的学习效果,成绩优秀和中等的学生好于成绩靠后的学生;第 2 题的学习效果,成绩中等偏后的学生略好于成绩优秀的学生;综合的学习效果,成绩优秀的学生差异不明显,成绩中等和靠后的学生差异较大,总体来看,成绩中等的学生略好于成绩优秀和靠后的学生。这说明使用 VGE 教学课件作为学习资料,对学生的学习效果有一定影响,尤其是对成绩中等学生的学习效果有显著影响。结合访谈结果发现,成绩中等学生对于新的学习方式具有较大兴趣,投入程度较高;成绩靠后学生抱着无所谓的态度,“破罐子破摔”;成绩优秀学生的自律性较好,虽然没有明显增加投入,但依旧表现较好。因此,使用 VGE 教学课件作为学习资料,对于成绩中等学生产生的影响大于其他两者。

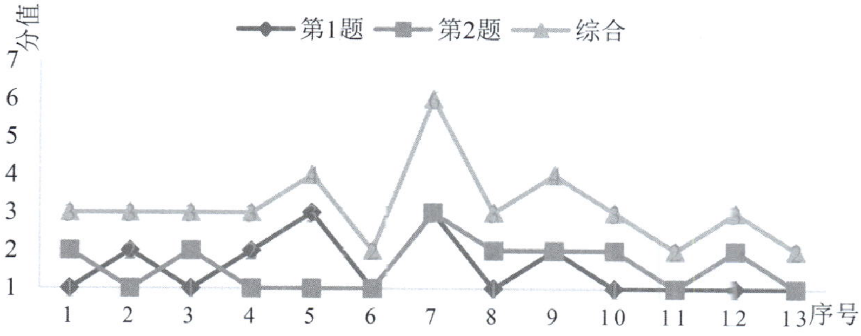

图 6　第 3 组学生的学习效果图

第 4 组学生的学习效果如图 7 所示。第 1 题的学习效果不存在显著差异，第 2 题的学习效果成绩中等和靠后的学生好于成绩优秀的学生，综合的学习效果，成绩中等和靠后的学生较为稳定，成绩优秀的学生波动较大。这说明使用多种学习资料，对成绩中等和靠后学生的学习效果有显著影响。这主要与学生对学习资料的理解程度有关。成绩优秀的学生对于不同学习资料的理解程度差异不大，当呈现多种学习资料时，往往只关注其中一种，忽略了结合多种学习资料学习的优势；而成绩中等和靠后的学生由于对单一学习资料的理解能力不如前者，当呈现多种学习资料，会更加关注不同学习资料呈现的不同信息，加以结合，从而弥补对单一学习资料理解的不足，因此，学习效果可以达到甚至超过前者。

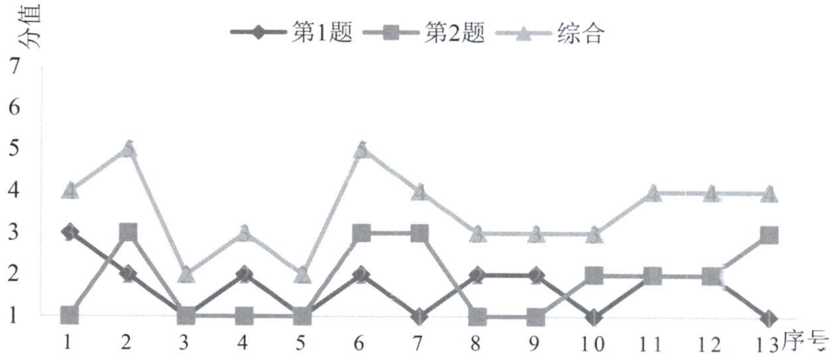

图 7　第 4 组学生的学习效果图

综上，可以看出，学生学习效果好坏与成绩高低并不总是一致的，还受到学生的语言概括能力、认知水平与学习习惯等因素的影响。使用 VGE 教学课件能够帮助成绩中等学生理解教学内容，明显提高其学习效果；而使用多种学习资料，若是能引导学生，注意结合多种资料的优势，也能较好地提高学习效果。

三、教学反思

教学反思是针对教学过程进行反思，主要是分析教师教学过程中的闪光点与薄弱之处。根据教学应用的方式不同，教学反思分为模拟教学反思和教学实验反思。

（一）模拟教学反思

模拟教学结束后，几位学生说："如果我的中学地理这么上，我突然不想学了……""你的这个课件好厉害呀……"这些评价引人思考：运用 QGIS 软件是从学生角度出发，还是从教师角度出发？是从知识角度出发，还是从认知角度出发？本研究的出发点是辅助学生学习，但学生是否真的需要，还需要进一步调研。虽然这种信息化教学确实打破了传统的教学模式，但可能无形中增加了学生的心理负担。一名普通的学生学习一节地理课，可能并不需要这么"拼命"——不仅要看教材，还要用软件。如果不是真的有兴趣去探究，学生不一定乐意接受。

因此，现有设计可能更适合在拓展课开展，或者在学生接受的范围和程度上开展，而不是直接在了解不充分的前提下去开展班级教学。作为教师，应该要了解学生的学习水平和接受程度，去决定信息技术的使用程度；作为学生，也有权利选择自己乐意接受的方式学习。

此外，基于模拟教学的感受，笔者将原有的"遵循教材知识呈现顺序"的设计思路推翻，按照"调动学生探究兴趣"的思路重新设计。首先对教学过程设计进行了优化，增强了课堂探究的故事性，创设了"从天而降"侦察活动，优化了教学情境；同时，大大删减了教师活动，将课堂让位给学生，充分发挥学生的主体作用。其次将学习方式由"小组合作"更改为"个人探究"，便于评价每位学生的学习效果，也方便进行量化评价。

（二）教学实验反思

虽然在模拟教学的基础上完善了教学设计，并在课前与授课班级地理教师深入交流，对可能涉及的问题进行预设，但真实的课堂还是须深入思考。

首先，由于硬件条件的限制，不能做到为每位学生配置一台电脑，因此只能利用教室电脑演示 VGE 课件，导致使用这种方式作为学习资料的学生不能完全沉浸其中，这可能影响了预期的学习效果。这也说明基于 VGE 的中学地理信息化教学不仅需要教师掌握一定的技术能力，还要求学校具备较好的硬件条件，否则将难以达到最佳效果。

其次，是课堂教学的反思。在前期的设计阶段，仅从技术层面考虑了 VGE 应用于地理教学的可行性，认为数据精度越高、仿真效果越好，越接近真实景观，使用效果越好。但从真实的教学情况来看，不完全如此：小尺度的地貌观察，可能需要高精度高仿真，以便学生详细感受细微地理环境；而较大尺度的地貌观察，可在真实的场景中添加适当的标记，便于学生得到有用的信息，从而达到更好的效果。

通过教学实验发现，要想达到较好的学习效果，选择合适的学习资料很关键。现在的学生大多喜欢玩游戏，当教师授课时，可以向学生说明"地貌的观察"的重要性：就像玩游戏进入"特定场景"，需要尽快进行"环境侦察"。这种信息化教学方式，贴近学生的游戏体验，增强了学生的代入感，可以有效激发学生的学习兴趣，达到提高学生学习效率的作用。

四、结论与展望

（一）结论

以地理新教材“地貌的观察”教学内容为例，本研究通过信息化教学设计，以河姆渡遗址区域为例，制作了VGE教学课件，通过对教学应用的评价与反思，得出三点结论：

第一，从学生感受来看，70%的学生对基于VGE的中学地理信息化教学方式持接受态度，且实际学习效果优于传统教学方式。

第二，从不同学习资料下学生的学习效果来看，使用VGE教学课件的学生学习效果明显提升，但是并不能说明VGE教学课件的效果越真实越好。

第三，从成绩高低来看，不同层次学生的学习效果没有显著差异，通过分析发现，影响学习效果的主要因素是学生的语言概括能力、认知水平与学习习惯等，而VGE教学课件作为学习资料，可以明显提升成绩中等的学生的学习效果。

（二）不足与展望

本研究虽然在一定程度上验证了基于VGE的中学地理信息化教学方式的可行性与有效性，但是由于笔者的能力、时间和精力限制，对于中学地理教学的经验不足，其中涉及的一些问题还值得进一步讨论与研究。

其一，本研究有意识地将地理学理论与教育学理论相结合，作为研究的基础，但是由于笔者对两者的认识不够，可能存在“未被发现的理论”，如果能够以此为基础，可能对本研究的指导意义更强。

其二，VGE作为地理学空间表述的新形式，还处在发展阶段，应用于地理教学的场合十分有限，如何更好地发挥其优势为地理教学服务，需要进一步探讨。就本研究的教学内容而言，要想更好地将虚拟的地理环境与真实的地理环境有效地结合，还需要技术层面和实践层面的不断摸索和实践。

其三，学生的学习效果受到多种因素的影响，而本研究的实验设计考虑有限，仅对学生的成绩和学习资料做了设计，不同的语言概括能力、不同的沉浸式教学环境、不同的学习习惯等会对教学产生何种影响，值得继续研究。

其四，本研究的教学实验仅对一个班的教学效果做了分析，存在样本量较小的缺点，对于更大范围、不同层次的学生，本研究的结论是否能够保持一致，需要进行更广泛的研究，并加以检验。

最后，笔者认为在教学中，信息化不是目的，为教学服务才是目的。如果一项新技术、新形式能够为教学服务，能够帮助师生更好地感受教学的魅力，那就值得我们去研究。

新课改背景下
促进小学生英语课堂参与
的对策研究

《义务教育英语课程标准(2011 版)》明确突出三维目标中“过程与方法”的意义价值,强调课堂教学由重视“教学结果”到重视“学习过程”的转变,关注学生学习的主体性体验。《义务教育英语课程标准(2017 版)》再次明确了小学英语课程的基本理念,义务教育阶段的英语课程应面向全体学生,体现以学生为主体的思想,英语课程应成为学生在教师的指导下构建知识、发展技能、拓展视野、活跃思维、展现个性的过程。2022 年教育部颁布的《义务教育英语课程标准(2022 年版)》也提出了培养学生语言知识、思维能力、交流能力、文化素养等方面的关键能力要求。因此,在当前我国新课改的背景下,促进小学生英语课堂参与性依旧是英语教师必须考虑的一个重要方面,它关系到英语新课改的实施成效。但在教学中,由于一些教师对于学生英语课堂参与理解上的欠缺,他们在课堂上对学生能力培养的成效还有待提升。UGS 联合研究实践课题“新课改背景下促进小学生英语课堂参与的对策研究”呈现了小学英语教学的实践研究案例,希望能为相关问题的解决带来一些启迪和帮助。

小学生英语课堂参与的实证研究

吴艳

（上海师范大学）

一、研究缘起

《义务教育英语课程标准（2022年版）》强调义务教育阶段英语课程的任务是：“激发和培养学生学习英语的兴趣，使学生树立自信心，养成良好的学习习惯和形成有效的学习策略。”以此看来，小学英语教学中应关注学生的学习情况。笔者经过四年多的教学实践发现，教师在课堂上开始关注学生的学习了，学生的课堂主体地位相比过去已经有明显提升。但大多数学生的课堂参与还只流于形式，并没有真正参与到课堂学习中。因此，需要通过对学生课堂参与现状进行调查，找出问题并分析存在的原因，从而提出对策。

在课堂教学中注重学生的主体性参与是21世纪教育改革的重要趋势和现代教学的标志。《义务教育英语课程标准（2022年版）》明确突出三维目标中“过程与方法”的意义价值，强调课堂教学由重视“教学结果”到重视“学习过程”的转变，关注学生学习的主体性体验，再次明确了小学英语课程的基本理念。义务教育阶段的英语课程应面向全体学生，体现以学生为主体的思想，英语课程应成为学生在教师的指导下构建知识、发展技能、拓宽视野、活跃思维、展现个性的过程。可见，在英语课堂中，学生的“参与”过程尤为重要，教师理应更加注重学生参与学习探究的积极性和主动性，最大化实现“为了每一位学生发展”的新课改理念。如今，回归教育本质的呼声日益高涨，强调教育教学工作者要把学习的自主权和发展权还给学生，使他们学会合作与探究，进而真正实现学习方式的转变。随着新课改轰轰烈烈地开展，“立足过程，促进发展”的教育思想在基础教育教学中基本得以实现，并取得一定成就，主要表现为学生课堂学习中的主动参与现象更为普遍，学习投入深度进一步提升。

尽管如此，课题组经过实践调研分析发现：学生的课堂学习主体性仍存在难以充分发挥的现象，表现为小学生英语教学重“结果”，参与活动开展流于“形式”，参与活动被视为一种“展示”的表演，忽视学生实质性的主体体验和学习收获。学生主动参与学习的意识不强，缺乏互动参与的兴趣动机，个体情感行为参与不能有效配合，或者课堂参与往往集中在一些优等生，种种现象最终导致教师在讲台上唱独角戏，课堂学习氛围不活跃，那些不参与、少参与或“搭顺风车”的学生学得吃力，教师教得也吃力。主体意识是 21 世纪每个公民应当具备的时代意识，缺少主体意识的个体将逐渐被激烈竞争的社会所淘汰。教育作为促进个体成长成才的方式，应当重视学生在教学活动中的主人翁地位，突出学生的主体性和参与性。因此，小学生的课堂参与度问题，成为当下教育教学改革的焦点，尤其是课堂教学改革的重要内容。

二、文献综述

国外关于主体性教育的研究是课堂参与研究的理论源泉，以杜威的“从做中学”理论、皮亚杰的建构主义、苏霍姆林斯基的主体参与教学理论为主要代表。杜威的“从做中学”理论指出：从实践和生活中获得知识是一种简单有效的学习方式。他的实用主义理论倡导在充分尊重儿童主体性的基础上促使儿童主动参与、自然成长，引导儿童自愿地投入活动。皮亚杰的建构主义、苏霍姆林斯基的主体参与教学同样强调在教学中要重视学生的主体性，将学生作为课堂的主人，教师的作用即是引导和督促，认为课堂应以学生为中心，促使学生在教师引导下自主学习，自觉参与到课堂教学中。国外研究者综合教育学、社会学理论和心理学理论，形成了课堂参与研究的基础理论，其中以奥斯汀的卷入理论为代表。卷入理论揭示出学生的学习不只是认知发展，还对生理和心理的发展起着重要的意义。乔治·库则在前人研究成果的基础上进一步探索，提出了学生参与度的概念，明确了学生的参与程度具有以下特征：学生在教学中投入时间的长短，以及付出的努力程度、教学资源、课程的组织等因素与学生的学习参与有关。

20 世纪 90 年代以来，国外研究集中于课堂参与影响因素分析，涉及学生角色、班级规模、成绩差异、自我概念、师生关系等影响因素。欧文等①通过课堂观察发现，与女生相比，男生会主动发起更多积极的和消极的课堂参与；奥克帕拉②认为，男生因为在课堂上踊跃发言，或是有较多破坏课堂规则的行为而受到教师的关注。杰里米③认为，规模较小的班级更利于教师组织学生参与课堂，能更好地适应不同学生的需要；芬内等④人从理论层面上说明规模小的班级的学生更倾向于参与课堂，大班存在“责任分散”的现象，学生容易失去参与课堂的动机。弗尔克尔等⑤通过实证研究发现，学生课堂参与和学生的学业成绩紧密相关，课堂上积极参与者比那些消极参与者或者不参与者在阅读和数学学科上成绩更加优异。

---

① Irvine, Jacqueline J. Teacher-student interactions: Effects of student race, sex, level[J]. Journal of Educational Psychology, 1986, 78(1): 14—21.

② Okpala, Comfort O. Gender-related differences in classroom interaction[J]. Journal of Instructional Psychology, 1996, 23(4): 275—286.

③ Jeremy D. Classroom organization and student behavior in kindergarten[J]. The journal of Educational Research, 2004, 98(2): 79—91.

④ Finne, Jeremy D, Pannozzo, *et al*. Classroom Organization and Student Behavior in Kindergarten[J]. The journal of Educational Research, 2004, 98(2): 79—91.

⑤ Voelkl, Kristin E. School warmth, student participation, and achievement[J]. Journal of Experimental Education, 1995, 63(3): 127—138.

泰斯等⑥认为,那些认为自己能力较差的学生更加不愿意参与班级活动,而认为自己能力较高的学生参与的积极性明显较高。丹尼斯等⑦也认为,学生的自我概念的发展影响学生与教师的互动,从而影响学生的课堂参与,积极的师生关系往往能促进有效的课堂参与。弗尔克尔等⑧认为,学生对师生关系的不同理解会影响他的课堂行为,学生如果感受到来自教师的关心和支持,往往更有动力参与课堂互动。克森⑨认为,教师对学生面子的维护,如欣赏和赞赏,能促进学生更投入课堂参与。莫尔加奈特⑩认为,良好的师生关系在课堂教学中可以增加学生的参与动机,是有效课堂管理的重要因素。

如何提高小学生课堂参与效果,国外研究成果主要集中在塑造良好的教学氛围和构建和谐的师生关系两方面。首先,塑造良好的教学氛围,包括创造良好的课堂环境,创新教学方式方法。玛丽⑪认为在教学活动中促进学生主动参与的最优措施是为学生创设无忧和谐的课堂环境,良好的课堂氛围是学生课堂参与的外部条件,是促进学生学习的催化剂。玛汶⑫认为学生喜欢从实践中掌握知识,来代替传统的从听中获取知识,并提出推动学生课堂参与的方式是运用角色扮演。其次,构建和谐的师生关系,包括提升教师个人魅力,加强师生互动。马里安等⑬研究了小学五六年级学生中不同学习成绩的学生在全班学习中参与行为的差异,并提出以提升教师个人修养为核心的课堂参与改进计划。艾莎⑭研究了三至七年级女生参与和不参与体育活动的原因和对策,并提出要建立师生互动的正式和非正式渠道,帮助学生提升沟通互动能力。

国内学者在教育学理论的层面对主体性参与进行了研究,涉及主体性参与的内涵、发展性教学下的主体性参与、主体性教学。王升等⑮认为,主体性是学生作为人的本质特性,也是作为学生的本质特性,主体的参与是主体确立其地位的重要保证,"主体性"与"参与"的结合是实现活动有效性的要求。裴娣娜⑯指出,主体性参与是发展性教学的核心内容,强调培

---

⑥ Tesser A,Campbell J. A self-evaluation maintenance approach to school behavior[J]. Educational Psychologist, 1982(17):1—13.

⑦ Dennis J, Delprato. Increasing classroom participation with self-monitoring[J] The Journal of Educational Research,2000(50):225—227.

⑧ Voelkl,Kristin E. School warmth,student participation,and achievement[J]. Journal of Experimental Education, 1995,63(3):127—138.

⑨ Kerssen J. Sustaining the desire to learn: dimensions of perceived instructional facework related to student involvement and motivation to learn[J]. Western Journal of Communication,2003,67(4):57—59.

⑩ Morganett. Good teacher-student relationships: a key element in classroom motivation and management[J]. Education. 2001(120):235.

⑪ Mary Harahan. Enhancing communication and participation in school through affirm-motional dialogue journal writing[J]. Journal of Research in Science Teaching, 1999,36(6) :699—717.

⑫ 恽广岚. 小学生课堂参与及其影响因素的研究[D]. 南京:南京师范大学,2006.

⑬ Mulryan, Catherine M. Fifth and sixth grades'involvement and participation in cooperative small groups in mathematics[J]. Elementary School Journal, 1995,95(4):297—310.

⑭ Alesha Lynne Kientzler. Fifth-and seventh-grade girls decisions about participation in physical activity[J]. The Elementary School Journal,1995(5):391—413.

⑮ 王升,刘晓鹏. 参与、主体的参与和主体性参与的涵义[J]. 内蒙古师范大学学报(哲学社会科学版),2004(5):23.

⑯ 裴娣娜. 发展性教学与学生主体性发展[J]. 河南教育,1999(1):14—15.

养学生主动参与的意识和主动参与的能力。

国内学者对课堂参与影响因素进行了分析，可分为环境因素、个体因素、情感因素、教学因素等。章伟央[17]认为，影响学生课堂参与行为的因素主要有文化因素和教育传统因素：中国传统主流文化推崇"中庸之道"，这种文化扼杀了人之个性的张扬和追求自我的一面；以教师讲授和引导为主的传统教育形式，不利于采用课堂参与的教学策略；学生的课堂参与动机对其课堂参与行为产生直接影响。黎佳佳等[18]从微观层面探究了课堂参与的差异性，认为小学生的课堂行为参与存在性别差异、角色差异、座位差异及成绩差异，并从社会学和心理学等角度分析了差异背后的原因。曾琦[19]研究发现，在性别角色差异维度上，女生的参与程度更高，性质也更为积极、合作；与普通学生相比，班干部的参与程度更高，性质也更为积极主动。王忠伟[20]指出，由于教师对教育的功能认知，对教师的角色认知，对学生的天性认知和对教学过程、学习过程的技术认知，以及操作行为缺乏认识，教育长期以来一直打压着学生的学习兴趣，消解着学生的学习能力，磨灭着学生的学习热情，从而会影响学生的参与。汪琴[21]运用结构方程模型发现，六种情感变量不同程度影响学习者自愿参加课堂活动，其中自我效能正向和焦虑负向对参与度影响居前两位。林云等[22]指出，教师使用的教学方法中，讲授法最不利于学生参与，而采用师生互动的教学方法，可以让学生在一定程度上参与，最有利于学生的是运用学法，学生个体运用学法，学习的独立性强。李莉等[23]通过心理学实证研究发现，教师的积极教学行为对学生课堂参与有显著的预测作用，其中教学技能、支持帮助维度预测力最大。曾琦[24]从理论分析和实证研究两方面认为，学生的参与和学生的学习成绩是交互影响的，积极参与带来学业方面的积极性后果，高的学业成就又推动了学生的积极参与。

国内学者研究发现，课堂参与在师生关系、参与方式、参与深度、参与范围、课堂教学、教师素养等方面存在问题。曾琦[24]通过课堂观察和结构化访谈发现，教师重视师生交往，忽视学生间的交往；关注学生的行动参与，忽视学生的思维投入和情绪投入，导致学生课堂参与的深度不够。王富平[25]认为，由于传统教育的惯性、课堂环境影响、班级授课制等因素，课堂参与的有效时间较少，参与方式较被动，参与层次较低，参与的作用甚微。梁艺娟[26]认为，课堂参与表里不一，学生的参与权限与范围狭窄，学生的参与形式单一。国内学者从教学模式改革层面提出课堂参与提升策略，设计创新课堂教学设计，构建课堂参与评价体系，提升教

---

⑰ 章伟央. 学生课堂参与的影响因素及方法研究[J]. 湖州师范学院学报，2007(5)：124.

⑱ 黎佳佳，黎瑛. 小学生课堂行为参与差异性分析及对策—基于逸夫小学六年级的实证调查[J]. 现代中小学教育，2018(1)：32—35.

⑲ 曾琦. 小学生课堂参与的角色差异[J]. 教育研究与实验，2000(2)：127.

⑳ 王忠伟. 走向高校课堂[M]. 厦门：厦门大学出版社，2013(1)：12.

㉑ 汪琴. 情感因素、课堂参与及英语学习效果研究[J]. 牡丹江大学学报，2009(5)：141—146.

㉒ 林云，王文蓉. 以学生学习为中心的参与式教学的设计与实施[M]. 桂林：广西师范大学出版社，2013.

㉓ 李莉，白云阁. 教师课堂教学行为与学生课堂参与的关系——基于问卷调查的心理学实证研究[J]. 教学研究，2010(12)：45.

㉔ 曾琦. 学生课堂参与现状分析及教育对策—对学生主体参与观的思考[J]. 教育理论与实践，2012(8)：123.

㉕ 王富平. 课堂教学中学生参与的低效性探析[J]. 辽宁教育研究，2003(9)：59—63.

㉖ 梁艺娟. 小学英语课堂参与问题及策略研究[J]. 教育教学论坛，2013(6)：120—124.

师能力素养、增强学生参与能力等方面。李俊义等[27]提出分层优化与主体参与的课堂教学管理模式，将分层与分组相结合，组内优化与组间优化相结合，通过内培外引方式引导主体参与，采用动态管理、激励评价达到教学效果的最大化。彭银梅[28]提出基于多感官刺激的课堂教学实践，在教学预设中关注学生的感官需要，在课堂实践中强调课程资源的充分开发与运用，在教学过程中强调学生的多层面参与，在教学反思中凸显参与的"获得"与"感悟"。胡唐明[29]认为构建"主体参与"的课堂教学是让课堂上的每个学生都能主动并持续地参与教学，实质是让所有生命体都能平等地、自由地介入到课堂教学中的每一个环节，构建课堂参与评价体系。王珊[30]提出课堂参与质量评价体系，以关系维度和参与维度构成的多向维度空间作为基本评价维度，以自我报告法和课堂话语分析作为主要评价方式，运用视频追踪、课堂观察等技术手段分析课堂会话结构和学生参与个案。

纵观国内外研究成果，学者们对课堂参与的基本理论进行了较深入研究，包括课堂参与的内涵概念、影响因素、存在的问题等。然而国内外研究对小学生的课堂参与行为、态度和情感等缺乏具体研究，仅仅停留在基本原理层面进行研究，使得相关对策建议缺乏可操作性。本课题组在借鉴课堂参与基本理论研究成果的基础上，以新课改理念为指导，基于实证个案研究，对上海市小学生英语课堂参与进行具体微观研究，深入上海市松江区洞泾学校、上海师范大学附属松江实验学校和上海市周浦实验学校，全面剖析学生课堂参与问题及其原因，实现理论研究与实证研究的有机统一，问题剖析更加全面，成因分析更加深入，既可以保证研究的针对性，也可以增强对策建议的可行性和科学性。

三、研究问题及研究内容

（一）研究问题

课题组分别从学生年级、课程类型和教学方法三种维度提出研究问题，其宗旨是激发小学生的课堂参与能力，以提高小学英语课堂教学效果，提升小学生的英语课堂学习品质。

问题一：高年级小学生英语课堂参与和哪些因素有关？在英语课中提升课堂参与度的对策有哪些？

问题二：小学五年级英语故事教学课中，学生参与和哪些因素有关？（如学生的性别、座位、课堂环境、教师的教学风格及教学方法等）如何提高小学五年级学生在英语故事学习课中的参与度？

问题三：如何从儿歌导入、情境设置、游戏巩固和问题驱动四个方面通过启发式教学提升小学生的课堂参与度？

---

[27] 李俊义，李叔贞．课堂教学中分层优化与主体参与的结合及差异性表现[J]．教育探索，2016(11)：27—29.
[28] 彭银梅．基于多感官刺激的学生课堂参与研究[J]．教育理论与实践，2017(29)：59—61.
[29] 胡唐明．"主体参与"课堂教学理性询问与策略建构[J]．江苏教育研究，2016(6)：78—82.
[30] 王珊．学生课堂教学参与质量评价体系研究[J]．教育科学研究，2017(7)：54—58.

（二）研究内容

课题组根据新课改的相关理念与要求，以已有研究为基础，深入上海市松江区洞泾学校、上海师范大学附属松江实验学校和上海市周浦实验学校三所学校，聚焦小学生高年级英语课堂参与情况，小学五年级学生在英语故事教学课中行为参与、认知参与和情感参与的现状，以及运用启发式教学来激发小学生英语课堂的参与三个维度，这三个维度的问题遵循了从普遍到具体的原则，分别从学生年级、课程类型及教学方法进行调查研究。课题组首先从小学高年级英语课堂入手，其次是从高年级的英语故事教学课堂上学生的表现上进行剖析，最后是从启发式教学着手来提升小学生课堂参与的效果。通过实证调研小学生英语课堂参与的现状及差异，运用问卷调查法、观察法、访谈法和案例教学法等研究方法对小学生的英语课堂参与行为、参与态度、参与情感及其影响因素进行研究，全面梳理小学生英语课堂参与现状与问题，并进行成因分析，最终提出相关改进建议，提升小学生英语课堂参与效果。

四、研究思路与方法

（一）研究思路

本研究从新课改的背景出发，指出课堂参与行为对英语课程教学的重大意义，根据已有研究，结合管理学、社会学、心理学等学科理论，形成研究假设。选择上海市三所学校进行现状调查，进一步验证研究假设，形成研究结论，并从提升教学效果的角度就提升课堂参与有效性提出相关建议。

（二）研究方法

1. 文献法

文献法也称历史文献法，是指研究者根据自己的研究目标，通过阅读、分析、整理有关文献材料，全面、正确地研究某一问题的方法。文献法是社会科学研究的第一步，并且经常与其他研究方法综合使用。在本研究中，根据研究目标，搜集大量与研究主题相关的国内外文献资料，包括期刊文献、硕博士论文、图书资料、会议报告等。在进行细致研读之后，撰写文献综述，汲取有价值的研究，并明确本研究的创新点，为本研究奠定了坚实的研究基础。

2. 问卷调查法

问卷调查法是目前国内外社会调查中使用较为广泛的一种方法。问卷法就是研究者用控制式的测量对所研究的问题进行度量，从而搜集到可靠的资料的一种方法。在本研究中，根据研究维度，编制问卷量表，通过“问卷星”小程序和线下发放两种方式，全面了解课堂参与行为的现状，为研究提供较科学准确的实证信息。

3. 课堂观察法

课堂观察法是课堂研究广为使用的一种研究方法，是指研究者或观察者带着明确的目的，凭借自身感官和有关辅助工具，直接或间接地从课堂情境中收集资料，并依据资料作相应研究的一种教育科学研究方法。在本研究中，为了弥补问卷调查法的缺陷，根据研究维度形成课堂观察量表，加工处理后作为课堂参与行为差异性研究的重要信息。

4. 深度访谈法

深度访谈法又名深层访谈法，是一种无结构的、直接的、个人的访问，在访问过程中，一个掌握高级技巧的调查员深入地访谈一个被调查者，以揭示其对某一问题的潜在动机、信念、态度和感情。在本研究中，为了进一步揭示课堂参与行为差异背后的因素，根据研究主题设计访谈提纲，对教师、学生及家长进行访谈，以获得更加全面的研究资料。

五、研究发现

课题组调查分析上海市三所学校小学生在英语课堂中的参与情况，通过实践研究结果发现以下五个主要问题：主动参与意识薄弱、参与深度不够、参与机会不均、参与内部动机不足和参与形式单一。然后分析成因，最终提出相关改进建议：培养学生主体性参与意识，挖掘学生课堂参与深度，课堂参与机会均等化，激发内部动机、关注外部动机。通过系列研究，课题组深入三所学校，主要进行了以下三个方面的实证研究，以期提升小学生英语课堂参与效果，以确保其英语课堂学习品质。

（一）上海市高年级小学生英语课堂参与的现状调查

课题组深入小学高年级的英语课堂并实施了系统的课堂观察，将调查对象在课堂教学参与中的种种表现进行全面总结和提炼。课题组制作调查问卷的重要渠道有两个：一线教师的指导和实际的课堂观察。课堂参与情况的调查内容主要涵盖六个方面，分别为学生课堂主体性参与、情感参与、课堂参与动机、课堂参与深度、参与机会、师生关系对学生课堂参与的影响。而学生课堂参与的现状、教师的学生参与观、促进学生课堂参与的教学策略、学生参与的相关影响因素是实施教师访谈的主要问题。教师的人格特质、教学风格、期望，以及学生课堂参与的具体表现和原因是学生访谈的主要问题。针对目前课堂参与的问题提出相应的策略，提高学生的课堂参与度，提高教师的教学质量和学生的学习质量，进而提升课堂教学的有效性。通过提升学生的课堂参与度使学生不但学得会，还学得快乐，既掌握了知识与技能，培养了独立判断、思考、解决问题的能力，又提高了情商，从而实现真正的高效课堂。通过研究，课题组得出的相关结论如下：

(1) 分析小学高年级学生英语课堂参与情况可知，其与成绩水平之间的关系较为密切，与成绩中等和成绩较差的学生相比，成绩优秀的学生拥有更高的课堂参与水平；与成绩较差的学生相比，成绩中等学生的课堂参与水平更高。

(2) 分析小学高年级学生英语课堂参与情况可知，其与学生性格关系密切。与性格内向的学生相比，性格外向的学生拥有更高的课堂参与水平。

(3) 分析小学高年级学生英语课堂参与情况可知，其与学生角色差异关系较为显著。与普通学生相比，班干部拥有更高的课堂参与水平。

（4）分析小学高年级学生英语课堂参与情况可知，其与班级类型差异关系显著。与普通班的学生相比，重点班的学生拥有更高的课堂参与水平。

（5）在课堂教学过程中，学生主动参与水平和总体的课堂参与水平都受到了教师人格特征的影响。

该研究表明，学生主体参与意识已有所提升，但主动参与意识仍不足，主动参与深度不够，对教师的依赖性较强；学生课堂参与的机会不均，表现为成绩好、性格外向的学生得到的课堂参与的机会要多于成绩较差、性格内向的学生；学生课堂参与的动机主要是外部动机。学习成绩是影响学生英语课堂参与的关键因素；学生的性格、学生角色、班级类型、英语学习兴趣、教师的人格特征、教学风格等同样影响着学生的英语课堂参与水平。

（二）上海市高年级小学生在英语故事教学课堂中的参与调查

课题组立足于相关文献、问卷、访谈和课堂观察等方法，对当前小学五年级英语故事教学课中的参与现状进行描述，学生问卷主要从行为参与、认知参与和情感参与三个维度进行调查，教师问卷主要从教师对学生的课堂参与观、在故事教学课中使用的教学方法和教学评价这三个指标进行调查。教师访谈提纲主要包含四个方面：小学英语教师对课堂参与的理解、学生在故事教学课中参与的真实情况、影响学生课堂参与的因素，以及提高学生在故事教学课中的参与度的策略等方面。同时对学生和教师进行课堂观察，研究故事教学课中，学生课堂参与的广度和深度，以及教师的教学策略，充实研究内容。分析存在的问题，对现有的问题进行原因分析，并提出相应的对策及建议。课题组通过问卷调查、访谈和观察记录得出以下结论：

（1）分析小学高年级英语故事教学课堂可知，学生在认知参与上水平最高，说明了在故事教学课中学习方法运用得不错；其次是依赖参与方面，说明了学生比较依赖教师或者其他同学；行为参与方面最低，说明学生的积极主动参与不够。

（2）分析小学高年级英语故事教学课堂可知，学生的成绩差异显著，学生的成绩与学生的参与水平有着密切关系，学习成绩优秀的学生参与水平最高，其次是成绩良好的学生、成绩合格的学生，成绩差的学生在各方面的参与都不理想。

（3）分析小学高年级英语故事教学课堂可知，学生的性格差异较显著，学生的性格与学生的参与有着联系，外向型的学生参与水平要比内向型的学生参与水平高。

（4）分析小学高年级英语故事教学课堂可知，学生的性别差异较显著，在五年级的故事课上，女生的参与度要比男生高。

（5）分析小学高年英语故事教学课堂可知，学生的角色差异显著，班干部比普通学生参与水平高。

（6）分析小学高年英语故事教学课堂可知，班级之间的差异较为显著，课堂纪律好，学习氛围好、总体成绩好的班级要比其他班级的参与水平高。

（7）在故事教学课中，教师的课堂参与观、教学评价、教学方法对学生主动参与课堂有着影响。

该研究表明，在故事教学课中，小学五年级学生在行为参与、认知参与和情感参与上都有着显著差异，行为参与中的专心表现要多于钻研表现；认知参与中的深层次参与多于依赖参与和浅层次参与；积极情感要多于消极情感的参与；学生的成绩是影响参与故事教学课的重要因素；学生的性别、性格、角色、班级氛围、教师的课堂参与观、教学方法和教学评价都影响着学生的课堂参与水平。针对上述研究结果，最后提出了相关建议激发学生学习兴趣，营造学生主动参与的氛围；关注不同层次的学生，促进课堂参与均等化；建立良好的师生关系，提升学生质疑能力；丰富教学内容与活动，调动学生参与动机；优化教学评价方式，提高学生参与度。

（三）启发式教学对小学生英语课堂参与影响的调查

在小学英语课堂教学中运用恰当的教学方式，能够培养学生良好的学习习惯，摒弃传统的依赖教师的学习方式，发展学生自主参与课堂的意识和能力。启发式教学正是一种能够帮助学生实现课堂参与能力提高的教学模式，其通过对学生的启发引导，激发学生的学习兴趣和好奇心，调动学生学习的积极性，让学生通过自己的思考获得知识。课题组从儿歌导入、情境设置、游戏巩固和问题驱动四个方面，论述如何将启发式教学运用于小学英语课堂教学中来提升小学生的课堂参与度，以便培养他们的课堂表达能力、思维能力和创造力。随着新媒体技术的不断发展，教师也将新媒体技术应用于现代英语教学，把欢快抓耳的儿歌，活泼有趣的动画，以及丰富的音频视频资源融合到课件里，将知识以一种更直观更有趣的方式呈现给学生，在活跃课堂气氛的同时，又能够增加课堂趣味性，增加学生的课堂参与性，从而达到提高学生学习效率的目的，因此新媒体在课堂中的应用非常有利于教师进行启发式教学。基于实践探索，通过课堂案例实践教学，课题组得出以下结论：

（1）利用儿歌导入，吟唱儿歌，烘托气氛，鼓励学生参与。英语儿歌朗朗上口、旋律性强、活泼有趣、短小精悍、重音清晰，非常符合小学生心理，因此非常适合应用于低年级的英语课堂教学，激发小学生兴趣，将学生情绪带入课堂中，这是提升课堂参与度的有力基础。

（2）巧妙设置情境，学生体验真实，给予参与机会。随着现代英语不断地改革和发展，目前情境教学法已经被广泛地运用于小学英语的教学中了。而情境教学法正是迎合了低学段学生好奇好动，易被故事发展吸引的特点。笔者认为可以将启发式教学思想应用于情境教学中，在教师主导课堂的同时，又可以让学生去主动地思考和巩固情景设置中的知识要点，这样也使得学生在英语课中能更加积极主动又能轻松自如地参与到课堂活动中。

（3）游戏巩固，提高学生参与性。小学生自制能力差，心理学研究表明低学段学生在进行了30分钟的学习后学习效率会大幅下降，大脑开始出现疲劳现象，注意力开始分散，而因此在课堂最后的五分钟就可以利用游戏教学来提高学生的兴趣，而在进行游戏的同时应注意，游戏是教学的载体，其实质是复习巩固课堂知识，并通过游戏锻炼学生的反应能力和思维能力。

（4）利用问题驱动，培养学生思维能力，提升参与积极性。在启发式教学中利用问题驱动，可以激发学生积极主动去思考并增强学生参与课堂的热情，让学生带着问题去听去看，寻找、提炼信息，使得学生在学习中的目标更加明确，进而也能提高学生参与课堂的积极性和学习效率。

六、结语

课题组在借鉴课堂参与基本理论研究成果的基础上，以新课改理念为指导，基于实证个案研究，通过对上海市三所学校的英语课堂教学的实践探索，对小学生英语课堂参与进行具体宏观和微观研究，全面剖析课堂参与问题及其原因，实现理论研究与实证研究的有机统一。问题剖析更加全面，成因分析更加深入，既可以保证研究的针对性，也可以增强对策建议的可行性和科学性；既提出有效课堂参与对策，以便进一步完善小学英语参与教学的理论模式和指导方法，也提高了学生的课堂参与水平。在新课改背景下，促进小学生课堂学习参与度，使学生从“会听”到“会学”，帮助小学生在英语课堂中形成主动参与、乐于探究的意识和技能，以便提升小学生的英语课堂学习品质。

小学高年级学生英语课堂参与的困境及其策略

张燕[1]，吴艳[2]
（1. 上海市松江区洞泾学校；2. 上海师范大学）

一、研究问题

随着新课改的开展与推进，“立足过程，促进发展”的现代教育思想在基础教育教学中基本得以实现并取得一定成就，在课堂教学中主要表现为学生课堂学习中的主动参与现象更为普遍，学习更加投入。但调研发现，学生的课堂学习主动性仍存在难以充分发挥的问题。因此，笔者对上海市小学高年级学生英语课堂参与行为与意识进行研究，从中发现问题并进行成因分析，最终提出相关改进建议，以期提升小学高年级学生英语课堂参与效果。

二、小学高年级学生英语课堂参与影响因素分析

笔者采用的测量工具是李克特五级量表，调查对象为上海市普通公办小学五年级学生，共发放和回收了 80 份问卷，有效性为 100%，被试学生的男女占比各为 50%。笔者对学生英语课堂参与情况作相关性、事后多重比较等分析，将学生的课堂参与分为参与意识和参与深度、参与情感、参与机会、参与动机四大要素。

（一）小学高年级学生英语水平与课堂参与的相关性分析

在研究课堂参与和学生英语水平相关性的过程中，为了解两者的关系，笔者采用 Kendall's 等级相关系数进行相关分析，经分析得到英语课堂参与的四大要素和学生英语水平的相关性数据，其检验 p 值均小于 0.01，由此可知，在小学高年级英语课堂教学过程中，学生的课堂参与四大要素与学生的英语水平显著相关。

为了具体深入分析差异所在，笔者借助 LSD 方法对学生的课堂参与意识和参与深度、参与情感、参与机会、参与动机进行多重比较。

（1）对不同英语水平的学生的参与意识进行事后多重比较，得到显著性小于 0.05、均值差大于 0 的数据（表 1）。可以发现在课堂参与意识方面，英语水平优秀的学生与另外三类学

生的差异极为显著，由于均值差为正数，所以英语水平优秀的学生往往拥有更高的课堂参与意识。此外，水平一般的学生与水平较差和水平良好的学生之间的差异并不显著；水平良好的学生与英语水平较差的学生存在非常显著的差异，但是与水平一般的学生相比，两者的差异却不显著，虽然其课堂参与意识不如水平优秀的学生，但是比水平较差的学生表现要好。

表1　不同英语水平学生课堂参与意识的比较

(I) 英语水平	(J) 英语水平	均值差 (I—J)	标准误	显著性	95%置信区间	
					下限	上限
优秀	良好	0.985*	0.221	0.000	0.54	1.43
	一般	1.670*	0.456	0.000	0.76	2.58
	较差	2.420*	0.522	0.000	1.38	3.46
良好	优秀	−0.985*	0.221	0.000	−1.43	−0.54
	一般	0.685	0.476	0.154	−.26	1.63
	较差	1.435*	0.539	0.009	0.36	2.51
一般	优秀	−1.670*	0.456	0.000	−2.58	−0.76
	良好	−0.685	0.476	0.154	−1.63	0.26
	较差	0.750	0.671	0.267	−0.59	2.09
较差	优秀	−2.420*	0.522	0.000	−3.46	−1.38
	良好	−1.435*	0.539	0.009	−2.51	−0.36
	一般	−0.750	0.671	0.267	−2.09	0.59

* 均值差的显著性水平为 0.05

(2) 对不同英语水平学生的参与深度进行多重比较，得到显著性小于 0.05、均值差大于 0 的数据(表 2)，可知在课堂参与深度方面，英语水平优秀的学生与水平良好及较差的学生差异极为明显，但是与水平一般学生之间的差异并不显著，而且两者均值差均为正，可见英语水平优秀的学生课堂参与深度远远优于水平良好及较差的学生。另外，英语水平一般的学生与水平较差的学生在参与深度上存在非常显著的差异，且均值差为正，说明英语水平一般的学生课堂参与深度要高于那些水平较差的学生。

表2　不同英语水平学生课堂参与深度的比较

(I) 英语水平	(J) 英语水平	均值差 (I—J)	标准误	显著性	95%置信区间	
					下限	上限
优秀	良好	1.415*	0.265	0.000	0.89	1.94
	一般	0.730	0.546	0.186	−0.36	1.82
	较差	2.647*	0.625	0.000	1.40	3.89

（续 表）

(I) 英语水平	(J) 英语水平	均值差(I—J)	标准误	显著性	95%置信区间	
					下限	上限
良好	优秀	−1.415*	0.265	0.000	−1.94	−0.89
	一般	−0.685	0.570	0.233	−1.82	0.45
	较差	1.232	0.646	0.060	−0.05	2.52
一般	优秀	−0.730	0.546	0.186	−1.82	0.36
	良好	0.685	0.570	0.233	−0.45	1.82
	较差	1.917*	0.803	0.020	0.32	3.52
较差	优秀	−2.647*	0.625	0.000	−3.89	−1.40
	良好	−1.232	0.646	0.060	−2.52	0.05
	一般	−1.917*	0.803	0.020	−3.52	−0.32

* 均值差的显著性水平为 0.05

(3) 对不同英语水平的学生与课堂情感参与进行事后多重比较，得到显著性小于 0.05 的数据（表 3），从表中的数据统计分析结果可知，在课堂情感参与方面，英语水平优秀的学生与英语水平良好、一般、较差的学生之间的差异极为明显，且其与三者比较的均值差均为正，说明其参与的情感体验远远高于水平良好、一般和较差的学生。英语水平较差的学生与水平优秀、良好、一般的学生之间存在非常显著的差异，从均值差看均为负，说明英语水平较差的学生在课堂情感参与方面远远不如那些水平优秀、良好和一般的学生。

表 3　不同英语水平学生课堂情感参与的比较

(I) 英语水平	(J) 英语水平	均值差(I—J)	标准误	显著性	95%置信区间	
					下限	上限
优秀	良好	0.991*	0.226	0.000	0.54	1.44
	一般	1.100*	0.466	0.021	0.17	2.03
	较差	3.267*	0.533	0.000	2.20	4.33
良好	优秀	−0.991*	0.226	0.000	−1.44	−0.54
	一般	0.109	0.486	0.824	−0.86	1.08
	较差	2.275*	0.551	0.000	1.18	3.37
一般	优秀	−1.100*	0.466	0.021	−2.03	−0.17
	良好	−0.109	0.486	0.824	−1.08	0.86
	较差	2.167*	0.685	0.002	0.80	3.53
较差	优秀	−3.267*	0.533	0.000	−4.33	−2.20
	良好	−2.275*	0.551	0.000	−3.37	−1.18
	一般	−2.167*	0.685	0.002	−3.53	−0.80

* 均值差的显著性水平为 0.05

(4) 对不同英语水平学生的课堂参与机会进行多重比较，得到显著性小于 0.05、均值差大于 0 的数据(表 4)，可知在课堂参与机会方面，英语水平优秀的学生与水平良好、一般、较差的学生之间的差异极为明显，且其与三者的均值差为正，说明其课堂参与机会远远高于水平良好、水平一般、水平较差的学生。英语水平一般的学生除了与水平优秀的学生存在非常显著的差异，其与水平良好和较差的学生之间并不存在显著差异。而英语水平良好的学生还与水平较差的学生之间存在非常显著的差异性，且两者的均值差为正，表明水平良好的学生课堂参与机会远多于水平较差的学生。最后，水平较差的学生与水平优秀和良好的学生之间存在显著差异，与水平一般的学生不存在显著差异。

表 4 不同英语水平学生课堂参与机会的比较

(I) 英语水平	(J) 英语水平	均值差 (I—J)	标准误	显著性	95%置信区间	
					下限	上限
优秀	良好	0.990*	0.237	0.000	0.52	1.46
	一般	1.370*	0.489	0.006	0.40	2.34
	较差	2.453*	0.559	0.000	1.34	3.57
良好	优秀	−0.990*	0.237	0.000	−1.46	−0.52
	一般	0.380	0.510	0.458	−0.63	1.40
	较差	1.464*	0.578	0.013	0.31	2.61
一般	优秀	−1.370*	0.489	0.006	−2.34	−0.40
	良好	−0.380	0.510	0.458	−1.40	0.63
	较差	1.083	0.719	0.136	−0.35	2.51
较差	优秀	−2.453*	0.559	0.000	−3.57	−1.34
	良好	−1.464*	0.578	0.013	−2.61	−0.31
	一般	−1.083	0.719	0.136	−2.51	0.35

* 均值差的显著性水平为 0.05

(5) 对不同英语水平的学生与课堂参与动机进行事后多重比较，分析数据统计结果(表 5)可知，在课堂参与动机方面，英语水平优秀的学生与英语水平良好(显著性为 0.000)、水平较差(显著性为 0.002)的学生之间存在极为显著的差异，与水平一般学生的差异并不显著，

表 5 不同英语水平学生课堂参与动机的比较

(I) 英语水平	(J) 英语水平	均值差 (I—J)	标准误	显著性	95%置信区间	
					下限	上限
优秀	良好	0.510*	0.128	0.000	0.26	0.76
	一般	0.390	0.264	0.143	−0.13	0.91
	较差	0.973*	0.301	0.002	0.37	1.57

（续　表）

(I) 英语水平	(J) 英语水平	均值差 (I—J)	标准误	显著性	95%置信区间	
					下限	上限
良好	优秀	−0.510*	0.128	0.000	−0.76	−0.26
	一般	−0.120	0.275	0.665	−0.67	0.43
	较差	0.464	0.311	0.140	−0.16	1.08
一般	优秀	−0.390	0.264	0.143	−0.91	0.13
	良好	0.120	0.275	0.665	−0.43	0.67
	较差	0.583	0.387	0.136	−0.19	1.35
较差	优秀	−0.973*	0.301	0.002	−1.57	−0.37
	良好	−0.464	0.311	0.140	−1.08	0.16
	一般	−0.583	0.387	0.136	−1.35	0.19

* 均值差的显著性水平为 0.05

且均值差均为正，可见其课堂参与动机远远高于水平良好和水平较差的学生。除此之外，英语水平良好和水平较差的学生都只与水平优秀的学生存在显著差异，与水平一般的学生无明显差异；英语水平一般学生与其他三者均不存在显著差异。

（二）小学高年级学生性格与课堂参与的相关性分析

笔者将学生的性格划分为外向、比较外向、内向、比较内向。调查中学生认为自己性格外向、比较外向、比较内向、内向的人数占比分别为 38.75%、37.5%、17.5%和 6.25%（表 6）。

表 6　不同性格类型的学生比例

被试学生特征	类别	人数	百分比
性格	外向	31	38.75%
	比较外向	30	37.5%
	比较内向	14	17.5%
	内向	5	6.25%

借助 Kendall's 等级相关系数，调查结果（表 7）显示，在主体性参与方面，只有“在进行复习课时，会积极主动参与”与学生性格无关，即学生的性格不会影响在复习课的课堂参与，其他相关系数的检验 p 值均小于 0.05，学生参与主动性和学生性格的关系极大紧密，学生的性格越外向，其拥有的参与深度和参与意识越强。在参与情感方面，其与学生性格的相关系数检验 p 值小于 0.01，学生的参与情感与性格之间的关系极为显著，与性格内向的学生相比，在课堂情感体验方面，性格外向的学生明显更强。在参与机会方面，其与学生性格的相关系数值为 0.258，且检验 p 值小于 0.01，说明学生性格与其课堂参与机会紧密相关，即相

对于性格内向的学生来说，性格外向的学生能获得更多的课堂参与机会。在参与动机方面，学生性格与课堂参与动机的相关系数数值为 0.365，且对相关系数的检验 p 值小于 0.01，说明内部动机对性格外向和内向的学生来说影响非常显著，内部动机是性格外向学生课堂参与动机的主要方面。

表 7　不同性格类型的学生与课堂参与的相关性

课堂参与		相关系数	p 值
主体性参与	参与意识	0.260**	0.007
		0.241*	0.015
		0.283**	0.004
		0.242*	0.015
		0.191	0.063
		0.151	0.131
	参与深度	0.266**	0.005
		0.285**	0.003
		0.158	0.125
		0.150	0.128
		0.214*	0.031
		0.219*	0.029
情感参与		0.129	0.194
		−0.422**	0.000
		0.262**	0.008
参与机会		0.258**	0.007
参与动机		0.365**	0.000

* $p<0.05$，** $p<0.01$

不同性格的学生在课堂主体性参与、情感参与、参与机会、参与动机上都存在极为显著的差异。

（1）将不同性格学生的课堂参与意识进行事后多重比较，得到显著性小于 0.05、均值差大于 0 的分析结果（表 8），可知，在课堂参与意识方面，性格外向的学生与性格内向（显著性

表 8　不同性格类型的学生课堂参与意识的比较

(I) 性格类型	(J) 性格类型	均值差 (I−J)	标准误	显著性	95%置信区间	
					下限	上限
外向	比较外向	0.455	0.262	0.087	−0.07	0.98
	内向	1.555*	0.494	0.002	0.57	2.54
	比较内向	0.712*	0.330	0.034	0.05	1.37

（续　表）

(I) 性格类型	(J) 性格类型	均值差 (I−J)	标准误	显著性	95%置信区间	
					下限	上限
比较外向	外向	−0.455	0.262	0.087	−0.98	0.07
	内向	1.100*	0.495	0.029	0.11	2.09
	比较内向	0.257	0.332	0.441	−0.40	0.92
内向	外向	−1.555*	0.494	0.002	−2.54	−0.57
	比较外向	−1.100*	0.495	0.029	−2.09	−0.11
	比较内向	−0.843	0.534	0.119	−1.91	0.22
比较内向	外向	−0.712*	0.330	0.034	−1.37	−0.05
	比较外向	−0.257	0.332	0.441	−0.92	0.40
	内向	0.843	0.534	0.119	−0.22	1.91

* 均值差的显著性水平为 0.05

为 0.002)、比较内向(显著性为 0.0034)的学生分别存在非常显著差异和显著差异，且均值差均为正，表明性格外向学生比性格内向、性格比较内向学生的参与意识更强，但是与性格比较外向学生的差异并不显著。

(2) 将不同性格学生的课堂的参与情感进行事后多重比较，情感参与相关题目为问卷第五题“在英语课上，我说英语时感觉自信不够”，采用了五级李克特量表，1～5 分别表示不同的符合程度，分值越大就表明情感参与越低，由此得到显著性小于 0.05、均值差大于 0 的分析结果(表 9)。结果显示，性格内向的学生与性格外向(显著性为 0.001)、性格比较外向(显著性为 0.013)、性格比较内向(显著性为 0.012)的学生存在非常显著的差异。除此之外，其他性格类型之间不存在显著差异。

表 9　不同性格类型的学生课堂情感参与的比较

(I) 性格类型	(J) 性格类型	均值差 (I−J)	标准误	显著性	95%置信区间	
					下限	上限
外向	比较外向	−0.414	0.284	0.149	−0.98	0.15
	内向	−1.781*	0.534	0.001	−2.84	−0.72
	比较内向	−0.295	0.357	0.411	−1.01	0.42
比较外向	外向	0.414	0.284	0.149	−0.15	0.98
	内向	−1.367*	0.535	0.013	−2.43	−0.30
	比较内向	0.119	0.359	0.741	−0.60	0.83
内向	外向	1.781*	0.534	0.001	0.72	2.84
	比较外向	1.367*	0.535	0.013	0.30	2.43
	比较内向	1.486*	0.577	0.012	0.34	2.64

（续　表）

(I) 性格类型	(J) 性格类型	均值差 (I—J)	标准误	显著性	95%置信区间	
					下限	上限
比较内向	外向	0.295	0.357	0.411	−0.42	1.01
	比较外向	−0.119	0.359	0.741	−0.83	0.60
	内向	−1.486*	0.577	0.012	−2.64	−0.34

* 均值差的显著性水平为 0.05

（3）将不同性格学生的课堂参与机会进行事后多重比较，得到显著性小于 0.05、均值差大于 0 的分析结果（表 10），由分析结果可知，性格外向的学生与性格内向的学生（显著性为 0.007）在得到课堂参与机会方面存在非常显著的差异，并且两者的均值差为正，表明与性格内向的学生相比，性格外向学生的参与机会更多。此外，其他性格类型之间不存在显著差异。

表 10　不同性格类型的学生课堂参与机会的比较

(I) 性格类型	(J) 性格类型	均值差 (I—J)	标准误	显著性	95%置信区间	
					下限	上限
外向	比较外向	0.399	0.276	0.153	−0.15	0.95
	内向	1.432*	0.520	0.007	0.40	2.47
	比较内向	0.675	0.347	0.056	−0.02	1.37
比较外向	外向	−0.399	0.276	0.153	−0.95	0.15
	内向	1.033	0.521	0.051	0.00	2.07
	比较内向	0.276	0.349	0.431	−0.42	0.97
内向	外向	−1.432*	0.520	0.007	−2.47	−0.40
	比较外向	−1.033	0.521	0.051	−2.07	0.00
	比较内向	−0.757	0.562	0.182	−1.88	0.36
比较内向	外向	−0.675	0.347	0.056	−1.37	0.02
	比较外向	−0.276	0.349	0.431	−0.97	0.42
	内向	0.757	0.562	0.182	−0.36	1.88

* 均值差的显著性水平为 0.05

（4）将不同性格学生的课堂参与动机进行事后多重比较，得到显著性小于 0.05、均值差大于 0 的分析结果（表 11），性格外向的学生与性格比较外向、性格内向、性格比较内向的学生相比，他们在课堂主动参与动机方面存在非常显著的差异，均值差为正，表明性格外向学生相比其他性格类型的学生，其主要动机为内部动机。另外，性格比较外向的学生与内向的学生在这一方面存在非常显著的差异，并且两者均值差为正，说明比较外向的学生比内向的学生内部动机更为明显。

表 11　不同性格类型的学生课堂主动参与动机的比较

(I) 性格类型	(J) 性格类型	均值差 (I—J)	标准误	显著性	95%置信区间	
					下限	上限
外向	比较外向	0.343*	0.133	0.012	0.08	0.61
	内向	0.910*	0.250	0.001	0.41	1.41
	比较内向	0.495*	0.167	0.004	0.16	0.83
比较外向	外向	−0.343*	0.133	0.012	−0.61	−0.08
	内向	0.567*	0.251	0.027	0.07	1.07
	比较内向	0.152	0.168	0.368	−0.18	0.49
内向	外向	−0.910*	0.250	0.001	−1.41	−0.41
	比较外向	−0.567*	0.251	0.027	−1.07	−0.07
	比较内向	−0.414	0.271	0.130	−0.95	0.12
比较内向	外向	−0.495*	0.167	0.004	−0.83	−0.16
	比较外向	−0.152	0.168	0.368	−0.49	0.18
	内向	0.414	0.271	0.130	−0.12	0.95

* 均值差的显著性水平为 0.05

（三）小学高年级学生角色与课堂参与的相关性分析

借助 Kendall's 等级相关系数，具体分析课堂参与四大要素与学生角色的关系，由此揭示课堂参与和学生角色之间的相关性水平（表 12）。在主体性参与方面，参与意识和参与深度与学生角色的相关系数的 p 值均小于 0.05，说明学生主体性参与和学生角色之间的关系

表 12　学生角色与课堂参与的相关性

课堂参与		相关系数	p 值
主体性参与	参与意识	0.409**	0.000
		0.318**	0.003
		0.221*	0.038
		0.226*	0.034
		0.327**	0.003
		0.306**	0.004
	参与深度	0.293**	0.004
		0.283**	0.006
		0.335**	0.003
		0.100	0.346
		0.075	0.479
		0.121	0.260

（续　表）

课堂参与	相关系数	p 值
情感参与	0.202	0.056
	−0.312**	0.003
	0.358**	0.001
参与机会	0.320**	0.002
参与动机	0.245*	0.027

* $p<0.05$，**$p<0.01$

是极为密切的，班干部在课堂上的参与深度、参与意识更好。在英语课堂教学中，学生主体性参与和不同角色之间的差异极为显著，与普通学生相比，班干部的课堂主体性参与更强。在情感参与方面，学生角色与其课堂情感参与的相关系数的检验 p 值小于 0.01，相关性非常显著，班干部的课堂情感参与更好。在参与机会方面，学生角色与课堂参与机会的相关系数为 0.320，且相关系数的检验 p 值小于 0.01，说明两者的相关性是极为显著的，班干部在课堂得到的参与机会更多。在参与动机方面，学生角色与课堂参与动机的相关系数为 0.245，且相关系数的检验 p 值小于 0.05，可知学生角色和课堂参与动机两者的相关性较为显著，对于班干部来说，内部动机是其课堂参与的主要动机。

（四）小学高年级学生英语兴趣与课堂参与的相关性分析

借助 Kendall's 等级相关系数，具体分析了课堂参与各要素与学生英语兴趣两者之间的相关性（表 13）。

表 13　学生的英语学习兴趣与课堂参与的相关性

课堂参与		相关系数	p 值
主体性参与	参与意识	0.694**	0.000
		0.655**	0.000
		0.555**	0.000
		0.526**	0.000
		0.476**	0.000
		0.510**	0.000
	参与深度	0.594**	0.000
		0.495**	0.000
		0.328**	0.001
		0.064	0.513
		0.212*	0.032
		0.204*	0.041
参与机会		0.591**	0.000
参与动机		0.718**	0.000

* $p<0.05$，**$p<0.01$

在主体性参与方面，参与意识和参与深度与学生英语学习兴趣的相关系数检验 p 值均小于 0.01，即学生主体性参与和学生英语学习兴趣的关系较为密切。学生主体性参与和英语学习兴趣的相关性较为显著，与英语学习兴趣低的学生相比，英语学习兴趣高的学生具有更高的主体性参与度。

在参与机会方面，学生英语兴趣和学生课堂参与机会的相关系数为 0.591，对相关系数的检验 p 值小于 0.01，学生英语兴趣和学生课堂参与机会的相关性极为显著。

三、小学高年级学生英语课堂参与存在的主要问题

（一）学生课堂主动参与意识薄弱

现阶段学生参与英语课堂学习的形式还是较为被动和单一。通过深入访谈和直接参与课堂观察发现，学生回答、教师提问是现阶段学生课堂参与的主要形式。课堂上还是以教师讲解为主，真正给学生表达自己想法的时间和空间不足，不利于因材施教。学生的参与意识也不强烈，一般教师怎么教就怎么学，如果教师没有提出预习或者复习，就很少有学生主动去预习和复习，这也反映了学生对教师的依赖性很强。

（二）学生课堂主动参与深度较浅

从课堂参与次数和人数上看，对于大部分小学高年级学生而言，在英语学习过程中，如果出现疑问，能主动请教老师或是与同学讨论的学生极少，在英语课堂上当场主动提问、善于质疑的学生就更少了。学生往往不会将疑问提出来，即便在课堂中遇到疑问，也会选择独自思考或是在课后询问老师和同学。学生在课堂上不主动提问的主要原因是害怕打断教师上课的教学思路和进度，担心全班同学因此受到影响。还有一部分学生是因为课前没有进行充分的预习，所以在听讲过程中无法带着疑问，面对教师的灌输只能被动接受。还有的学生表示英语老师在课堂中留给他们讨论和提问的时间很少。但其实如果学生能勇敢地提出自己的疑问，教师可以更好地了解学生掌握知识的情况。从课堂参与的质量上看，即便有些学生能积极主动地提出自己的疑问或想法，但是思考的深度不够，还有些学生在提问和表达意见时很难准确清晰地表达自己的看法。

（三）学生课堂参与机会不均

学生的课堂参与机会存在不同程度的差异，英语教师在课堂上无法将机会均等地给予每一个学生。传统的教学模式下，一方面只有少数学生有课堂参与机会，主要是一些会积极举手发言、水平优秀的学生，那些水平较差、性格内向的学生主动举手的行为较少，其课堂参与意识不强，所以课堂就成了好学生的“舞台”；另一方面，水平优秀的学生有许多想法，但由于课堂时间有限，因此这类学生的主体性并不能得到充分发挥。

笔者发现，教师为了完成既定教学内容，保障教学进度，对水平较差的学生的关注度往往较低。面对教师提出的问题，水平优秀的学生能快速给出答案，而水平较差的学生还未消

化，这导致这些学生得到参与提问、质疑等的机会极少，久而久之便会丧失对英语学习的信心和兴趣。

（四）学生课堂参与内部动机不足

目标指向行为内部状态的维持和引发就是动机。面对课堂教学活动，学生往往会提前具有一定的动机。分析广大学生的动机可知，参与课堂主要是出于自身的需要，也有可能是学生希望得到教师的奖赏、同学的认可等。学生参与课堂教学活动的动机主要分为内部动机、外部动机和从众心理三方面。由学习活动本身的价值和意义而引起的动机就是内部动机；由学习活动的外部后果而导致的动机就是外部动机；由于群体的引导或压力，使得个人的观念与行为与多数人保持一致的心理现象就是从众心理。目前小学高年级学生的课堂参与动机由外部动机和从众心理主导，由内部动机激发课堂参与的学生人数较少。

四、小学高年级学生英语课堂参与的提升建议

（一）培养学生主体性参与意识

为了培养学生的主体性参与意识，教师需要创设更多参与机会，并强化学生的主体参与意识。在课堂教学中，抓住时机至关重要，需要学生的有效参与，使主动学习取代被动学习，提高学习主观能动性。教师要在英语教学中建立生本理念，尊重学生的学习意愿，满足学生全面发展的需要，挖掘学生的闪光点，引导并唤醒学生的主体意识。同时，重视个性化差异，体现教学理念的层次性，激发学生的个性潜能。在问题设置和作业布置上应用分层理念，发展不同层次学生的能力，促进课堂参与。此外，还可以提升学生的学习兴趣和自我效能感，创设平等民主的教学氛围，激发学生参与热情，增强其主动参与信心，发挥课堂主体作用。

（二）挖掘学生课堂参与深度

英语教师须转变传统观念，注重学生的自主性和创造性，避免题海战术和过度讲解，给学生更多自由活动的时间和空间。高年级学生更需要自主安排学习的机会，教师应激发他们的潜能。和谐的师生关系是平等和互相尊重的，课堂氛围应愉快轻松。教师应鼓励学生质疑争辩，尊重他们的选择和判断，并与学生进行情感交流。作为传道授业者，教师还应扮演交际合作者、指导者、激励者、组织者等角色，关心并找出学生不愿参与课堂的原因，给主动参与度低的学生给予更多关爱。

（三）激发学生参与机会均等化

教师应关注每个学生的发展，突出其学习主体地位，确保其得到公平、公正、充满爱心的对待。对于不愿参与的学生，教师应深入探究原因，耐心引导，消除其厌倦和焦虑感。尤其对于水平较差和性格内向的学生，应给予更多有针对性的参与机会，让他们体验参与的乐趣。

（四）激发学生课堂参与动机

激发学生课堂参与动机的关键在于培养学生的学习兴趣和内部动机。教师应提升自身的教学魅力和教学水平，通过游戏、歌曲、小故事等启发式教学方式吸引学生的注意，增强师生互动。同时，尽量避免批评言语，鼓励学生参与。教师需要同时激发学生的外部动机和内部动机，促使学生认识到英语的重要作用，全面分析每个学生的具体情况，优化并发挥支配和主导动机的作用。

小学生在英语故事教学课中参与现状的研究

杜金燕

（上海市周浦实验学校）

听说读写是学习英语必备的四项基本技能，其中“读”就是指阅读，只有通过阅读，才能真正掌握第二外语。在英语教学中，培养阅读能力主要通过故事教学课实现。以上海牛津教材为例，中高年级的课本每个单元都有故事教学，故事学习促进学生的语言积累，帮助学生体验学习乐趣，培养学生的语言思维。但是，笔者经教学实践、观摩和教师访谈发现，学生在故事学习课堂中的参与度不高，甚至有些学生认为故事学习很枯燥，后期导致了阅读水平不高。基于此，笔者想进一步研究小学生在故事课中的参与情况，了解小学生课堂参与存在的问题，从而提出对策，帮助教师进一步提高故事学习课的质量，增强学生在故事学习中的参与意识，改善故事教学课堂的有效性。

一、研究设计

本研究以上海市两所公办小学的 153 名五年级学生，以及这两所小学的 40 名英语在职教师为对象展开问卷调查，用 SPSS 23.0 来进行数据分析。此外，借助学生访谈和教师访谈来完善问题研究，同时结合课堂观察对小学五年级学生在英语故事教学课中的参与情况进行深入研究，旨在了解目前小学五年级学生在英语故事教学课中的行为参与、认知参与和情感参与现状，发现问题并分析其原因，最后提出合理的对策和建议。

二、小学英语故事教学课中学生参与存在的问题

（一）英语故事教学课中学生参与意识不足

行为参与，是学生在课堂学习活动中可以观察到的外显行为。它包括两个变量，一个是专心，另一个是钻研。从表 1 调查问卷数据来看，有效问卷数为 151 份，专心变量中设计了四个问题，小学五年级学生在英语故事教学课中认真听讲的均值最低，参与表演或讨论的均值最高，说明学生在集体性活动中的表现要好于个人表现。虽然表演或谈论也是学生参与

课堂的形式之一，但不认真听讲，怎么能回答出老师的问题呢？说明小学五年级学生的课堂参与意识不足，认为参与只是表演或讨论，参与只流于形式。长此以往，学生的独立思考能力就会下降，在进行总结、参加小组合作等活动时，学生就没有能力准确表达自己的想法。

在访谈和课堂观察中看出，有些学生的英语成绩优秀或处于中等水平，但课上的参与主动性不够，需要教师点名提问，迫于这种外在的压力，学生才会参与课堂教学活动。

表 1　专心变量中各题目的均值比较

	个案数	最小值	最大值	平均值	标准差
Q1：英语故事教学课上，我能专心地听老师上课	151	1	5	2.29	1.004
Q2：在学习英语故事时，我能积极举手发言	151	1	5	2.51	1.177
Q3：我能够积极参与英语故事教学课上的表演或讨论	151	1	5	2.63	1.231
Q4：我能认真记好笔记	151	1	5	2.31	1.028
有效个案数（成列）	151				

（二）英语故事教学课中学生参与存在两极分化

基于课堂观察和访谈总结得出，成绩优秀的学生在行为、认知、情感上的参与度都要比其他成绩水平的学生参与度高。在课堂上，学生的课堂参与情况具有固定性，总是有那么几个学生会积极举手回答问题，他们上课回答的频率较高，高年级教师为了能如期上好课，就会偏向请这些学生回答，而这些学生基本都是性格外向且成绩好的学生，而成绩中下或者差的学生大多扮演“倾听者”的角色，部分孩子就认为“老师不会请我回答问题”，就不会去思考问题，不愿动脑去理解故事内容。久而久之，学生在故事教学课中的参与就出现了明显的两极分化，成绩优秀且外向的学生参与越来越多，成绩中下或者差的学生依赖心理越来越强，越来越沉默，导致这些学生在上故事教学课时失去了信心。

（三）英语故事教学课中学生参与深度不够

在行为参与中，钻研变量的各题目均值如表 2 所示，得出如下结论：学生在英语故事教学课中能对其他同伴的回答或者教师的问题提出疑问，也能带着问题去阅读故事。但如果遇到不理解的内容时，不太会主动询问。

通过学生访谈可知，一旦课中遇到困难，他们喜欢沉默，不敢主动提问的原因是害怕会将老师上课的教学思路打断，由此影响全班上课进程。对于部分学生而言，因没有做好充分的预习准备，面对教师的授课只能较为被动地接受，来不及质疑老师说的话。笔者发现，故事内容一旦较难，授课教师为了能保证完成教学任务，会减少学生思考或讨论的时间。如此一来，学生就更不敢提问了，教师只管将知识灌输给学生，学生只能被动接受。当然，有个别学生还是会将疑问提出来，这类学生教师应当予以表扬，以此鼓励更多学生提出疑问。

表 2　钻研变量中各题目的均值比较

	个案数	最小值	最大值	平均值	标准差
Q5:我通常会带着问题去阅读故事	151	1	5	2.61	1.160
Q6:在学习故事内容时,我遇到不理解的知识会主动询问	151	1	5	2.59	1.173
Q7:我对其他学生的回答或者对教师的问题能提出疑问	151	1	5	2.77	1.261
有效个案数(成列)	151				

（四）英语故事教学课中学生参与形式单一

借助课堂观察记录表和访谈,在故事教学课中,师生问答就是现阶段学生参与课堂的主要形式,其他形式的参与较少。有时候为了制造热闹场面,教师就会频繁地让学生回答问题,至于设置的问题是否有价值,教师很少推敲,更多的是让学生回答"是"或者"不是"这类比较浅层次的问题,不能有效锻炼学生的语言思维。以牛津教材 5AM3U2 The emperor's new clothes 一课教师和学生之间的互动为例:

T: Who's this man?

S1: He's an emperor.

T: Look! Does he have beautiful clothes?

S2: Yes!

T: He always has new clothes. One day, a man visits the emperor with some new clothes. Let's listen. What are they talking?

…

T: What does the man say?

S3: He says:"Only clever people can see them."

T: Yes. Can the emperor see any clothes in the box?

S4: No, he can't.

T: Yes, but the emperor wants to be a clever people. So he pretends to see the clothes in the box. Let's read the passage together.

…

虽设置了很多问题,学生看似参与了课堂,但实际没有充分训练到学生的语言思维。教师在设置问题时要考虑到班级中不同水平的学生,避免让学生总回答简单的问题,教师可抛出一些开放性问题,譬如:"What will the emperor say?"以此来引发学生思考,调动学生参与课堂活动的积极性,同时培养学生的语言思维。

三、提高小学英语故事教学课中学生参与的策略

（一）优化教学时间,营造学生主动参与氛围

1. 合理分配学生参与时间

学生参与的主动意识不够,主要原因是课堂参与机会偏少,一旦缺少参与机会,就无法

突出学生的主体地位，久而久之，学生原有的主动参与意识就会被削弱。教师上课的目的应是使学生学会主动学习。科学分配好教师教学和学生参与时间，是教师在备课时必须做的一件事情。在故事教学课中，笔者认为教师讲授的时间要控制在15～18分钟，其余时间是和学生进行互动，只有学生参与课堂学习，才会加深对故事的理解，才能体会到人物性格。以表3的片段教学为例，说明如何优化教学时间。从表中可以看到教师教学步骤分为六步，除了第四步学习核心词组之外，其余的步骤都是让学生去说，进行师生互动或生生互动。9分钟的片段教学教师的时间为2～2.5分钟，学生占了大部分的时间，体现了学生的主体参与。

表3　The emperor's new clothes 片段教学1

<table>
<tr><th>Contents</th><th>Methods</th><th>Purposes</th><th>Time allocation</th></tr>
<tr><td>Scene 3（图片三场景）
（Middle）
learn：nod with a big smile

</td><td>4—1　Read and complete
4—2　Think and discuss
What does the emperor think?
4—3　Read and choose
4—4　Learn：nod with a big smile
4—5　Listen and read
4—6　Retell according to the story map</td><td>观察图片，填上适当的内容，锻炼学生的观察和表达能力，鼓励学生根据故事情境来猜测人物内心活动，增加趣味性的同时加深对人物性格的印象
借助story map复述故事片段，进一步加深理解</td><td>9分钟</td></tr>
</table>

2．创造学生主动参与的氛围

在故事教学课中，部分学生常常觉得故事难、故事枯燥，不愿参与思考和讨论，注意力不集中。针对此类学生，笔者建议在课上多鼓励，给予回答问题的机会，久而久之，学生会感到老师的关心，在情感上会消除一些负面的情绪。有了老师的肯定和引导，这类学生的主动参与意识就会逐渐被激发出来。教师要创设平等、民主的教学氛围，可借助课堂讨论、相互合作学习等活动提高学生的学习热情，发展学生语言思维，提升学生主动参与课堂的信心。

（二）关注不同层次的学生，促进课堂参与均等化

1．尊重学生个体差异

通过实践观察和数据分析，乐于表现的学生和成绩优秀的学生往往是英语故事教学课中的积极表现者，一旦教师任其发展而不加以改善，那么两极分化的现象就会愈演愈烈。分析那些故事教学课中不愿参与的学生可知，其往往是性格内向，或是成绩差的学生。人本主义学习理论中强调尊重学生的主体地位，要尊重、关心鼓励和信任每一个学生。一个班级中，每个人都是有差异的，教师应对每个学生设置合理期望，不能用统一的标准要求所有学生。要尊重学生的个体差异，灵活运用教材，适当调整教学内容，在布置家庭作业上体现分

层学习。

2. 鼓励参与度低的学生

针对不愿意参与课堂的学生,教师要具体分析。性格内向的学生中,其实有部分是英语成绩不错的学生,笔者认为教师可以让这些学生被动地参与一些课堂活动,并给予适当的奖励,有了信心,这类学生逐渐会有主动参与的意识。对于成绩差的学生,笔者认为可以鼓励这类学生先承担简单的角色,体验学习英语的快乐,再结合教师的帮助和引导,慢慢降低这类学生的焦虑感和厌倦感。教师在课上要做个敏锐的观察者,关注不同层次学生的学习动态,推动性格内向以及成绩差的学生的成长,让这类学生体会到课堂参与的乐趣。

(三)建立良好师生关系,提高学生参与深度

根据观察和分析,小学生在课上的参与深度是不够的,主要在质疑方面的能力需要提升。如何提升学生的质疑能力呢?

1. 建立良好的师生关系

对于英语教师来说,传统的教育教学观念随着时代的进步应该加以改进。在故事教学课中应摒弃以教师灌输为主的课堂模式,突出学生的主体地位。对于高年级的学生来说,学习语言的最佳方式是习得而不是教得。在此过程中,师生之间应该相互尊重,教学相长。师生之间在进行知识传递时需要情感的交流,作为传道授业解惑者,教师要扮演好指导者、激励者、组织者等角色。面对学生,多点耐心和鼓励,让学生体会到教师对他们的爱,尤其是对那些在课堂上参与度低的学生。

2. 创造适宜的质疑氛围

提高学生参与的深度,主要是使学生在课堂上敢于质疑,良好的质疑氛围有助于学生质疑能力的培养。在故事教学课中,教师在让学生复述或者表演故事之前,问一下学生:"Any questions?" 简短的一问,既能体现教师对学生的关注和尊重,又给学生的质疑留了时间。在让学生复述或者表演故事后,教师可以再问学生:"What do you think of them?" 使学生对同伴提出一些评价和建议,丰富参与的方式。

教师在听完学生回答后,要给予积极正面的评价,建议不要给予千篇一律的反馈,如"Very good!""Well done!"等。教师要认真倾听学生的回答,并能给予针对性的评价,如"Thank you, just as ... said ... "这类的评价能让学生感觉教师对他的关注,有利于激发学生对故事学习的兴趣,同时促进他们的质疑能力,提高学生的课堂参与深度。

(四)丰富教学内容与活动,调动学生参与动机

1. 以学情为基础,进行文本再构

教师可在原有教学内容的基础上,适度地进行文本再构。学生在课中参与不积极,有一部分原因是故事本身内容与学生的生活离得太远了,特别是寓言一类的故事。如在 The emperor's new clothes 一课中,理解这篇故事的含义需要一定的理解能力,教师为了让学生能读懂这篇文章,在原有书本的内容上进行了文本再构,增加了一些内容,将故事变得更充

实饱满。

Scene 1：

There is an emperor. **He's crazy about new clothes and has rooms full of clothes.** But he always wants some new ones.

Emperor：**I love new clothes!**

Scene 2：

One day，two tailors visit the emperor with some new clothes.

Tailor 1：We have some magic clothes. **They're very beautiful.**

Tailor 2：But only clever people can see them! Foolish people can't see them!

Scene 3：

One of the tailors opens the bag. The emperor can not see any clothes，he says to himself，**"Where are the clothes? I can't see them! But … I don't want to be foolish."** So he nods with a big smile and says，"They're so beautiful!"Then the emperor gives them a lot of money.

Scene 4：

The emperor wants to show people his new clothes.

Tailor 1：Do you like the long one or the short one?

Tailor 2：Look! The long one has buttons and the short one has pockets. **They are golden!**

Emperor：Umm … I like the long one. **Because there are many gold buttons on it. So shiny!**

Tailor1&2：Wow! It looks great on you!

Scene 5：

The emperor walks down the street. People keep silent. But a child cries out，"Look! He has nothing on!" **The emperor is too shy.**（加粗部分为增加的内容）

根据学生的学情将故事内容进行了改编，语句之间显得更加有逻辑性了，为学生理解故事提供助力。在这样生动有趣的对话中，学生也更乐意参与表演了。

2. *以兴趣为落脚点，设计教学活动*

学生不喜欢参与课堂，部分原因是教师对于故事的教授形式固化单一，长此以往，导致学生失去了参与课堂活动的兴趣。根据身心发展规律，小学生的专注力不够持久，所以教师应精心设计故事教学活动形式。结合故事教学课特点，可从三个环节进行教学设计。

（1）阅读前(Pre-reading preparation)

这是阅读的第一个环节，是开展故事教学的准备环节。笔者发现教师导入时一般采用游戏导入、情景导入或提问导入等。在观摩故事教学课 5A Froggy's new job 的时候，执教者先放出各种动物的图片，如啄木鸟、白鸽等，让学生通过观察这些动物的特征，然后分析他们可能成为的职业，接着出现 Froggy，根据他的特点来谈谈 Froggy 可能从事的职业。教师利用图片导入本节课的主要人物，而且预先做了铺垫，激发了学生的语言思维，学生都很乐于参与教师提出的问题，有的还不会说职业，就用中文来说，在导入环节营造了浓厚的学习氛围。

（2）阅读中（While-reading procedure）

这是进行故事教学的关键环节，形式上要注意方法的多样性，用各种符合学生年龄特征的活动来调动学生学习的积极性，使他们主动参与课堂活动。笔者发现，教师在用故事地图作板书或者利用思维导图的时候，学生的参与度明显要高，如图 1 和图 2 所示。

Story map		
Title	*The emperor's new clothes*	
Characters		
Setting	*loves beautiful clothes*	
Plot	Beginning	*visits the emperor magic clothes only clever people*
	Middle	*opens cannot see any clothes nods with a big smile gives puts on*
	Ending	*walks down the street keep silent cries out*

图 1　故事地图

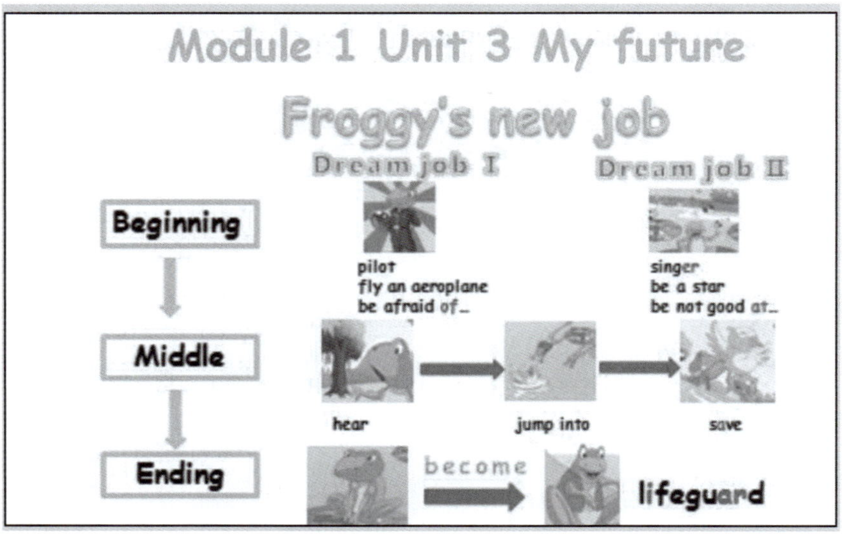

图 2　思维导图

执教者将故事教学的基本要素、故事标题、背景、情节都标示在故事地图上，通过关键词帮助学生理解故事发展脉络。清晰的板书有利于学生语言思维的形成。

除了板书的运用能促进故事理解，教师在推进过程中设计的教学活动也会影响学生学习的热情。在学习故事时，通过视听体验、集体朗读、小组朗读、小组表演等活动来促进学生的课堂参与，其中小组表演是学生最喜欢的参与形式。因为通过4～5个人的合作，能培养学生的交际能力，同时也能照顾到不同层次的学生，将水平较差的学生分配到有水平优秀的学生的那一组，让组内的同学帮助他，提高他的课堂参与意识。

（3）阅读后（Post-reading activity）

这是阅读课最后一个环节，反馈学生学得如何。教师可引导学生根据板书上的关键词句来复述故事主要内容。可选择故事片段进行表演；可引导学生表达自己对主人公或者对故事的想法和疑问；可尝试让学生对故事进行改写或续写；可让学生试着自己来画故事的思维导图等。

总而言之，为了提高学生的课堂参与，教师要精心备课，安排合理的教学流程，设计一些符合学生年龄特征的教学活动，激发学生的学习兴趣。

3. 设置有效问题

当前小学故事教学课中，教师的提问方式甚是关键，一节优秀的故事教学课，教师的问题能带领学生对故事的理解逐步推进。心理学研究表明，当问题的难度系数为50%的时候，学生的学习动机最强。

在英语故事教学课中，教师应该多问一些开放性的问题，激发学生的语言思维。如在The emperor's new clothes一课中，因为学生有中文背景做支撑，所以会有很多想法。当赤裸的皇帝沿街走时，教师可问："What do people think?" 让学生展开想象，也许有学生会说"Why he has no clothes?" "It's too crazy, where are his clothes?"……设置这样开放性的问题，从而激发学生的语言背景，调动学生参与的积极性。笔者选取故事开头的片段教学设计来谈谈如何进行实践，如表4所示。

表4 The emperor's new clothes 片段教学2

Contents	Methods	Purposes	Time allocation
(Beginning) 故事开头 Learn: magic foolish	3—1 Listen to Scene2 3—2 Learn: magic, foolish 3—3 Ask and answer Why are the clothes magic? 3—4 Read and answer What does the man bring? What does he say about them? How does the emperor feel? 3—5 Read in roles 3—6 Retell according to the story map	问题激发思考，促进对故事内容的理解 在有感情的朗读过程中融入故事情境 在意义理解的基础上理解并学习词汇 借助story map复述故事片段进一步加深理解	5分钟

首先，借助不同层次的问题来激发学生的思考，培养学生的语言思维能力。其次，在复述故事前增加了角色扮演环节，根据学生的兴趣来调整教学内容，使学生对于故事理解更加深刻。学生一旦有了感兴趣的活动，上课的积极性就会被调动起来，提高学生的参与欲望。最后，教师合理分配时间，使自己的教学过程更加清晰，节奏把握适度。

4. 优化教学评价方式

(1) 评价方式多样化

《上海市小学基于课程标准的评价指南》的出台强调了教学评价的重要性，其中设立的“语篇”板块的目标和要求为高年级故事教学的评价提供了标准，对学生学习的过程和取得的成就进行描述和评价，有效监控了教学过程和教学成果。此外，由于故事蕴含独特的教育意义，笔者认为故事教学评价不仅要关注学生的语言知识、语言技能，也要关注学生在学习过程中的情感体验参与程度。因此，在故事教学课中，教师要将即时性评价和过程性评价结合。即时性评价是指当学生回答完问题或者表演，教师口头上的言语鼓励，如“Good job!”“You are so clever!”等。过程性评价是指学生在进行故事表演或者复述的时候，以小组形式进行比赛，教师可以分别从语言的流利度、情感度、合作等维度来评价。如表 5 所示。

表 5　课堂评价表

评价维度	组　别			
	小组 1	小组 2	小组 3	小组 4
流利度				
情感度				
合　作				

(2) 评价主体多元化

英语故事课堂是教师、学生、故事文本之间的多元互动过程，学生不仅要掌握其中的语言知识，更要体会故事带来的人文教育，提升个人的人文素养，并在此过程中，体验到思考、合作、探究等活动带来的快乐。《义务教育英语课程标准(2022 年版)》明确提出教学评价的目的在于考查学生的目标达成程度，同时也能诊断教学过程，完善教学设计，因此对故事教学的评价应该贯穿整个教学环节。学生是学习的主体，所以除了上述所说的教师在课堂上的教学评价，还应该有学生的自我评价及组内互评。通过自我评价学会肯定自我，反思不足；通过组内互评，学会欣赏他人，取长补短。因此，在故事课后，教师要组织学生对自己和同伴在课上的表现情况进行评价，如表 6 所示，若课堂上没有时间进行生生评价，也可以在课后进行。

表 6　学生故事学习自评表与互评表

评价内容	自评	互评
能认真倾听故事发展的信息	☆☆☆	☆☆☆
能流利完整地回答老师提出的问题，声音响亮，语音语调优美	☆☆☆	☆☆☆
能流利完整地与同学表演或者复述故事，语音语调优美	☆☆☆	☆☆☆
能提出自己的疑问或者帮助同学进行补充、修正	☆☆☆	☆☆☆
能主动与同学进行合作交流	☆☆☆	☆☆☆
能对故事进行续写或改编	☆☆☆	☆☆☆

根据《义务教育英语课程标准(2022 年版)》和《上海市小学基于课程标准的评价指南》，故事教学评价需要教师不断地创新思路，要求从评价主体单一、评价目标唯一、评价方式单调到评价目标多元及评价方法多样化，让学生体会到学习带来的快乐和意义。通过多元及多维度的评价，激发学生的学习兴趣，调动学生参与课堂的动机，从而提高课堂参与度。

启发式教学提升小学英语课堂参与度的实践研究

尹婷婷

（上海师范大学附属松江实验学校）

一、启发式教学的定义和要求

启发式教学是指教师在教学过程中根据教学任务和学习的客观规律，从学生的实际出发，采用多种方式，以启发学生的思维为核心，调动学生学习的主动性和积极性的一种教学指导思想。启发式教学最重要的就是设置合理的问题情境，贴合学生实际生活。小学生具有独特的年龄特点，即对新事物充满好奇心，容易被有趣的音视频、儿歌、游戏吸引，但是专注力不够持久，容易走神，爱做小动作，所以在课堂中运用启发式教学时要符合低龄学生学习规律，在学生已掌握旧知的基础上，通过儿歌、情境、游戏等有趣的方式进行启发式英语教学。因此小学生英语启发式教学应具备简洁易懂，延伸思考，有一定的趣味性等特点。

二、启发式教学中教师的引导作用

《义务教育英语课程标准（2022 年版）》指出，学生是语言学习活动的主体，启发式教学应用于实际教学中，教师应发挥引导作用，引导学生围绕主题学习语言，获取新知。因此教师应该正确认识启发式教学的指导思想，将其与传统的"注入式"教学进行区别，"注入式"教学的主要特点是教师整节课都在讲授，课堂较为重视知识体系内容，而启发式教学更加重视所学语言在相应情境中的输出运用。随着现代教育不断地探索创新和发展教学模式，目前越来越多的教师开始创设情境，采用互动式教学，既活跃了课堂气氛，又能增加课堂趣味性，提高学生的课堂参与性，从而达到提升学生学习效率的目的，不断对小学英语教育模式进行探索，从而推动小学英语教育的发展。

三、启发式教学在英语教学中的运用

小学英语教学中常常借助情境，融合视、听、说进行英语教学。借助情境指的就是在教学中充分利用形象，创设具体生动的场景，激发学生的学习情绪，从而引导学生从整体上理解和运用语言的一种教学方法。由此可知，启发式教学的重要目的是激发学生主动思考的能力，锻炼学生的思维，从而让学生能够举一反三，达到较好的学习效果。判断一种教学法是否真正能对学生产生启发作用，核心在于观察教师是否能够通过这种教学方式有效地点燃学生主动思考和学习的热情。

随着新媒体技术的日新月异，很多教师巧妙地将其融入英语教学之中，充分发挥信息技术对英语课程教与学的支持与服务功能。他们将悦耳动听的儿歌、生动有趣的动画，以及丰富多样的音频视频资源精心整合进课件，使知识以更直观、更有趣的方式展现在学生面前。新媒体在课堂中的灵活运用，极大地推动了启发式教学的实施。笔者从教学层面出发，从儿歌导入、情境设置、游戏巩固三个方面深入探讨启发式教学思想在实际课堂中的具体应用。

（一）儿歌导入，烘托气氛

英语儿歌旋律优美、活泼生动且重音鲜明，深受小学生的喜爱，特别适合低年级的英语课堂教学。这些儿歌不仅能迅速点燃学生的兴趣，还能有效吸引他们的注意力与情感。儿歌中蕴含的画面感和情感深度为教学提供了丰富的素材。那么，教师是否能利用儿歌的这些特点来创设生动的教学情境，将儿歌与情境紧密结合呢？如果把儿歌作为情境导入的手段，充分发挥儿歌的潜能，那么学生就能在欣赏和跟唱儿歌的同时，自然地融入情境。然而，在传统的教学模式中，学生往往只是机械地跟唱儿歌，与课堂情境脱节。因此，教师在备课时应深入思考如何消除这种脱节现象。笔者建议，教师可以采用启发式教学方法，将儿歌与情境巧妙地结合起来。在播放儿歌之前或之后，教师可以通过设置开放性问题来引导学生，具体的方式应根据实际的课堂情况来定。这样，学生不仅能从儿歌中获得乐趣，还能在教师的引导下深入思考和探索，从而实现更高效的学习。例如，笔者在执教（牛津）英语 1AM4U1 On the farm 时，利用了 *Old MacDonald Has a Farm* 这首英文歌作为课堂导入，在播放歌曲之前，笔者先为学生展示 farm 的图片，并设置了儿歌的导入语言："Look at the picture, we can see many animals on the picture, now, let's listen to a song and think what animals old MacDonald has on his farm."在播放歌曲前设置适当的问题，引导学生去思考和想象 old MacDonald 的农场里到底有什么，这样一方面可以让学生一开始就进行思考，锻炼学生的思维能力，另一方面也是让学生在听歌跟唱时更具有目的性。由于歌曲以视频形式播放，再加上音频，大部分学生都能说出正确的答案，有少数学生说了不同的观点。这时教师不用急于去否定，可以利用这个儿歌过渡到本课的情景中去。例如"Yes, old MacDonald has a cow, a duck, a chick and a pig. Today, let's go his farm with Kitty and Eddie, and what animals do they see on the farm? "从本质上来讲，这一步和第一次设置问题发挥着同样的作用，然而这个问题的设置有其存在的必要性，其作用是借助图片和启发性问题又有所递进，新增了两个人物 Kitty 和 Eddie，推动了情境的创设，利用儿歌带动情境，将儿歌与情境巧妙结合，避免儿歌和情境的割裂感。

笔者在执教 3AM3U1 My school(School's open day p3)这一课时，在 while—task 环节运用儿歌，引导学生吟唱 *Our School Will Shine Today* 这首歌："Our school will shine today. Our school will shine. Our school will shine today, all down the line. Our school will shine today. Our school will shine. When the sun goes down, when the moon goes up. Our school will shine."

这首歌在课堂中具有两大作用：一是顺利过渡至下一个场景 hall，笔者的过渡语是"Now Joe and his mom go to the hall, and they watch a video. Let's watch and sing together"，让学生清楚主人公已经进入 hall 这一场景。二是学生进行歌曲吟唱，烘托氛围，同时让学生体会歌曲的意境。笔者进行教学设计时根据关键词如"shine""goes down""goes up"等创编了简单的动作，让学生感受儿歌韵律的同时，既诠释歌曲意境，又能体会歌词的意思。笔者认为歌曲要尽量与情境契合，另外儿歌不仅仅是为了吟唱而吟唱，要尽可能引导学生去体会歌曲的含义，发挥儿歌最大的作用，让学生在体验儿歌的韵律时，感受儿歌的意境美。

（二）情境设置巧妙，学生体验真实

《义务教育英语课程标准（2022 年版）》提出教师要有意识地为学生创设能够主动参与和探究主题意义的情境和空间，使学生获得积极的学习体验，在学习的过程中成为学习知识的建构者。随着现代英语不断改革发展，情境教学法已广泛应用于小学英语教学中。该方法符合低学段学生好奇好动、易被故事吸引的特点。情境教学注重创设学习情境，将课本知识转化为生活情境，使学生容易接近并喜欢。情境教学使小学生将知识与实践结合，进行有效的语言输入输出，既激发兴趣又利于语言教学。但情境教学也存在形式冗长烦琐、学生易分心等缺点。为解决这一问题，可将启发式教学思想融入情境教学，让学生在教师引导下主动思考和巩固知识，积极参与英语课堂。

例如，笔者在执教牛津英语 1AM4U1 On the farm 时利用歌曲导入了本课的情境，之后就可以利用音视频以及图片的方式来引导学生学习本课的四个核心单词"chick""duck""cow""pig"。首先，本课时的重点是学生了解 4 个核心单词，能够将动物叫声与动物一一对应。因此在 Kitty 和 old MacDonald 的对话中，就是利用声音去吸引学生的注意，"Kitty comes to old MacDonald's farm. Listen, what does Kitty hear? And what does she say to MacDonald?"先播放声音"peep, peep"让学生去听、去猜、去模仿小鸡的声音，而不是直接出示图片。考虑到小学生的年龄特点，利用这种方式的教学既可以吸引学生兴趣，又可以让学生主动地去模仿，进而进行单词的教授。教师可以示范正确的叫声，并辅之以肢体语言增加趣味性，再借助 MacDonald 之口说出 chick 的单词，并同时将图片和单词结合起来，让学生建立音、形、义三者之间的联系。这样学生在沉浸情景的同时，又能够掌握课堂知识的重点。随后，笔者通过唱歌的小鸡图片引出一首 chant 来操练所学单词。利用一首 chick 来操练，学生以组别或者男女生为单位参与课堂操练，合适的引导可以将课堂无缝衔接，利用"Kitty comes here, the chick is so happy, and sing a chant for her"这种串词进行过渡，chant 的内容为："peep, peep, I'm a chick. I'm small. I can sing, Do, re, mi."在听完 chant 的内容后，让学生扮演"chick"来积极地参与课堂。

又如，牛津英语上海版 3AM3U1 My school（School's open day p3）这一课时的主要教

学内容是介绍学校场所。对于学生而言,学习内容与他们的学校生活关系紧密,但需要设计巧妙的语境使学生自然地关注核心语言的表达。因此,笔者进行了情境设置:Joe 在学校开放日带妈妈参观、介绍校园,引导学生去观察和思考校园内的不同场所的特点、存在的物品,以及进行的活动,了解 school 大范围内的四个不同场所和这些场所各自的功能。教学开始时利用 Learn the sound 板块(Joe holds a photo. The photo is old. Joe likes the photo. It's a photo of rose)中的 Joe 以及妈妈为故事的核心人物,重新创设故事情境,利用卡通课件,音视频为载体呈现 Joe 带妈妈参观的过程:两人在校园漫步、一问一答介绍校园场所,并利用 Joe 的口吻进行描述,最后利用微信来发朋友圈,记录在校开放日的一天。在多媒体的渲染下,学生逐渐从利用听力对话获取信息,到从观察中寻找信息,再到利用思考完成语用输出,整个教学过程由扶到放,充分调动学生参与课堂。

(三)游戏巩固,提高学生参与性

心理学研究表明,低学段学生在进行了 30 分钟的学习后,学习效率会大幅下降,大脑开始疲劳,注意力开始分散。小学一节课的时长为 35 分钟,因此在 30 分钟后的时间里如何吸引学生的注意力,完成 Post task 环节中的课堂知识复习巩固就显得尤为重要。为了有效地激发学生学习英语的兴趣,游戏性教学法被应用于小学英语教学实践。游戏性教学法一方面可以让课堂内容更加丰富、生动、有趣;另一方面还能提高学生的学习积极性,促使教师和学生形成良性互动。因此,在课堂最后的 5 分钟可以利用游戏教学来提高学生的兴趣,在进行游戏时应注意,游戏是教学的载体,其实质是复习巩固课堂知识,锻炼学生的反应能力和思维能力。

例如,笔者在进行牛津英语 1AM4U1 On the farm 的 Post task 环节的复习巩固环节时,开展了转盘小游戏。转盘上是核心单词 chick、duck、cow、pig,以及四个动词 sing、swim、run、dance,另外又增加了一部分 fly、jump 等的图片,目的是鼓励学生思考。除了利用图片启发学生进行思考,笔者教学时还辅以必要的语言,利用转盘游戏来复习课堂知识,活跃课堂气氛,同时让学生结合图片进行思考和想象。

(四)利用问题驱动,培养学生思维力

在启发式教学中利用问题驱动,可以激发学生主动思考,并增强学生参与课堂的积极性。让学生带着问题去听、去看,寻找、提炼信息,能使学生的学习目标更加明确,进而也能提高学生参与课堂的积极性和学习效率。

笔者在执教 3AM3U1 My school(School's open day p3)这一课时,通过 Joe 和 Mum 关于"What's this? It's ... , Is this/that ... ? Yes, it is. / No. It's ..."的核心问答,借助多媒体和板书呈现 Joe 和 Mum 参观校园各个场所的过程,借助此方式呈现核心句型,开展教学。在 Joe 和 Mum 对话的设计中,信息逐渐减少,增加语言输出难度,引导学生通过所学语言句型,结合所看所思,逐步提升语言输出能力。

例如,在第一段 Classroom 对话文本的学习中,基于问题驱动,笔者利用"Listen and say""Ask and answer""Look and say"等,通过 Joe 和 Mum 的问答方式强化对话练习,积累

Classroom 描述性的语料,明确校园场所的特征"It's bright",以及在 Classroom 所进行的活动。在教授 Library 这一场景时,首先展示一张人们在图书馆阅读的图片,进行问题引导"Where are they? What can you see in the library? What can they do in the library?"学生通过图片回答"They are in the library. I can see many books and people in the library. They can read books ..."教师在进行教学设计时要进行问答预设,及时引导学生。之后继续进行引导:"Can people read books loudly?"学生回答:"No. They need to be quiet."通过一系列问答让学生总结图书馆的规则,在学习语言的同时,潜移默化地提升小学生适应图书馆这一社会场景的能力,充分体现英语课堂的育人价值。

传统课堂中,教师问、学生答的情况较多,因此笔者认为应鼓励学生发散思维,去引导学生学会问问题。如先用"What else rules in the library?"引导学生讨论并学会提问题"Can you sing in the library?",利用"Can you ... ?"让学生学会思考和提出问题。然后,引导学生说出"Don't ... in the library",答案可以多样化。最后,再利用听力,让学生巩固并总结图书馆的规则。

在各个场景的灵活切换中,学生通过对话收集信息,逐步减少对对话内容的依赖,最终实现完全独立地通过图像进行思考。这一过程不仅锻炼了学生的语言表达能力,还进一步提升了他们的听、读和说能力。教师鼓励学生表达,关注他们现有的知识储备,同时引导他们细心观察、深入思考,并整合已有知识,确保他们能够将所学运用于实际情境,实现真正的学以致用。

为了培养学生的思维能力,教师设计的问题需要展现出层次性和递进性,使学生在思考问题的过程中,逐步提高他们主动提问的能力。在传统的课堂中,学生通常只是回答教师提出的问题,却很少有机会发现并提出问题。然而,学会提问是现代学生必须掌握的一项重要技能。这种能力的提升不是一蹴而就的,而是需要教师在日常教学中逐步引导和培养的。

(五)任务设计贴近学生,提高学生输出能力

《义务教育英语课程标准(2022 年版)》中指出,学生是语言学习活动的主体,教师应注重学生的体验、感知和实践,激发学生的学习兴趣,吸引学生注意力,引导他们积极地参与课堂实践。教学内容建议选取贴近学生日常生活的主题,如家庭生活、学校生活、动植物等,激活学生已知,引导学生围绕真实问题进行语言和文化学习,教师设计出贴近学生生活的任务,激发学生参与课堂的热情,引导学生通过观察、倾听、独立思考、小组讨论、创编故事、制作海报或社会调查实践等形式完成任务。在完成任务的过程中,调动学生运用所知、所看、所听和所学,能理解日常生活常用语表达,实现语言的社会交际功能,通过礼貌的语言表达,培养和提高与他人的交际能力;能通过观察、思考和询问信息,解决现实生活中的问题,提升思维品质,提高实际语言输出的能力,形成正确的态度和价值观,进而达到培养核心素养的目的。

例如,3AM3U1 My school(School's open day p3)一课的 Post-task 课堂作业设计了三个 Task,体现了分层教学的理念。

Task 1:Joe's classmate, Peter. He has posted the moment already。在课堂实践巩固

阶段，课堂接近尾声，学生通常已经疲倦，专注力也有所下降。此时的任务设计首先要降低学生的畏难心理，其次活动设计选取学生较为熟悉且趣味性较强的话题，通过学生较为熟悉的朋友圈这一活动，吸引学生注意力，引出情境角色，设置引导学生进行角色扮演，朗读Peter的朋友圈。通过朗读Peter的朋友圈，复习本单元主要的句子结构框架，积累语言输出语料。

Task 2：If you are Joe，try to make your own post。Task 2的难度进一步增加，如果你是Joe如何编辑你的朋友圈？而Task 2有了之前Task1的任务铺垫，教师可引导学生观察学校的特点，学生可选取不同的校园场景进行模仿创作，或者通过小组讨论进一步创新输出朋友圈语料，最后进行角色扮演，在课堂完成介绍校园场景的语言输出。

Task 3：Look at these places，try to fill in the blanks. How are they? Task 3为课后语言任务，在加大难度的同时也给学生留下了充足的自由发挥空间。学生课后可根据已有知识和生活经验，利用课堂所学，检索课外网络资源等形式梳理场景信息，拓展表达能力，进而输出一段英文介绍视频。在任务完成的过程中，不仅锻炼了学生搜集资料、整合信息和独立思考的能力，也能在向家人介绍时，通过亲子活动增强沟通，建立和谐的亲子关系。这一任务充分体现了新课标的育人导向。

将三个Task说明后，给学生留下充分的思考空间，当学生遇到困难时，给予适当的启发和引导，比如利用手势、动作、图片、音视频让学生进行语言输出。三个任务由浅入深，层层递进，既体现分层教育的理念，又结合目前学生常见社交软件的动态形式，吸引学生兴趣，激发了学生参与课堂和输出语言的动力，提高了学生语言和书写的应用性输出。三个Task面向全体学生，学生可选择自己感兴趣的任务完成，发挥自己的优势和潜力。这种教学方式给每个学生都留下可表现的空间，让全体学生感受到积极的学习氛围，引导学生乐学善学，使用英语勇敢自信地表达，获得快乐的学习体验。

综上所述，启发式教学并非仅限于语言传授，在课堂教学中，我们可运用多种方式，如儿歌、情景模拟、游戏互动及问题引导等，贯穿教学的各个环节，以充分激发学生参与课堂的兴趣。在语言教学中，通过启发式教学，可以引导学生关注生活，深化他们的体验感知和情感认知，进而提升他们的思维能力和学习效果。此外，这种教学方法还有助于培养学生勤于思考的习惯，为他们的长远学习和发展奠定坚实基础。

体育核心素养下
高校与小学协同开展运动技能教学
的实践研究

核心素养是通过学习而逐步形成的正确价值观、必备品格和关键能力。具体到体育与健康学科，核心素养主要由动作技能、健康行为和体育品德三个维度九个指标构成，它集中反映了体育与健康学科的独特品质和关键能力。体育课是学生在身体活动中，面对各种复杂情境，运用身体和智慧挑战自我、战胜对手，感受自信、成功和快乐等多种复杂身心体验的获得过程，是促进学生身心健康、发展核心素养的过程。学生体育素养的培育，最为关键的是要将潜在的价值显性化，激发学生的学习动力和发展核心素养的内驱力。核心素养的内驱力首要在于运动能力的达成。对动作技能的关注是学生体育核心素养养成的核心维度。UGS 联合研究实践课题"体育核心素养下高校与小学协同开展动作技能教学的实践研究"探究了小学基本动作技能发展对小学生健康发展的促进作用，为小学生基本动作技能发展提供有效的参考与借鉴。

体育核心素养下基本动作技能对小学生健康发展的影响

武海潭

（上海师范大学）

一、研究背景

基本动作技能是健康发展轨迹的重要组成部分，是高级运动、舞蹈和终身运动的基础。基本动作技能有助于孩子掌握身体控制，进而发展出更复杂的技能和运动模式。若孩子的基本动作技能未能得到充分的锻炼，他们将难以突破"熟练障碍"，难以顺利参与运动和游戏。换句话说，基本动作技能的不足可能会对孩子的未来体力活动产生不良影响。因此，基本动作技能应成为学生在成长发育阶段体育教学的核心内容。

从动力系统理论的角度看，基本动作技能不会在幼儿时期自然"涌现"，尽管儿童有可能自然地掌握一些基本的动作模式，但是通过有目的的练习、激励、反馈和指导，他们更有可能达到基本动作技能的熟练程度。缺乏足够的动作技能指导和练习的儿童，其整体运动能力的发展可能会受到阻碍，出现发育迟缓现象。

尽管运动行为学家和体育教育者普遍支持基本动作技能教育的普及，但关于基本动作技能能力潜在益处的系统评估仍显不足。国内外关于基本动作技能干预的研究报告相对较少。本研究聚焦于少年儿童的基本动作技能发展情况，结合学生的特性，依托高校与小学合作的模式，通过实验干预来揭示基本动作技能提升对学生认知功能、体适能和心理健康的积极影响。研究成果对于丰富体育课程理论、改革体育课堂教学，以及促进小学生健康发展具有深远的意义。

二、相关研究

（一）基本动作技能与体适能的关系

1. 基本动作技能对改善少年儿童肥胖问题的积极影响

超重或肥胖问题在儿童和青少年中持续增加，各种慢性病和心理健康疾病呈低龄化发展趋势。体重增加对身体健康和心理健康具有负面影响，还与身体形态和姿势的变化具有高度相关性，肥胖儿童可能存在潜在的感知运动协调困难。通过对少年儿童动作技能的分析发现，有 6 项基本动作技能的能力与身体质量指数(BMI) 的 z 分数成负相关关系。

2. 基本动作技能对体适能发展的潜在价值

基本动作技能、肌肉适能和柔韧度之间存在正相关关系。也有研究发现，基本动作技能与体适能得分，包括心肺适能、力量、耐力、灵活性和身体质量指数成正相关关系。

有人认为基本动作技能能力可能会影响健康水平，因为涉及基本动作技能的活动也需要高水平的肌肉和心肺健康。更高水平的肌肉和心肺健康促使身体需要更高的运动强度，增加高强度体育活动的时间将有助于提高心肺适能水平和改善身体成分。基本动作技能能力和心肺适能之间的正相关关系，以及基本动作技能能力和体重状况之间的负相关关系表明，发展基本动作技能可能对学生今后的健康有重要影响。

总体来说，基本动作技能与体适能的相关性为改善学生体适能状况提供了一个新的视角，体适能的改善依附于学生体力活动的参与，学生要具有长期进行体育运动的习惯需要基本动作技能的支持。在国内外，关于基本动作技能与体适能的关系已经积累了相当数量的研究成果。然而，在探讨基本动作技能改善情况对体适能产生的具体影响方面，目前的研究报告仍显不足。

（二）基本动作技能与体力活动的关系

1. 基本动作技能是体力活动的基础保障

缺乏体力活动是全球性的危险因素，每年导致数百万人死亡。缺乏体力活动通常指未达到每周 150 分钟的中到高强度活动标准。以加拿大为例，仅少数少年儿童符合体育活动强度建议。因此，研究少年儿童缺乏体力活动的因素至关重要。尽管已有研究关注少年儿童身体活动量，却忽视了基本动作技能这一重要影响因素。研究显示，基本动作技能差与体适能低有关。掌握基本动作技能是参与体力活动的基础，有助于少年儿童在未来积极参与体育活动。

2. 基本动作技能促进体力活动长效性开展

相关研究表明，基本动作技能水平及少年儿童对自身能力的认知受到其是否参与体力活动的影响。少年儿童对于基本动作技能的感知与他们的体力活动参与之间存在着中介作用。这种作用机制表明，基本动作技能水平不仅与运动能力密切相关，同时也与健康感知产生相互影响，能够预测从童年至成年阶段的身体活动水平，以及成长过程中的肥胖风险。例如，有研究发现学生的体力活动水平与其对物体控制技能的熟练程度有关，但是熟练程度是由他们对运动能力的感知决定的，少年儿童基本动作技能水平与体力活动水平成正相关关系。这与研究结果一致，表明动作技能熟练程度与参加有组织的运动、技能类运动及体力活动有关。

（三）基本动作技能与心理方面的关系

1. 基本动作技能对心理健康具有积极影响

基本动作技能对少年儿童的心理发展很重要，可能是积极生活方式的基础性因素。运动能力不仅是身体的感知，更是一个发展模型的核心，它可以对参与体力活动提供解释。运动能力较差的儿童获得参与的自我效能感较低。低自我效能感抑制对运动能力的感知，而运动能力感知又反过来影响少年儿童参与体育活动的欲望。此外，这些对运动能力的认知从儿童早期到中期都在变化。幼儿往往对自己的运动能力有夸大的认知，但这些夸大的认知具有潜在价值，因为它们提供一个机会，让其可以坚持并尝试掌握他们认为自己擅长的活动。有证据表明，在少年儿童早期进行干预，可以显著地提高动作技能熟练程度，并积极地影响自尊心理情绪。

2. 基本动作技能对认知发展具有积极影响

基本动作技能的掌握被认为有助于儿童的身体、认知和社会发展，并为积极的生活方式提供基础。基本动作技能学习与额顶叶皮质的许多脑区激活有关，即儿童的运动经历不仅是他们身体意识发展的重要基石，而且是他们自我形象和感知提升的重要基石。自我认知是儿童社会认知和情感行为的决定因素。因此，它们在儿童早期教育计划中的发展应该受到高度重视。

在一项为期 6 年的研究中发现，儿童时期的物体控制能力与青少年时期的身体感知能力有关。熟练掌握基本动作技能的儿童通常拥有更高的健康水平和出色的体育感知能力，这进一步促使他们更积极地参与各类体育活动，反之亦然。在研究中还发现，粗大动作技能在预测效度上有显著差异，而大肌肉动作技能是儿童发展社交能力和身体健康的关键部分。

儿童早期的运动发育对其认知发展具有重要影响。通过学习新的动作技能，儿童整合运动信息，提升高阶认知能力。运动使儿童与世界互动，推动认知进步。缺乏运动发育的先决条件，其他领域的发展将受影响。研究表明，儿童早期的运动表现与其后期认知能力密切相关，学习新动作技能有助于发展认知框架，进而促进更高阶的认知过程。

（四）基本动作技能的干预研究

1. 不同教学方法对基本动作技能发展的影响

基本动作技能教学采取的方法主要有基本动作技能干预、体育游戏、体育活动、视频游戏等。有研究比较了三种不同教学方法的效果，包括基本动作技能干预、运动游戏和自由游戏控制。结果发现，随着时间的推移，基本动作技能干预组的儿童是唯一增加动作技能水平的一组。

基本动作技能干预因为施教者不同或教学方法不同也会产生不同效果，而且由运动专家实施的干预比由非运动专家实施的干预更有效，专家指导的基本动作技能干预效果优于新手指导。

2. 基本动作技能发展的未来趋势

未来，对少年儿童在不同的运动环境中进行干预的练习需要量化，并将该练习与基本动作技能学习效果相关联。

基本动作技能的发展应当融入学校和社区的多元化干预措施之中。通过教育儿童掌握基本动作技能，不仅能够激发他们更强烈的体育活动参与意愿，还能为他们提供丰富的体育活动机会，进而提升健康水平，降低不健康体重增长的风险。尤为关键的是，这些技能的教授应当集中在学前和小学阶段，因为儿童正处于动作技能学习的黄金时期，并且他们的动作技能熟练程度会随着年龄的增长持续进步。

从公共卫生和儿童发展的角度看，基本动作技能在构建健康、积极的成长轨迹中占据重要地位。对于少年儿童而言，其掌握的基本动作技能与参与体育活动及其他健康行为之间呈现显著的正向关联。基本动作技能的培养主要集中于3至10岁，并可大致划分为两大类：身体移动能力，即个体在空间内有效运用身体的能力，如跑步、跳跃、跳绳等动作；持物操作动作技能，即个体在空间内通过操作或运用物体来展现的能力，诸如投掷、接球或踢球等技巧。培育基本动作技能的能力，无疑是儿童健康、全面发展不可或缺的一环。若儿童未能获得足够的基本动作技能，可能会对其进一步掌握迁移技能、参与各类运动及与体育活动紧密相关的运动或特定技能构成障碍。

尽管少年儿童可能会在无意识中逐渐掌握基本动作模式的基本形态，但通过系统的练习和专业的指导，他们更有可能达到基本动作技能的熟练水平。若少年儿童未能获得足够的基本动作技能指导和练习，其运动能力的发展可能会受到阻碍，导致发育迟缓。以体育课为基础的干预研究显示，直接教学法对于营造有助于学生掌握技能的动机氛围极为有效。练习时间是一个重要的教学因素，基本动作技能教学所需的教学时间不长，可能意味着学生在体育课上没有得到足够的锻炼。体育课是少年儿童获得和掌握基本动作技能的主要途径，因此发展基本动作技能应被视为少年儿童早期教育方案中不可或缺的关键组成部分。

三、研究的主要内容、重点及难点

（一）研究目的

本研究主要探究不同的干预内容对少年儿童基本动作技能的影响。

（二）研究的主要内容

1. 体育课功能性训练对少年儿童基本动作技能的影响

具体内容：在体育课中融入不同时长的功能性训练干预，探究其对少年儿童基本动作技能的影响。在每周3次体育课中融入专门功能性训练干预，实验干预训练分为四个板块，分别是躯干支柱力量练习、快速伸缩复合练习、动作技能练习和能量系统练习，3个实验班分别进行5分钟、10分钟和15分钟的干预，对照班采用常规教学，干预时间共8周。在实验前都采用大肌肉动作发展测试第三版（TGMD-3）进行统一测试，探究少年儿童基本动作技能的改善情况。

2. 体育课体能干预对少年儿童基本动作技能的影响

在体育课中融入不同时长的体能训练干预，探究其对少年儿童基本动作技能的影响。在每周3次体育课中融入单独体能干预，3个实验班分别进行5分钟、10分钟和15分钟的体能训练，对照班采用常规教学，进行 10 周干预，在实验前都采用 TGMD-3 进行统一测试，探究少年儿童基本动作技能的改善情况。

（三）研究重点和难点

1. 研究重点

基本动作技能发展受到多种因素的影响，体育课不同干预方法对少年儿童基本动作技能发展产生何种影响，以及干预的有效阈值是本研究的重点。

2. 研究难点

首先，数据采集过程中需要保证数据的准确性。其次，可能研究面临时间、资金和人力资源的限制，时间上可能受到学校重大活动、天气等因素影响，进而影响研究实施效果。最后，需要遵守伦理规范和保护被试的权益，涉及被试者的隐私保护、知情同意和风险评估等问题，需要和学校、家长及被试者进行沟通确认。

四、主要研究方法

（一）文献研究法

通过搜索中国知网、万方数据等数据库，搜集与基本动作技能教学相关的文献资料，进一步探析基本运动技能教学的本质、内涵和特点，了解国内外的研究现状，并进行归纳总结，分析基本运动技能教学在中小学体育课中的研究现状，为其在中小学体育教学中实施奠定基础。

（二）测试法

采用 TGMD-3 对被试者进行基本动作技能的测试。包括位移动作和物体控制动作：位移技能包括跑、前滑步、单脚跳、蹦跳、立定跳远和侧滑步；物体控制技能包括单手原地运球、肩上投球、下手抛球、双手挥棒击打固定球、单手握拍击打反弹球、双手接球和脚踢固定球。测试共 13 个项目。该套测试量表在国际上有较好的信效度。在测试前对测试人员进行统一培训，进行技术动作规范演示，确保能够以统一的标准评分，充分理解测试手册标准。在进行测试时，先由测试人员进行动作技能示范讲解，让受测学生充分理解动作，然后学生进入测试阶段，13 个测试动作中有不同的得分标准。根据学生完成情况对应评分标准进行打分。测试过程中所需要的器材有卷尺、标志桶、标志盘、篮球、网球、足球、小皮球若干个、击固定球设备、儿童网球拍和摄像存储设备。

（三）实验法

随机抽取平行班作为实验班，实验班采用不同干预内容，对照班采用常规体育课。实验前、后进行 TGMD-3 的测试。

体育课功能性训练对少年儿童基本动作技能的影响研究中，实验对象为五年级，随机选取4个班，其中3个班为实验班，1个班为对照班。实验研究为期8周，每周3课时，每课时的功能性训练时间在课上的第5分钟开始，分别进行5分钟（实验1班）、10分钟（实验2班）、15分钟（实验3班）不同时长的功能性训练，对照组按常规教学内容进行训练。实验干预训练部分将分为四个板块，分别是躯干支柱力量练习、快速伸缩复合练习、动作技能练习和能量系统练习。

体育课体能干预对少年儿童基本动作技能的影响研究中，随机选取上海市某小学四年级4个班学生，干预10周，在每周3次体育课中进行，干预内容为在体育课中专门融入5分钟、10分钟和15分钟体能训练，对照班进行常规体育课训练。

（四）访谈法

在教学实验之后对参与本校本课程的教师进行访谈，了解其对课程教学实施的态度和建议；并询问若在以后的教学中实施存在的困难，为后续的研究奠定基础。

五、主要研究成果

（1）理解基本动作技能发展对促进小学生健康的重要作用。在少年儿童生长发育的过程中，基本动作技能在少年儿童运动发展的过程中起到了关键作用，少年儿童的基本动作技能发展得越扎实，越能为未来学习和掌握更复杂的动作技能打下坚实的基础。

（2）掌握促进少年儿童基本动作技能发展的相关方法。体育课中应融入专门性体能干预或功能性训练，以促进少年儿童基本动作技能的发展，这对少年儿童身心健康发展具有潜在的价值。

（3）对改革体育课堂教学，丰富体育课程理论，促进少年儿童基本动作技能发展具有积极作用。同时，探究了干预内容的有效阈值，对促进少年儿童健康发展具有积极作用。

基本动作技能的发展应当纳入学校干预措施的核心范畴，培养学生成为获得基本动作技能的实践者，激发他们的参与热情。国内外学者通过采用多样化干预方式和不同的干预时长，已对基本动作技能进行了广泛而深入的研究，旨在帮助少年儿童提升基本动作技能。这充分表明，基本动作技能对少年儿童成长的重要性不言而喻。如何在体育课中采取更有效的干预手段和措施帮助改善少年儿童的基本动作技能还需要进一步探究，干预手段和措施的有效阈值需要进一步明确，这将有助于确保少年儿童在体育课中获得最大的收益，从而推动他们的全面发展。

体育课功能性训练对少年儿童基本动作技能的影响

刘冠杰

（浙江省长兴县龙山中学）

一、研究缘起

随着我国进入全面建设体育强国的新时代，终身体育思想日益深入人心。自 2010 年起，我国少年儿童的身体素质发展迎来了重要拐点，部分身体素质指标开始回升，向好的方向发展，但肥胖率上升、视力及耐力素质下降等问题逐渐加重，这也是一个全球性的少年儿童健康问题。研究显示，我国少年儿童身体活动水平明显不足，伴随着运动能力下降，也影响着少年儿童的动作技能发展。

不断深化教学改革，加强体育课程和教材体系建设，强化学校体育教学训练等，建设优质的体育课程是新时代我国全面建设体育强国的关键环节。优化体育课程的结构，并创新其教学内容，是加强体育课程和教材体系建设的核心要素。体育活动是体育课的重要组成部分，所有体育活动都需要以基本动作技能为基础，基本动作技能是参与体育活动的重要基石。如果儿童不能熟练掌握如跑、跳、接、扔等基本动作技能，他们参与体育活动的能力将会受到限制。因此，要培养学生对体育运动的兴趣，帮助他们养成热爱运动和锻炼的习惯，提高他们的动作技能水平，以促进他们身心的全面发展。

功能性训练在美国发展较早，一开始主要应用于运动康复领域，服务于竞技体育和职业运动员，对运动员运动伤病的预防、康复治疗及专项竞技能力的发展起到重要的作用。后来，功能性训练在全球迅速发展，并从竞技运动体育、康复治疗领域逐渐发展到大众健身领域。功能性训练引入我国相对较晚，我国的传统训练侧重体能训练，而忽视身体训练的完整性和系统性。传统训练模式强调某一肌肉力量的发展，这种训练模式容易出现运动性伤病，损耗运动寿命。2010 年，功能性训练实验室在北京成立，标志着功能性训练在我国进入系统化的学习和研究阶段。

功能性训练符合新课程标准提出的“健康第一”指导思想，并有相关学科基础作为理论支撑，如运动解剖学、运动生理学、运动医学、运动生物力学。儿童时期是习得正确动作模式，发展动作技能的关键时期，研究表明，在人体动作技能发展阶段中，7～12 岁是基本动作技能运用阶段。

目前，在少年儿童运动能力发展方面，多数家长会选择专项运动。但专项运动往往都有固定的运动形式，训练内容有极强的针对性，训练内容是以提高该专项的身体素质以及技术为主，不注重少年儿童运动能力发展的全面性。而功能性训练是通过有针对性的动作进行训练，更符合少年儿童的身体发育特征，没有过多地追求力量、速度等，而是重视动作的完成程度，以及预防运动过程中的损伤。功能性训练对培养少年儿童兴趣、养成锻炼习惯，奠定正确的动作基础，以及少年儿童运动能力的长期发展和成长发育有着积极的影响。因此，功能性训练相较于专项运动更适宜少年儿童的身心发展。

二、研究目的与意义

教育是国家的百年大计，要提高我国的综合国力，就要把教育事业搞好。学校的体育教育是教育事业的重要组成部分，如今人民群众对健康的追求更加渴望，这就需要不断发展群众体育。学校体育是为学生打下终身体育基础的关键环节，是社会体育的重要基石，是群众体育的桥梁，更是促进学生身心健康发展的重要一环。

“健康第一”成为学校体育教育的指导思想，要以学生为中心，促进学生全面发展，提高学生动作技能。其中基本动作技能对少年儿童身心健康有着重要影响，少年儿童只有掌握基本动作技能，在小学兴趣化、初中多样化、高中专项化的体育学习中，才能更好地参与体育活动，为掌握一项重要的体育技能以及终身体育打下坚实的基础。

本研究通过对五年级小学生的基本动作技能进行测试，通过在体育课堂中融入功能性训练内容，分别探究 5 分钟、10 分钟、15 分钟的功能性训练内容在体育课中实施的可能性，并进行 8 周的体育课功能性训练干预，探析对学生基本动作技能、体能、情感认知影响的差异，探讨体育课不同时长的功能性训练对提升学生基本动作技能的合理性，以及如何科学合理地把功能性训练与学校体育课相结合，来提升体育课质量和丰富体育课内容，为今后少年儿童体育运动的发展和体育教学改革提供数据支撑。

三、研究设计

（一）实验对象

本研究随机抽取五年级的 4 个班级作为实验对象，其中 3 个班级为实验班，1 个班级为对照班。实验对象基本情况详见表 1。

表 1　实验对象基本情况

班级	学生人数	年龄(岁)	身高(厘米)	体重(千克)
实验 1 班	44	10.40±0.49	145.90±6.55	42.11±9.96
实验 2 班	44	10.31±0.47	143.15±7.19	39.24±8.20

（续　表）

班级	学生人数	年龄(岁)	身高(厘米)	体重(千克)
实验3班	44	10.35±0.57	144.54±5.51	41.63±9.21
对照班	44	10.23±0.42	143.45±7.57	33.98±11.19

（二）研究方法

1. 文献资料法

笔者收集了大量文献资料，以“基本动作技能”“运动技能”“功能性训练”“功能性动作训练”“功能性动作筛查”等为关键词搜索国内外有关方面的学术论文和期刊文章，以了解少年儿童基本动作技能发展阶段的模式，功能性训练的构成要素和发展状况，以及功能性动作训练在学校体育发展中的应用，为实验方案的设计与实施提供了充足的理论依据。

2. 实验法

实验班开展不同时间的功能性训练，对照班按照常规体育课内容进行训练。实验前进行 TGMD-3 的测试，经过 8 周，每周 3 次的干预，对实验组和对照组进行 TGMD-3 的后测，通过数据分析观察实验班和对照班的基本动作技能变化情况。

3. 录像观察法

对整个测试过程进行全程录像。通过录像回放的方法，可以清晰直观地观测受测对象基本动作技能的完成情况，为客观评分及保障测试结果的准确性提供了重要依据。

4. 数据分析法

通过把实验过程中的数据进行整理，并输入 Excel 表格进行统计，然后再将表格中整理好的数据导入 SPSS 22.0 软件，对数据进行处理和分析，并用单因素方差分析，配对样本 T 检验进行差异比较等统计学方法的处理。

（三）实验总体设计

1. 实验安排

实验对象为五年级的 4 个班级，其中 3 个班级为实验组，1 个班级为对照组。3 个实验组进行为期 8 周，每周 3 课时，每课时的功能性训练时间如表 2 所示。对照组按常规完成学校原有教学任务。本实验研究分为前测部分、干预训练部分和后测部分。在前测和后测部分都采用 TGMD-3 进行基本动作技能的测试。

表 2　实验时间安排表

实验对象	班级	实验周期	干预时间(分钟)	练习次数/周
对照组	对照班	8 周	0	3 节
实验组	实验 1 班	8 周	5	3 节
	实验 2 班	8 周	10	3 节
	实验 3 班	8 周	15	3 节

2. 实验方案

(1) 实验目的

本实验研究设计以增强小学生基本动作技能为目的，依据五年级小学生身体发育特征，以运动训练学、运动生理学、教育学等学科，以及功能性训练的相关内容和理论基础进行实验设计。

(2) 实验时间、地点

实验时间为2020年10月12日至2020年12月31日，分别进行前测、干预和后测的实验。在10月12日进行数据的前测，在10月26日进入干预期，经过8周的干预，于12月21日进行数据的后测。实验地点在上海师范大学第一附属小学田径场。

(3) 实验人员

实验人员由经过前期实践学习测试方法的上海师范大学体育学院研究生组成。

(4) 实验内容

实验前测、后测统一采用TGMD-3作为测评工具对实验组和对照组进行基本动作技能的测试，分为位移动作和物体控制动作两个分测验。位移分测验包括跑、前滑步、单脚跳、蹦跳、立定跳远和侧滑步6个动作；物体控制分测验包括单手原地运球、肩上投球、下手抛球、双手挥棒击打固定球、单手握拍击打反弹球、双手接球和脚踢固定球7个动作。在测试前对测试人员进行培训指导，并进行统一的技术动作规范演示，确保评分标准统一。在进行测试时，先由测试人员进行动作技能示范讲解，让受测学生充分理解动作，然后学生进入测试阶段。测试人员根据学生完成情况对应评分标准进行打分。

实验干预训练分为四个板块(表3、表4)，分别是A(躯干支柱力量练习)、B(快速伸缩复合练习)、C(动作技能练习)、D(能量系统练习)。

表3 实验干预方案一览表

实验班	练习频率	练习时间	练习项目
实验1班	3次/周	5分钟	A+B+C+D
实验2班	3次/周	10分钟	A+B+C+D
实验3班	3次/周	15分钟	A+B+C+D

表4 功能性训练内容

练习板块	分类	频率	练习内容
A(躯干支柱力量练习)	躯干	3次/周	平板支撑—单手单脚伸 分腿侧平板撑 臀肌桥—双腿
B(快速伸缩复合练习)	跳跃	3次/周	双脚跳—单脚支撑 交换跳—横向 双脚跳—旋转—90度 交换跳—旋转—90度

（续 表）

练习板块	分类	频率	练习内容
C(动作技能练习)	纵向	3 次/周	前滑步，单脚跳，蹦跳，立定跳远
	横向	3 次/周	侧滑步 侧交叉步
	动作技能练习	3 次/周	单手原地运球，肩上投球，下手抛球，双手击打固定球，单手击打反弹球，双手接球，脚踢固定球
D(能量系统发展)	能量系统	3 次/周	15 米加速跑

对照组：按照学校常规体育课原有的教学内容进行，每周 3 次，每次 35 分钟。

四、研究结果与分析

（一）功能性训练对位移动作技能的影响

功能性训练由核心稳定性、柔韧性、灵敏性及协调性训练构成，是发展力量、速度和耐力的基础。功能性训练中的核心稳定性是位移技能发展的基础，只有核心稳定，少年儿童才能更好地运用力量、协调等能力提高整体基本动作技能水平。核心区稳定性的增强是核心力量训练的目标。位移技能的好坏取决于核心稳定性，而核心稳定性又取决于核心力量的质量。

表 5　实验班与对照班学生位移动作技能得分一览表

测试动作	实验 1 班(平均分±SD)	实验 2 班(平均分±SD)	实验 3 班(平均分±SD)	对照班(平均分±SD)	F 值	p 值
跑	6.00±1.29	6.05±1.26	6.50±1.15	6.27±1.34	1.467	0.225
前滑步	4.09±2.02	3.95±1.46	4.55±1.69	4.00±1.93	1.011	0.389
单脚跳	4.77±1.24	5.14±1.46	4.91±1.25	4.91±1.10	0.623	0.601
蹦跳	2.73±1.68	2.77±1.16	2.95±1.46	3.09±1.64	0.554	0.646
立定跳	3.91±1.49	4.18±1.28	3.91±1.22	4.18±1.42	0.593	0.620
侧滑步	6.32±1.43	6.86±1.32	6.41±1.40	6.45±1.42	1.321	0.269
位移动作总分	27.82±5.15	28.95±3.96	29.23±4.55	28.91±4.67	0.803	0.494
基本动作技能总分	59.14±8.35	58.95±6.69	60.77±8.67	59.36±7.60	0.487	0.692

如表 5 所示，分析 3 个实验班和 1 个对照班的得分数据发现，实验 1 班基本动作技能的每个动作效果提升并不明显，虽然总体得分有所增加，但是在位移技能的分项里，单脚跳和蹦跳的平均得分有所下降，说明 5 分钟的功能性训练没有产生良好的效果。目前小学阶段的体育课，蹦跳和单脚跳的教学内容较少，运用到的练习也比较少，所以这两项位移技能动作平常需要多加练习。

（二）功能性训练对物体控制技能的影响

功能性训练注重动作质量及人体结构与功能的协调，在少年儿童基本动作技能发展阶段具有重要作用。通过有针对性的练习，功能性训练可以帮助少年儿童快速掌握物体控制技能，为各类体育运动及日常活动提供技术基础。这种训练方式强调动作的目标性和阶段性，有助于提升少年儿童的运动表现和生活能力。

表 6　实验班与对照班学生物体控制技能得分一览表

测试动作	实验 1 班（平均分±SD）	实验 2 班（平均分±SD）	实验 3 班（平均分±SD）	对照班（平均分±SD）	F 值	p 值
原地运球	3.91±1.55	3.91±1.49	4.14±1.52	4.50±1.50	1.489	0.219
肩上投球	4.36±1.63	4.00±1.73	4.32±1.72	4.00±1.56	0.624	0.600
下手抛球	4.41±1.47	4.55±1.32	4.23±1.24	4.05±1.18	1.222	0.303
击打固定球	5.73±2.22	5.05±1.52	5.68±1.88	5.09±1.95	1.635	0.183
击打反弹球	3.50±1.98	3.32±1.55	3.91±1.88	3.32±1.83	1.035	0.378
双手接球	5.18±1.08	5.23±0.99	5.32±0.96	5.23±0.99	0.143	0.934
脚踢球	4.23±1.63	3.95±1.4	3.95±1.64	4.27±1.40	0.559	0.642
控制动作总分	31.32±5.82	30±4.84	31.55±5.83	30.45±5.10	0.790	0.501
基本动作技能总分	59.14±8.35	58.95±6.69	60.77±8.67	59.36±7.6	0.487	0.692

基本动作技能的发展不追求传统意义上更快、更高、更远的目标，而是关注动作完成得是否标准，是否符合动作模式的发展要求。基本动作技能的发展水平受内在因素如年龄、性格、性别、遗传等，以及外在因素如家庭体育参与度、环境及经济水平等多重影响。

如表 5、表 6 所示，在实验 2 班基本动作技能分项中，跑、下手抛球、击打固定球、击打反弹球均未达到显著变化水平，但总体水平发生了明显的差异性变化。具体分析后可知，因为跑的动作是每个人适应生存及生命活动最基本的动作，而功能性训练并没有强调跑的动作模式，所以跑作为基本动作技能的一个分项，并不会发生很明显的变化。击打固定球、击打反弹球和下手抛球这三个分项，对五年级学生来说，是比较陌生的动作，因为击打固定球和反弹球是棒球和网球的动作，绝大多数的五年级学生没有接触过棒球和网球，并且功能性训练主要强调核心稳定性、重要性，对提升这两项成绩并没有产生特别明显的效果。在实验 3 班基本动作技能分项中，跑、前滑步、肩上投球、击打固定球、击打反弹球均未达到显著水平，15 分钟的功能性训练并没有随着训练时间的延长而表现出明显的效果。

通过本研究的结果发现，在体育课进行不同时长的功能性训练干预后，学生的基本动作技能总分有不同幅度的增加，具体到位移动作和物体控制动作可以发现，10 分钟干预的功能性训练对学生位移动作和物体控制动作的影响最为明显。有研究发现，快乐体操可以提高少年儿童的基本动作技能发展水平。新技能必须反复练习，逐渐让机体适应这个动作，这样才算是真正掌握该动作。功能性训练采用符合小学生身心发展特点的手段融入体育课，能够更好地锻炼学生的身体素质。功能性训练不仅能发展学生的核心稳定性，还能发展灵敏性、柔韧性、协调性及注意力等多方面的综合素质。在持物技能方面，击打固定球和击打反弹球这两个动作的发展水平进步不明显，因为功能性训练中并没有与物体控制动作中这两项相关的动作设计，并且小学生的动作发展有限，平常很少接触和练习这样的动作，导致控制技能中这两项进步较小。

（三）功能性训练对男女不同性别基本动作技能的影响

在 5 分钟、10 分钟、15 钟的功能性训练中，女生基本动作技能分别提高了 2.84%、11.89%、9.78%，男生基本动作技能分别提高 2.05%、10.03%、6.45%。而对照班女生提高 1.26%、男生提高 0.41%。各班基本动作技能在干预后，女生的进步幅度，实验 2 班>实验 3 班>实验 1 班>对照班；男生的进步幅度，实验 2 班>实验 3 班>实验 1 班>对照班。由此可以看出，进行 8 周干预后，女生比男生基本动作技能进步幅度更快，表明功能性训练对女生基本动作技能产生更好的影响。

五、结论

（1）体育课功能性训练干预后，实验 2 班、实验 3 班学生的基本动作技能，以及分项中的位移技能和物体控制技能都出现了明显的提高。说明功能性训练融入体育课可以发展学生的基本动作技能，且女生的基本动作技能水平增长幅度比男生大。

（2）功能性训练干预后，实验 2 班学生的基本动作技能提升最为明显，效果较为理想，前滑步、单脚跳、蹦跳、立定跳远、侧滑步、原地运球、肩上投球、双手接球、脚踢球与对照班相比具有显著差异。

（3）功能性训练为丰富小学体育课内容提供了可操作的练习手段，促进了少年儿童基本动作技能发展。

体育课体能干预对少年儿童基本动作技能的影响

卫峰

（徐汇区高安路第一小学）

一、研究缘起

动作探索是人类认识世界的重要途径之一。儿童通过感知动作来探索未知世界，基本动作技能对少年儿童的发展有着非常重要的作用。但基本动作技能并非天生具备，而是须通过学习获得。良好的基本动作技能发展能增强少年儿童学习复杂技能的信心，从而促进其对未来运动的参与。

儿童的基本动作技能发展滞后会直接影响其身心健康。我国研究人员对北京、上海和山东的儿童进行了基本动作技能调查，发现与国外相比，我国少年儿童的基本动作技能相对滞后。因此，对我国少年儿童基本动作技能的干预研究迫在眉睫。

（一）基本动作技能对少年儿童的重要性

研究人员普遍认为，少年儿童基本动作技能的良好发展为未来学习和掌握复杂动作技能奠定了良好的基础。良好发展的基本动作技能会增强少年儿童对学习复杂动作技能的信心，并对运动产生更浓厚的兴趣。少年儿童时期是基本动作技能发展的关键时期，要抓住这个关键时期对少年儿童进行干预。

（二）国家对少年儿童运动发展的政策支持

国务院在2016年印发《“健康中国2030”规划纲要》，指出对整个生命周期不同阶段出现的问题进行针对性、合理的干预，从婴儿出生到生命终止，进行全程的健康保障和健康干预服务，务必将“健康”主题贯穿整个生命周期。基本动作技能可以为终身从事体育活动提供服务，增强人的身体健康。

二、研究目的与意义

（一）研究目的

通过分析体育课上的体能训练对少年儿童基本动作技能的影响，提高少年儿童的整体体能水平，进一步优化小学体育课程，为教育者和体育教练提供关于体能训练对学生身体素质发展作用的科学依据，以推动体育教育的质量和效果的提升。

（二）研究意义

1. 理论意义

为干预少年儿童运动技能的发展提供参考，为其未来的运动发展奠定良好的基础。有助于指导教育者和体育教练在体育教育中设计合理的体能训练方法，促进学生身体素质的发展。研究成果对于改革体育课堂教学、丰富体育课程理论具有重要的理论价值。

2. 实践意义

可以提供有效的体能训练方法和科学依据来改善体育教育的质量和效果，帮助学生掌握多种基本动作技能，促进少年儿童的身体素质和运动能力提升，从而激发他们积极参与各种体育运动的兴趣和热情，有效预防和减少儿童肥胖、心血管疾病等健康问题。

三、研究设计

（一）研究对象

采取随机抽样的方法，在上海市某小学四年级抽取 4 个班级作为实验对象。其中 3 个班级为实验组，1 个班级为对照组。实验对象总计 174 人，剔除无效被试 36 人，共计 138 人（表 1）。

表 1　被试情况表

组别	人数		总计	身高（厘米）	体重（千克）
	男生	女生			
对照组	19	20	39	139.3	37.6
实验 A 组	14	18	32	137.6	34.9
实验 B 组	13	20	33	137.8	36.2
实验 C 组	15	19	34	137.2	35.3

（二）实验方法

实验组接受为期 10 周的体能训练干预，而对照组继续进行正常的体育课程，没有特殊的体能训练干预，具体情况见表 2、表 3。

实验组每周进行 3 次体能训练课程，每次课程的内容分为四个部分。

准备部分：包括热身活动和伸展运动，旨在充分唤醒身体并减小运动伤害的风险。

基本部分：四年级体育与健身课程。

干预部分：根据学生的体能水平和需求，设计具体的体能训练项目，如耐力训练、速度训练、灵敏训练等。可结合器械或无器械训练，以满足学生的个体差异。

结束部分：包括放松活动和伸展运动，有助于恢复肌肉紧张度，减少运动后的不适感。

表 2　课堂结构时间划分

组别	准备部分	基本部分	干预部分	结束部分
对照组	5 分钟	27 分钟	0 分钟	3 分钟
实验 A 组	5 分钟	22 分钟	5 分钟	3 分钟
实验 B 组	5 分钟	17 分钟	10 分钟	3 分钟
实验 C 组	5 分钟	12 分钟	15 分钟	3 分钟

表 3　体能训练内容

干预周	体能内容
第 1 周	跳绳、20 米折返跑、绳梯
第 2 周	20 米运球接力、折返跑
第 3 周	左右脚单脚跳、30 秒平板支撑、绳梯
第 4 周	跨步跑、翻翻乐游戏、跳绳闯关
第 5 周	交叉步、提膝跳、20 米折返跑
第 6 周	弓箭步击掌、20 米折返跑、绳梯
第 7 周	运球接力、跳小栏架、单脚跳
第 8 周	追逐跑、定时跑
第 9 周	定时跑、绳梯
第 10 周	绳梯、交叉步、折返跑

（三）测试工具

采用 TGMD-3 进行基本动作技能测试，确保测试人员掌握测试标准，并向学生提供正确的示范和讲解，以便学生能够模仿学习并正确完成动作。每个动作测试时，学生将有两次机会进行测试。测试人员向学生展示每个测试动作的正确示范，并使用简单清晰的语言进行讲解，确保学生理解测试要求和标准。学生按照测试标准完成每个动作。每项动作测试可能有3～5条不同的动作标准，要求学生根据标准完成动作。如果学生按照标准完成了动作，获得“1”分；未能达到标准则获得“0”分。测试人员使用录像设备记录学生两次测试的过程，并根据录像回放进行打分。

四、研究结果与讨论

（一）研究结果

实验结果显示，在10周体能干预后，对照组和实验A组的学生基本动作技能的变化不显著（表4），实验B组和实验C组的学生基本动作技能方面有显著变化（表5、表6）。实验B组学生的TGMD总分、位移技能总分、跑、前滑步、单脚跳、下手投球与其他组有显著差异。实验C组学生在TGMD总分、位移技能总分、控制技能总分、跑、前滑步、侧滑步、原地运球、肩上投球、下手投球、击固定球与其他组有显著性差异。

表4　对照组与实验A组基本动作技能对比

项目	对照组后测	实验A组后测	T值	p值
	M±SD	M±SD		
跑	5.54±1.07	5.00±1.24	1.96	0.054
前滑步	2.46±1.48	2.25±1.59	0.58	0.564
单脚跳	3.79±1.64	4.19±1.86	−0.95	0.348
蹦跳	2.15±0.96	2.25±1.32	−0.36	0.724
立定跳远	4.26±1.79	4.56±2.17	−0.65	0.517
侧滑步	5.18±1.28	5.25±1.41	−0.22	0.826
原地运球	3.13±1.16	3.81±1.47	−2.16	0.034
肩上投球	5.08±1.83	5.94±1.39	−2.19	0.032
下手投球	5.03±1.37	5.13±1.01	−0.34	0.734
击固定球	4.05±2.03	4.69±2.01	−1.32	0.190
击反弹球	3.13±1.44	3.94±1.80	−2.11	0.038
双手接球	4.26±1.14	4.63±1.29	−1.28	0.206
踢固定球	3.90±1.45	3.19±1.23	2.20	0.031
总分	52.05±6.59	54.63±6.96	−1.85	0.068

* $p>0.05$为不显著，$p<0.05$为显著

由表4可知，在经过10周的体能训练后，实验A组与对照组在原地运球、肩上投球、击反弹球和踢固定球上出现了显著性差异。在差异显著的这些项目中，原地运球、肩上投球、击反弹球这些项目实验组要优于对照组，在踢固定球项目上实验组没有好于对照组。

表 5　对照组与实验 B 组基本动作技能对比

项目	对照组后测	实验 B 组后测	T 值	*p* 值
	M±SD	M±SD		
跑	5.54±1.07	5.94±1.27	−1.45	0.151
前滑步	2.46±1.48	3.39±1.62	−2.55	0.013
单脚跳	3.79±1.64	5.21±0.99	−4.33	0
蹦跳	2.15±0.96	2.91±1.13	−3.07	0.003
立定跳远	4.26±1.79	5.39±1.46	−2.92	0.005
侧滑步	5.18±1.28	5.76±0.97	−2.13	0.036
原地运球	3.13±1.16	4.00±1.32	−2.94	0.005
肩上投球	5.08±1.83	6.12±1.50	−2.62	0.011
下手投球	5.03±1.37	5.64±1.27	−1.95	0.055
击固定球	4.05±2.03	5.09±2.40	−1.99	0.050
击反弹球	3.13±1.44	3.76±1.92	−1.59	0.117
双手接球	4.26±1.14	4.73±0.98	−1.86	0.067
踢固定球	3.90±1.45	3.15±1.23	2.33	0.022
总分	52.05±6.59	61.09±5.59	−6.44	0

由表 5 可知，在经过每节课 10 分钟的体能训练后，实验 B 组学生的基本运动技能有了很大的提升，很多项目与对照组相比出现了显著性差异，如前滑步、单脚跳、蹦跳、立定跳远、侧滑步、原地运球、肩上投球、击固定球、踢固定球。但是实验 B 组的对比结果与实验 A 组相似，踢固定球项目出现的显著性差异的结果是对照组要优于实验组。

表 6　对照组与实验 C 组基本动作技能对比

项目	对照组后测	实验 C 组后测	T 值	*p* 值
	M±SD	M±SD		
跑	5.54±1.07	6.47±1.11	−3.65	0
前滑步	2.46±1.48	3.47±1.73	−2.69	0.009
单脚跳	3.79±1.64	5.00±2.05	−2.79	0.007
蹦跳	2.15±0.96	2.82±1.40	−2.41	0.019
立定跳远	4.26±1.79	5.71±1.64	−3.59	0.001
侧滑步	5.18±1.28	6.24±1.37	−3.41	0.001
原地运球	3.13±1.16	3.82±1.14	−2.53	0.014
肩上投球	5.08±1.83	6.88±1.32	−4.78	0.000
下手投球	5.03±1.37	5.71±0.87	−2.49	0.015

（续 表）

项目	对照组后测	实验C组后测	T值	*p*值
	M±SD	M±SD		
击固定球	4.05±2.03	5.06±1.65	−2.31	0.024
击反弹球	3.13±1.44	4.06±2.44	−2.02	0.047
双手接球	4.26±1.14	4.71±1.19	−1.64	0.105
踢固定球	3.90±1.45	3.88±1.47	0.04	0.965
总分	52.05±6.59	63.82±7.00	−7.607	0

由表6可知，每节课进行15分钟的体能练习，实验C组学生的基本运动技能与对照组相比也出现了很大的改善，说明每节课进行15分钟的体能训练可以在很大程度上改善学生的基本运动技能。但在双手接球和踢固定球项目上，实验A组和B组的结果和C组相似，都没有出现显著性差异，且踢固定球同样是对照组优于实验组。

（二）讨论

本研究的讨论结果表明，对照组在经过正常体育课后，虽然基本动作技能有提升，但不显著。

实验A组在每节课5分钟的体能训练后，基本动作技能也未发生显著变化，说明5分钟的体能训练对基本动作技能影响不大。这是因为在身体可接受的范围内，一次持续性运动时间越长，体能训练越有效果。由于每节课5分钟的体能训练时间较短，因此对基本动作技能没有产生效果。

实验B组和实验C组在每节课进行10分钟和15分钟的体能训练后，基本动作技能出现了显著变化，说明10分钟和15分钟的体能训练对基本动作技能产生了影响。这说明不管是动作技能的学习还是体能的训练，都要保证学生达到适宜的运动负荷才有效果。另外，本研究中的3个实验组中，双手接球和踢固定球两个项目没有出现显著差异。这可能是由于在体能训练方案中没有针对这两个项目进行相应的练习，导致学生在这两个项目上没有显著变化。

综上所述，本研究结果表明体能训练时间的增加与基本动作技能的改善存在一定的正相关关系。

此外，本研究还发现良好的体能水平可以促进动作技能的发展，动作技能的提高也可以增强学生的体能水平。这进一步支持了体能训练和基本动作技能的相辅相成、相互发展的观点。

需要注意的是，本研究的样本仅限于上海市某小学的138名学生，因此结果有一定的局限性。未来的研究可以扩大样本规模、增加研究地点，以提供更加全面和具有代表性的结论。

研究孵化的成果

1. 立项课题

(1) 武海潭. 基本动作技能发展对少年儿童认知功能和身心健康影响的研究(2020年上海市浦江人才计划资助项目)。

(2) 武海潭. 体育课基本动作技能干预对少年儿童技能发展和体适能影响的实验研究(2020年上海市教育科学研究项目)。

2. 发表论文

(1) 武海潭，王文娟. 体育课学习目标定向教学法对小学生基本动作技能的影响——基于不同运动负荷组合[J]. 体育学刊，2023，30(2):114—121.

本书参考文献

图书：

1. Cremin，Lawrence A. The Transformation of the School：Progressivism in American Education，1876—1957 [M]. Oxford：Oxford University Press，1961.
2. 布卢姆. 布卢姆掌握学习论文集[M]. 福州：福建教育出版社，1986.
3. 华国栋. 差异教学策略 [M]. 北京：北京师范大学出版社，2009.
4. 申继亮. 中国中小学生学习与心理发展状况报告[M]. 北京：北京师范大学出版社，2008.
5. 施良方. 学习论——学习心理学的理论与原理[M]. 北京：人民教育出版社，1994：68.
6. 熊明安，周洪宇. 中国近现代教育实验史[M]. 济南：山东教育出版社，2001.
7. 维果茨基. 维果茨基教育论著选[M]. 余震球，选译. 北京：人民教育出版社，2005.
8. 程晓堂. 英语教师课堂话语分析[M]. 上海：上海外语教育出版社，2009.
9. 梅德明，王蔷. 改什么？如何教？怎样考？——高中英语新课标解析[M]. 北京：外语教学与研究出版社，2018.
10. 闫金铎，田世坤. 中学物理教学概论[M]. 北京：高等教育出版社，1991.
11. 邢红军. 高中物理高端备课[M]. 北京：中国科学技术出版社，2014.
12. 陶本一. 学科教育学[M]. 北京：人民教育出版社，2001.
13. 刘军. 历史教学的新视野[M]. 北京：高等教育出版社，2003.
14. 林崇德. 教育的智慧[M]. 北京：开明出版社，1999.
15. 钟启泉，崔允漷，张华. 为了中华民族的复兴，为了每位学生的发展——基础教育改革纲要(试行)解读[M]. 上海：华东师范大学出版社，2001.
16. 陈旭麓. 近代中国社会的新陈代谢[M]. 北京：生活·读书·新知三联书店，2017.
17. 於以传. 中学历史单元教学设计指南[M]. 北京：人民教育出版社，2018.
18. 刘月霞，郭华. 深度学习：走向核心素养[M]. 北京：教育科学出版社，2021.
19. 陈琦，刘儒德. 当代教育心理学：第 2 版[M]. 北京：北京师范大学出版社，2007.
20. 克拉瓦尔. 地理学思想史：第 4 版[M]. 郑胜华，刘德美，刘清华，等，译. 北京：北京大学出版社，2015.
21. 罗杰斯，弗赖伯格. 自由学习：第 3 版[M]. 王烨晖，译. 北京：人民邮电出版社，2015.
22. 马丁. 所有可能的世界：地理学思想史：第 4 版[M]. 成一农，王雪梅，译. 上海：上海人民出版社，2008.

期刊：

1. Hallam, Susan, Ireson, *et al*. Secondary school pupils' preferences for different types of structured grouping practices [J]. British Educational Research Journal, 2013, 32 (4): 583－599.
2. Richer, Stephen. Reference—Group Theory and Ability Grouping: A Convergence of Sociological Theory and Educational Research[J]. Sociology of Education,1976,49(1): 65－71.
3. 何明. 多层次教学组织模式的研究与实践[J]. 中国教育学刊,1996(5): 39－41.
4. 胡善通,杨森宇. 分层递进 提高学生素质[J]. 上海教育,2000(7): 6－8.
5. 黄晓颖. 国外分层教学的历史发展[J]. 内蒙古科技与经济,2004(17):125－127.
6. 李建新. 布鲁姆"掌握学习"理论在教学中的运用 [J]. 四川师范大学学报(社会科学版),1999(12):29－32.
7. 李娜. 基于分层教学理论的高职高专公共英语教改探索[J]. 河南教育学院学报(哲学社会科学版),2014,33(4): 128－130.
8. 林梅,尹艳,冒端. 英语多层教学的理论论述 [J]. 重庆科技学院学报(社会科学版), 2008 (3): 223－224.
9. 刘萌生. 分层教学中分层基础的确立——基于皮亚杰的认知发展阶段理论[J]. 吉林工程技术师范学院学报,2014,30(8): 27－29.
10. 刘跃雄,方平. 中学生学习动机问卷的编制[J]. 首都师范大学学报(社会科学版),2006 (3):116－120.
11. 肖建芳. 我国初中生英语学习兴趣调查与研究[J]. 中小学英语教学与研究, 1995 (3):1－7.
12. 闫少华. 美国分层教学的演变及其对中国教育的启示[J]. 语文学刊(外语教育与教学),2010(3): 116－117＋137.
13. 杨桂其. 分层教学国内外研究现状[J]. 考试与评价,2015(4):23－25.
14. 叶琳,刘文霞. 国内分层教学历史发展概述[J]. 宁波大学学报(教育科学版),2010(3): 5－8.
15. 张兴. 维果茨基关于教学与发展关系的研究[J]. 外国教育研究,1998(6): 11－13.
16. 张英华. 高中英语分层教学理论研究[J]. 中国校外教育,2016(35): 84＋86.
17. 林梅,尹艳,冒端. 英语多层教学的理论论述 [J]. 重庆科技学院学报(社会科学版). 2008 (3): 223－224.
18. 钱朴. 分层教学——促进学生发展的有效手段[J]. 上海教育 1997(9):35－37.
19. 郑美玲. 分层教学的历史发展与当代审思[J]. 教育评论 2016(4):144－146.
20. 张宽. 物理教学中数学知识应用能力培养初探[J]. 教育与方法,2006(7):23—25.
21. 施海庆. 数学学习中的思维定势对物理学习的负迁移效应[J]. 物理教学,1989(9):3－6.
22. 赵阳. 高中数学对物理成绩影响的量化研究[J]. 现代教育科学,2016,(7):36－42.
23. 蒙惠芳. 利用数学之石雕琢物理之玉[J]. 中学物理教学参考,2018(3)86—87.

24. Bainbridge. The Scientific Research Potential of Virtual Worlds[J]. Science，2007，317(5837)：472—476.
25. MacEachren，Sharmar. Enabling collaborative geoinformation access and decision-making through a natural，multimodal interface [J]. International Journal of Geographical Information Science，2005，19(3)：267—292.
26. 陈骏，胡文瑄，李成. 地质学实践教学现状分析与对策[J]. 中国地质教育，2007(1)：133—139.
27. 陈琳. “等高线地形图与生活”教学设计[J]. 中学地理教学参考，2019(15)：16—18.
28. 丁洁翠，徐焰华，陈淑贞. “等高线地形图”教学设计(人教版)[J]. 地理教育，2020(6)：16—19.
29. 杜蔚，龚建华，丁刚毅，等. 基于流媒体的虚拟地理环境研究[J]. 计算机仿真，2005，22(1)：180—183.
30. 龚建华，周洁萍，张利辉. 虚拟地理环境研究进展与理论框架[J]. 地球科学进展，2010，25(9)：915—926.
31. 谷风云，崔希民，谢传节，等. 虚拟地理环境中时态信息可视化表达方法研究[J]. 现代测绘，2004，27(1)：11—16.
32. 郭巍，薛林福. 虚拟野外地质实习系统(VFGTS)——野外地质实践教学平台[J]. 世界地质，2010，29(3)：522—526.
33. 蒋海燕. “等高线地形图的绘制与判读”教学设计[J]. 地理教学，2017(14)：28—30+64.
34. 林珲，龚建华，施晶晶. 从地图到地理信息系统与虚拟地理环境——试论地理学语言的演变[J]. 地理与地理信息科学，2003(4)：18—23.
35. 林珲，黄凤茹，闾国年. 虚拟地理环境研究的兴起与实验地理学新方向[J]. 地理学报，2009，64(1)：7—20.
36. 苏炜瑶. 基于“同课异构”视角的地理核心素养培养的比较与分析——以“观察地貌”为例[J]. 地理教学，2020(20)：61—64.
37. 王锰，李云鹏. 素养导向的高中地理教学创新设计——以“地貌景观的观察与描述”为例[J]. 中学地理教学参考，2020(12)：34—37.
38. 尹勇，任鸿翔，金一丞，等. V. Dragon 2000 分布式航海仿真系统中的图形技术[J]. 系统仿真学报，2012，14(5)：617—625.
39. 周钰，何亚琼，苏筠. “乡土地理教学辅助系统”的设计与应用模式[J]. 贵州师范大学学报(自然科学版)，2008(4)：113—116.

后　　记

在迈向教育强国的征途中，基础教育乃是核心基石，直接关系到前进步伐的稳健与发展的后劲。为实现基础教育的高质量发展，我们聚焦于提升教师基于学校教育实践的教研与科研能力，帮助教师结合理论与实践，实现双向转化、融合创生，持续推动教师教育改革与创新。大力推进基础教育高质量发展，是上海师范大学为基础教育服务、办好人民满意教育的重要使命之一。为此，上海师范大学基础教育处进行了体制机制上的改革创新，以UGS(大学—政府—学校)模式，推进附属学校建设与学科教育教师的专业发展。呈现在大家面前的《UGS模式指导下的基础教育改革研究文集》，就是我们目前取得的一些成果。

2016年5月，上海教师教育创新发展中心在上海师范大学成立。上海师范大学学科教育教研室全体教师是上海教师教育创新发展中心的主体，有别于其他大学的发展模式，创设了基于学校教育实践的教师教育发展模式。2017年底，上海师范大学启动UGS实践方向课题的申报工作，这就是本文集三本书的起点。

UGS课题自2017年启动以来，截至2024年2月，共立项73个课题，覆盖上海师范大学15个学院、23个学科教育教研室，共同研究人员达400余人。在研究的推进过程中，我们深刻地感受到基于学校教育实践研究的教师教育模式的生机和活力。

UGS课题研究的成果也是富有生命力的。从这里起步，中小幼教师成功申报区级课题、区级重点课题、市级课题，大学教师成功申报市级课题、国家级课题。由这些研究形成的论文，也产生了一定影响力。

为了更好地总结UGS研究模式，启发更多愿意参与此项研究的大学和中小幼教师，并惠及愿意以这一模式开展联合研究的教师，我们萌发了将优秀的UGS课题研究成果汇编成文集的想法。

当然，这一过程是非常艰难的。因为，UGS课题是一年一年发布的，类型不同，主题各异。从最开始的自由选题、自由选择实践基地，逐步过渡到结合上海师范大学办学特色、更为规范的三大类型：上师大学区课题、附属学校课题、自选课题。研究周期从一年和两年两类，逐步统一为一年。从以一所学校为实践基地的课题，逐步过渡到以类型相同的几所学校为联合基地的课题。另外，各个课题组研究团队的组成情况不同，研究路径和方式不同，成果的形式也不同。有的研究侧重案例的整理和收集，有的研究侧重模式的构建和实施，有的研究侧重于具体课堂的教学实践与分析，有的研究侧重于特色课程的打造。以上种种，使得研究成果很难统整到某一个或两个主题下汇集成书。

经过反复的思考和多次的专家论证会，我们达成了共识：

第一，采用紧密型研究文集的形式，即《UGS模式指导下的基础教育改革研究文集》包括三个紧密相联的探究视域，并且围绕这三个视域取舍课题，汇集成《聚焦学科素养的课程与教学改革研究》《协同视角下跨校际、跨学科研究》《师范生培养新模式与中小幼评价改革研究》三本书。

第二，选入的每个UGS课题成果独立成章，并采用统一的体例。每章一般包括“研究概述”与“实践探索”两个部分，前者总领研究的目标、内容、进程、方法、成果，后者是研究中的实践分析、探究历程、成果展现，形式不拘一格。

第三，除正文外，选编附录，放入课题研究孵化的成果，希望有意参与此类研究的教师在方法上获得更多的启发和指导。

诚然，我们着力推进的UGS模式并非新生事物，但是上海师范大学以UGS课题为载体，持续七年支持学科教育教研室教师走进中小幼学校，形成了学术研究共同体，开展联合研究，实现了共赢发展。所形成的教研模式和实践智慧，体现了我们这一代上师大人的开创精神。

衷心感谢为本丛书的编辑与出版付出辛劳的上海师范大学基础教育处及上海教师教育创新发展中心全体同仁、参与研究的中小幼一线教师与管理人员，衷心感谢给予了指导意见的诸位专家。

最后要指出的是，我们的研究还处于初创阶段，很多成果与教研模式的完善，还需要在今后的实践探究中进一步深入。在此抛砖引玉，不当之处，还请各方面的专家批评指正。

编者

2024年6月